혼자만의
시간을
탐닉하다

혼자만의 시간을 탐닉하다

때로는 노골적이고
때로는 기쁜

프란체스카 스펙터 지음
김나연 옮김

RHK
알에이치코리아

엄마, 아빠, 레이첼
그리고
조에게 바칩니다.

타인이 아닌
나 자신과 관계 맺는다는 것

─────── 예전엔 나도 혼자 있는 걸 극도로 무서워하는 성격이었다. 고맙게도 살면서 외로움은 큰 문제가 되지 않았다. 나는 단출한 핵가족의 가정에서 자랐다. 어릴 때부터 알고 지낸 친구들도 제법 있었다. 스물네 살이 되던 해, 인생에서 잃어버린 조각을 찾았다고 생각했다. 언젠가 내 남편이 되리라 믿어 의심치 않던 남자를 만난 것이다. 우리는 서로를 '한 팀'이라고 불렀다. 사교적 활동과 구글 캘린더, 그리고 이따금 칫솔까지 함께 공유하는 사이가 된 것이다. 미래를 말할 때면 우리는 '만약에'라는 조건적 표현보다는 '그때'라는 구체적 표현을 썼다.

"네 곁에 있게 해줘. 아무데도 안 갈게." 그는 말하곤 했다. 우리의 관계는 내가 느끼던 외로움을 향한 두려움을 해소할 장기적인 해결책처럼 느껴졌다. 하지만 사랑은 처음의 18개월이 지나며 열정을 잃어갔다. 그 무렵 우리 주변의 친구들은 동거를 시작하고, 결혼을 하거나 아이를 낳기도 했다. 친구들의 약혼 소식이 페이스북에 올라오거나 미래에 대한 이야기를 그와 나눌 때마다, 우리의 관계가 모래성처럼 곧 허물어지리란 사실이 더욱 뼈저리게 다가올 뿐이었다.

그 후로도 우린 8개월을 더 만났다. 우리 두 사람 모두 싱글로 돌아가고 싶지 않았다는 이유에서였다. 하지만 일주일간의 싸움은 '우리'라고 묶어 부르는 것이 당연한 것처럼 여겼던, 우리 두 사람 관계가 이제 끝이 다가왔음을 알렸다. 우리는 그야말로 바닥을 보였다. 자라 홈Zara Home(스페인 SPA 브랜드 자라의 인테리어, 가구 브랜드-역주) 매장에서 쿠션 커버를 고르는 문제로 우리는 서로에게 고래고래 소리를 질러대며 가시 같은 말을 토해냈다. 계산대의 직원들마저도 우리를 힐끔거리며 무서워할 지경이었다. 결국 그 날의 싸움으로 우리는 결국 '한 팀'에서 '두 팀'으로 쪼개져 시간을 갖기로 결정했다.

하지만 여러분도 알다시피 이건 쿠션 커버로 인한 싸움이 아니었다. 그 날, 빈손으로 집에 돌아온 우리는 각각 소파 반대편에 떨어져 앉았다. 우리 사이의 간극은 청록색 쿠션 커버보다 훨씬 깊었다. 그건 서로를 향한 독설과 분노, 그리고 비난으로 말미암아 벌어진 일이었다. 우리 사이는 끝이었다. 아마 그날, 가게에서 우리의 싸움을 구경한 사람이라면 누구라도 그렇게 말했을 테다. 그럼에도, 이른바 쿠션 커버 게이트 사건 이후로도, 그 사람과의 관계를 정리하는 건 그때까지 살며 내가 겪은 가장 힘든 일이었다.

돌이켜보면 우리의 관계를 부정하는 데 그렇게 오랜 시간이 걸렸다는 게 믿을 수 없다. 서로가 헤어진다는 것이 두려워 우리 사이의 만연하던 모든 부정적인 감정들을 방치했다. 하지만 그때의 경험 이후로 나는 우리의 상황이 딱히 특별하지 않다는 걸 알 수 있었다. 토론토대학교University of Toronto의 사회과학자들이 발표한 연구 결과에 따르면 실패한 관계를 지속하는 것은 싱글이 되는 것에 대한 두려움 때문이며, 이는 신뢰성이 충분한 지표이므로 결코 우연은 아니라는 것이다.[1] 이 모든 두려움에도 불구하고 나의 직감적인 본능에 귀를 기울이는 건 상당히 필사적인 최후의 수단이었다. 그때는 혼자인 것이 벌처럼 느껴졌다.

'홀로살기Alonement'는 혼자만의 시간에 감사하는 법을 배우려던 나의 여정을 정의할 수 있는 단어로, 어른으로서 내가 가장 의지하던 관계를 포기한 것에 대한 속죄와도 같았다. 과연 무엇을 속죄한단 것이었을까? 그건 나도 모르겠다. 사실 그와의 관계를 정리하기로 마음먹은 결정은 불가피했지만 또 다른 믿음의 도약이었다. 다른 선택지가 모두 쓸모없어진 후에야 내린 결정이었지만, 한때 내가 가장 좋은 것이라고 믿었던 것을 이만 끝내야 한다는 게 내겐 악몽과도 같았다. 이별의 아픔이 끝나면 우리는 한치 앞도 모르는 놀라운 미지의 세계로 발을 내딛는다. 내가 잃은 것에만 지나치게 집중해 시간을 보내는 사이, 다른 것을 상상할 능력을 잃은 것이나 마찬가지란 뜻이다.

관계를 끝내며 나는 외로움과 맞서 싸울 수 있을 거라 생각했던 동거, 결혼, 아이 같은 기존의 삶의 궤도에 작별을 고했다. 애인의 팔 베개 대신 홀로 잠드는 삶을 선택한 것이다. 1인분을 요리하는 삶, 나 혼자 사는 삶을 택했다. 아침에 잠을 깨우거나 밤이면 '잘 자'하고 인사를 건넬 사람이 없는 삶을 선택했다. 타인이 아닌 나를 선택했다. 정말 미친 짓 같았다.

그 당시, 외롭고 쓸쓸하다는 감정이 내겐 풀 수 없는 문제 같은 개념이었다. 내 주변의 절친한 친구들이 모두 연애를 하던 시기에 혼자 살며 전 남자친구의 부재가 가슴 속에 빈 공허함으로 남아 있었다. 혼자만의 시간은 마치 '그 후로 오래도록 행복하게 살았답니다'의 실패로 이별을 겪으며 억지로 삼킨 세금 계산서, 치과 치료비 등의 쓰디 쓴 알약과도 같았다. 하지만 시간이 조금씩 흐르며, 한 관계의 끝은 또 다른 관계의 시작이 되었다. 이전보다 훨씬 더 좋은 관계였다. 바로 나 자신과의 관계를 맺을 수 있었다.

만약 시간을 되돌릴 수 있다면 나는 내게 이렇게 말해주고 싶다. 우선 더 나은 삶을 위해 과감한 결정을 내린 것에 축하하고 싶다고. 지금 네가 겪는 고통을 빨리 낫게 해줄 수는 없겠지만, 그리고 너는 모르겠지만, 난 네 앞에 펼쳐질 눈부신 미래가 너무 기대된다고. 이 길의 끝에는 힘세고 능력 있는 사람이 서서 너를 향해 팔을 벌리고 기다리고 있다며, 그리고 그건 바로 다른 사람 아닌 너라고 말이다.

그리고 나의 '홀로살기'는 해피엔딩이다.

Contents

지금 당신은, 당신의 시간을
살고 있는가?

─────── 나와 내 자신의 관계는 기본적으로 내가 가질 수 있
는 가장 중요한 관계이다. 좋든 싫든 간에 우리는 병원 분만실
에서 시작된 협상이 불가능한 평생의 약속을 만들었다. 일생
동안 우리가 갖게 되는 다른 인간관계와 달리, 피할 여지가 없
다. 한 발 뺄 수도 없고 분리도 불가능하며 '천천히 진도를 나
가보자'라던가 멀어질 수 없다. 가족, 친구, 연인은 인생에 왔다
가 사라지기도 하지만 나와 내 자신의 관계는 영원히 변하지
않을 유일한 관계이다.

당연히 부담스럽다! 하지만 심호흡부터 해보자.

다른 사람들과의 관계, 즉 우리가 평생에 걸쳐 관계를 형성
하고, 다듬고, 다툼을 벌이며 빚어내는 관계와는 정 반대의 모

습일 것이다. 이 관계는 손실을 볼 것이 확실하다. 통계적으로 보면 우리가 맺는 친구관계는 보통 7년이면 끝난다.[1] 함께 동거하는 커플의 약 39%가 헤어진다.[2] 결혼한 부부의 절반 가까이는 이혼으로 끝난다. 당신의 지금 연인이 여태껏 만났던 그 누구보다도 장밋빛으로 물든 관계라 할지라도, 가령 '우리는 함께 한 지 어느덧 70년이고 이대로 서로 함께 마지막을 보내고 싶다'라고 생각이 드는 사람이라고 해도, 이런 말까지 하고 싶지는 않지만 사람은 누구나 100퍼센트 죽는다. 겁을 주려고 하는 말은 아니나, 당신이 꼭 알아두었으면 하는 마음으로 하는 말이다. 누구든, 인생의 좋고 나쁨이 있어도, 부자이거나 가난해도, 검은 머리가 파뿌리가 될 때까지 당신은, 그 누구보다 당신 자신과 가장 오랜 관계를 맺기 때문이다.

우리에게는 나 자신과 관계 맺을 여유가 없다

─────── 당신은 당신 마음 속 1인 가구의 1인을 담당하고 있다. 급진적 형태의 표현이 아니다. 우리는 모두 하루 종일 기차 맞은편 자리에 앉아 있는 사람과의 로맨스를 상상하기도 하고, 점심으로 무얼 먹으면 좋을까 고민하면서 시간을 보낸다.

우리는 영원히 상상 속에 머물거나 내 주변 속에 어울려 살아갈 선택의 기로에 서 있다. 급진적인 생각이라면 다름 아닌 우리의 머릿속에 있는 가장 본능적이고 본질적인 '고독'을 실제로 인정하는 것이다. 왜냐하면 우리는 대개 집값, 주택담보대출, 집 매매 등의 고민에서 벗어나기 위해 오랜 시간을 쏟아 붓기 때문이다.

그렇다면 우리가 보편적인 하루를 어떻게 보내는지 한번 떠올려보자. 동료들과 잡담을 나누는 그 모든 시간, 친구와 메시지를 보내는 시간, 데이팅 앱을 들락날락 거리기도 하고, 엄마와 전화 통화를 하기도 하고, 강아지를 예뻐하는 시간도 있고, 어린 아이를 달래기도 하고, 연인과 저녁에 무얼 먹을지 고민하기도 하고, 도시가스공사에 전화를 한다거나 퇴근 후 상사의 이메일에 답장을 보내거나, 카다시안 가족의 리얼리티 프로그램을 보거나, 오디오북을 들으며 잠에 드는 모든 시간까지. 어떤가, 당신의 일상도 이런 모습인가? 과연 나만이 내 머릿속 생각을 피하는 것은 아닌가보다.

사회적 측면에서 우리는 내면을 들여다보는 것을 막기 위한 기발한 해결책을 꾸준히 고안해내고 있다. 미국 버지니아대학의 사회심리학자인 티모시 윌슨이 실시한 한 연구에서, 그룹의 참가자들은 15분 동안 아무 무늬도 없는 빈 방에서 휴대전화와 책, 종이, 연필 등을 받지 않은 상태로 아무 행동 없이 혼자 생각만 하거나 스스로 약한 전기 충격을 가하는 선택권을 받았다. 그리고 많은 참가자들이 홀로 생각하는 지루함을 떨쳐내려 스스로 고통을 주는 편을 선택했다.[3] 당신 역시 그래도 괜찮다고 생각할지 모르겠다. 하지만 사람은 사람을 필요로 한다. 우리는 모두 사회적 동물이다. 서로 연결되어 살아야 한다. 누구도 외롭고 싶은 사람은 없다. 그게 자연의 순리이다. 진실이 그렇다 해도, 나 혼자 방에 갇힌 채 생각에 잠기는 것이 무서워 주의력 산만을 위해 스스로에게 전기 충격을 주다니, 과연 이게 자연스러운 일일까?

아기의 경우 내면의 자기성찰은 훨씬 자연스럽다. 우리는 나라는 우주의 중심에서 태어나 다른 사람들이 존재함에도 불구하고 자기 자신과 훨씬 자연스러운 조화를 이룰 수 있다. 배가 고프거나 피곤하거나 추우면 울면 그만이다. 천장에 달린 선풍기를 20분간 멍하니 바라보거나 아빠가 '까꿍'하는 모습에 까르륵 원 없이 웃는다. 나의 세상이 내 눈앞에 펼쳐져 있고 아이 같은 똘망똘망한 눈빛으로 세상을 바라보며 절대 나의 반응을 재고하거나 타인의 존재에 산만해지지 않는다.

우리는 태어날 때 욕구, 욕망, 호기심과 친밀한 삶을 시작한다. 그러다가 두세 살쯤 되면, 다른 사람이 나를 어떻게 보는지 알게 되고 그에 따라 태도를 교정하게 된다. 즉, 음식을 던지는 일이나 슈퍼마켓에서 옷을 벗어 던지는 일이 줄어든다는 뜻이다. 이는 본능적으로 행동할 수 있는 능력을 완전히 상실하거나 몽상에 대한 모든 것을 포괄하는 감각을 상실하는 것이 아니다. 단지 다른 사람이 없을 때, 혼자 있을 때에만 그렇게 행동할 수 있을 뿐이다.

여기서부터 문제는 혼자 지낼 시간이 거의 없어진다는 것이다. 우리는 대부분의 시간을 집, 놀이터에서 시작해 나이트클럽, 직장, 그리고 다시 집으로 돌아와 요양원, 그리고 무덤으로 옮겨가며 보내는 삶의 패턴을 따르게 된다.

우리는 가족 단위의 일원으로 삶을 시작한다. 주변에 늘 나를 돌봐줄 부모가 있고 이상적으로는 나 외에 하나 이상의 형제가 있어야 사회적으로 연결고리가 있는 아이로, 좋은 유년기를 보낸 아이로 여겨진다. 외동으로 자란 아이가 사회성이 부족하다는 고정관념이 거듭 반증된 사실임에도 불구하고 그러하다.[4]

우리는 학교에 입학하면 다른 아이들과 놀이터에서 잘 어우러져 놀면서 사회성을 기른다. 수업 시간엔 목소리를 높이고, 단체 활동도 잘하고, 학교 내 운동선수로 활약을 보이며 학교

시스템을 통해 원활히 활동하는 게 성취의 핵심 목표가 된다. 대학은 훨씬 중요한 삶의 구간이다. 신입생이 되면 일단 첫 주를 학교 사람들과 빠른 속도로 만나 술에 취하고 때론 후회할 만한 행동을 일삼는다. 그리고 직장에 들어가도 이는 반복된다. 개방적 사무실에서 끊임없는 메시지를 받으며 '도덕성을 고취시키는' 단체 메시지를 인사과에서 받아가며 프레젠테이션을 하고, 퇴근 후엔 인맥을 위한 회식에 참석하고, 금요일엔 동료들과 술집에서 해피 아워를 즐긴다.

이 무렵 부모님들은 내가 누군가를 만나는지에 대해 큰 관심을 가진다. 20대 후반이 지나면 누군가와 연애를 하지 않는다는 게 풀어야 할 큰 숙제처럼 다가온다. 누구 만나는 사람은 없는지? 혹시 소개팅해볼 생각은 없는지? 이미 만나는 사람이 있는 친구들은 선의의 공모자가 된다. 그러고 나서 당신도 누군가와 데이트를 하게 된다. 동거, 평생의 짝과 같은 이를 만나 하나, 혹은 둘 이상의 인간을 이 세상에 내놓게 되는 것이다. 인생의 파트너와 따로 휴가를 보내거나 만난 지 제법 시간이 흘렀음에도 살림을 합치지 않으면 모두에게 경고 표시를 받는다. 이 시점부터 우리 인생의 가장 큰 사회적 찬성은 "그래, 결혼할게!"라는 선언과 웨딩 스튜디오 촬영, 그리고 불러오는 배로 갈음된다.

그렇게 모두가 가족을 꾸린다. 같이 늙어간다. 하지만 우리가 누군가를 만나고 그 사람의 아내나 남편, 부모, 그리고 마침내 조부모가 될 때까지 인생 전반을 통틀어 우리는 그저 타인에게 내가 어떤 사람인가에 대한 정의만 내리게 된다. 이 모든 시간 사이, 대체 우리는 언제 나 자신과 관계를 맺을까?

혼자만의 시간은 천국일까 지옥일까?

─────── 오늘날 우리는 다른 사람들의 목소리에 그 어느 때보다 둘러싸여 산다. 앱 스토어에는 백만 개가 넘는 팟캐스트가 있고, 트위터는 매달 3억 3천만 명의 사용자가 활동하며 아마존 킨들 사이트를 통해 거의 모든 책을 다운받을 수 있다. 당신이 원한다면, 언제든 혼자만의 생각 따윈 피할 수 있다. 심지어 샤워를 하는 사이에도 말이다. 그러나 나의 주의를 분산시키기 위해 최선을 다해주는 다양한 목소리의 존재에도 불구하고, 불편한 진실은 여전히 남아 있다. 여과되지 않은 내면의 목소리는 결코 물로 씻겨버릴 수 없다는 뜻이다. (이 부분에 대해서는 2장에서 더 자세히 알아보고자 한다.)

그런 점에서 많은 사람들이 나 자신과 친밀해질 수 있는 기회에서 도망치려 한다는 게 상당히 흥미롭다. 스스로를 알아가는 여정을 통해 영감을 주는 타라 웨스트오버의 《배움의 발견》이나 미셸 오바마의 《비커밍》과 같이 엄청난 판매고를 올린 책을 본보기로 삼은 사람들이라면 나 자신의 솔직하고 거리낌 없는 목소리를 듣고 싶어 할 수도 있겠다. 그러나 우리 모두는 자신을 알아갈 수 있는 독특한 기회를 한 번쯤은 갖는다. 생각해보면 이걸 포기한다는 게 참으로 이상한 결정이긴 하다. 가령 글래스톤베리Glastonbury 같이 유명한 록페스티벌의 무대 뒤를 자유롭게 돌아다닐 수 있는 프리패스를 마다하고 함성을 내지르고 맥주를 마시며 왁자지껄한 군중들 사이에 머물기로 선택하는 것과 전혀 다를 바가 없지 않은가.

　심리학자인 에리히 프롬은 1956년 그의 저서 《사랑의 기술》에서 우리 모두가 '고독의 감옥'을 차지하고 있다고 주장한다. 그렇다. 혼자만의 감옥에서 도망칠 수 없다니 참 무서운 일이다. 그렇다고 해서 에리히 프롬이 혼자만의 상태를 반대했다는 건 아니다. 그는 전문가적인 자세로 '혼자 있을 수 있는 능력은 사랑을 할 수 있는 능력의 조건'이라고 주장했다. (자세한 설명은 10장에서 계속한다.) 하지만 그는 '고독'에서 벗어나려는 욕구가 인간 경험에서 가장 필수적인 부분이라고 생각했다. '인간의 가장 깊은 욕구는 자신의 동떨어짐을 극복하려는 것보다 혼자만의 감옥에서 탈출하고자 하는 것'이라 했다. 덧붙여 프롬은 '모든 연령과 문화를 통틀어 인간은 하나의 해결책과 같은 질문에 직면한다. 분리를 어떻게 극복하고 어떻게 결합을 이루며, 어떻게 자신만의 삶을 초월하고 속죄를 찾을 것인가?'라고 하였다. 만약 오늘날 에리히 프롬이 살아 있었다면 그에게 좋은 소식과 나쁜 소식을 모두 전할 수 있었을 테다. 좋은 소식은 다름 아닌 사회가 혼자만의 감옥을 위한 최고의 해결책, 바로 다름 아닌 스마트폰을 만들어 냈다는 것이다. 에리히 프롬이 살아 있다면 아마 이렇게 말해 줄 수 있을 것이다.

"저기, 에리히 선생님, 집필의 흐름을 방해하던 유선으로 겨우 연결된 전화기 있잖습니까? 이 스마트폰이라는 것은 자리에서 움직일 필요가 없어요……."

이 소식을 들은 에리히 프롬이라면 분명 자신의 견해를 재고했을 것 같다. 만약 그가 1992년에 광대역통신의 발명을 목격했거나 2001년 일본의 NTT 도코모 사가 최초로 발명한 3G 스마트폰을 두 눈으로 확인했다면 말이다. 그랬다면 에리히 프롬도 외로움이란 감옥이라기보다는 예고 없이 찾아오는 불청객 정도로 묘사하지 않았을까? 그렇다면 에리히 프롬 뿐 아니라 우리 모두에게 전할 나쁜 소식은 무엇일까? 인터넷이 우리의 대문을 열고 이른바 감옥 앞에 문고리를 열어놓았을진 모르지만, 그 결과 우리는 혼자 있는 것에 거의 가치를 두지 않게 되었다는 것이다. 마치 탈옥이 너무 신나 무엇을 잃었는지는 까마득히 잊어버린 것 같다.

에리히 프롬이 말하는 타인을 사랑하기 위해 본질적으로 필요하다고 여겨지는 '혼자 있을 능력'은 잃어버린 기술이 되었다. 우리에게 전화기란 직면하는 모든 사고의 해결책처럼 여겨지고 있다. 오전 10시 회의가 걱정된다면? 인스타그램을 들어간다. 운동을 가고 싶지 않다면? 친구에게 문자를 한다. 삶은 달걀을 먹어야 할지 스크램블 에그를 먹어야 할지 고민될 땐? 트위터에 물어보자! 우리는 스마트폰만 있으면 외로운 현실을 피할 수 있다. 그리고 다시 외로움으로 돌아가는 것은 그 어느 때보다도 감옥처럼 느껴진다. 하지만 외로움을 감옥이 아닌 천국처럼 느낀다면 어떻게 될까? 우리가 맞닥뜨릴 모든 역경에도 불구하고 자신의 외로움을 축하하고 편안히 안식하며 그것에 기대고, 숨을 내쉬고, 영감을 받고, 부끄러움이나 당혹감, 죄책감 없이 편안함을 느낄 수 있다면 과연 어떠할까?

고독의 즐거움, 내가 외롭지 않은 이유

———— 여기 본질적인 외로움에 대한 위로가 몇 가지 있다.

○ 혼자라는 게 무서운 단어처럼 느껴지는 만큼 독특하다는 의
  미도 될 수 있다. 누구도 모르는 솔직한 '내'가 될 수 있는 시
  간이다.

○ 외로움을 인정한다는 건 자신의 독특함, 자유, 자각의 능력
  을 받아들이는 것이다.

○ 혼자만의 시간을 최대한 활용할 수 있다. 앞서 말한 기본적
  능력을 다시 되찾을 수 있다는 뜻이며, 나의 욕구, 욕망 그리
  고 호기심에 반응할 수 있는 시간이다.

○ 머릿속의 목소리를 들을 수 있는 유일한 나 자신이 고립된
  다고 여겨질 수도 있지만 다른 시선으로 바라보자. 다른 사
  람들은 절대 알 수 없는 방식으로 자기 자신을 근거리에서
  알 수 있다는 것. 즉, 자신의 마음을 읽을 수 있다는 것은 그
  야말로 가슴 벅찬 일이 아닐까?

○ 혼자라는 건 무리의 일부가 아닌 나 스스로 행동할 수 있는
  자유를 의미한다.

혼자만의 시간을 피해버리면 우리는 초능력을 발견하고 이용하는 것에 실패한다. 나의 고독함에 대한 다른 관점의 이야기를 하고, 그것이 의미하는 바에 대한 이야기에 귀를 기울이면 변화가 시작된다. 혼자만의 고독이 두 가지 방법 중 하나로 결론지어진다는 건 우리 모두 익숙하다. 고독은 즐겁고, 편안하며 장기적 성취감과 같은 긍정적인 경험이 될 수도 있다. 혹은 사회적 조건이 예상하듯 외롭고, 괴로운 경험으로 끝날 지도 모른다. 그러나 매사추세츠대학교 심리학 교수 제임스 R. 애버릴James R. Averill의 연구에 따르면 고독을 즐기는 개인의 능력은 그 무렵 자신이 만들어내는 이야기에 바탕을 두고 있다고 한다.[5] 일반적으로 우리는 우리가 만들어내는 이야기가 우리의 선택에 따랐으면 한다. 애버릴은 이를 두고 다음과 같이 결론 짓는다.

'고독의 긍정적 경험과 외로움 사이의 균형은 어떻게 이루어지는가? 이 질문은 한 가지로 대답할 수 있다. 바로 선택이다. 우리가 진정한 고독이라 부르는 것은 일반적으로 혼자가 되어야겠다는 결정에 기초한다. 반대로 가짜 고독은 포기나 원치 않는 고립감을 수반한다.'

다시 말해, 약간의 휴식을 위해 스스로 결정을 내리고 돌아오는 공휴일, 정원에서 느긋한 휴가를 보낸다면 혼자만의 시간은 천국일 것이나 초대받은 바비큐 파티에 대한 고민이 머릿속에 자리 잡는다면 지옥처럼 느껴진다는 의미이다. 그리고 그날 하루 의미 없이 인스타그램을 뒤적거리며 하루를 허비하고 마는 것이다. "모든 선택의 이면에는 이야기가 있다"라고 애버릴은 말했다. 한 시간, 하루, 일주일을 혼자만의 시간을 즐기는 데 쓴다는 게 가장 중요한 첫 단계인 셈이다. 《소소한 즐거움》의 저자이자 〈인생학교〉의 창립자인 알랭 드 보통Alain de Botton 역시 2020년 3월, 내가 런칭한 팟캐스트 '홀로살기'에 출연해 비슷한 아이디어를 소개했다. 알랭 드 보통은 내가 지금껏 인터뷰한 사상가, 작가, 언론가 중 처음으로 만난 인물이었다. 작가는 "우리가 외로움의 문제를 치료하거나 해결할 방법을 찾고 있다면 우선 나의 존재가 어떤 의미인지부터 바꿔야 한다. 어떤 면에서 때로 우리는 혼자 있는 게 편하다고 생각하지만, 또 다른 누군가는 이게 고통스럽다고 느끼기도 한다"고 말했다. 그렇다면, 우리는 어떻게 이야기를 바꿔 나가야 할까?

혼자 있는 시간에 '예스'라고 말하자

─────── 표면적으로 말해 혼자 있는 법을 배우는 데엔 간단

한 해결책이 있다. 그냥 혼자 있어보는 것이다. 심리학자 칼 융Carl Jung은 혼자 있는 상태를 '초자연적 환경의 상태'라고 했다.[6] 왜냐하면 육체적 고독이 내면의 혼자인 상태를 반영하기 때문이다. 육체가 홀로 있으면 성신도 홀로 남으며, 자기 스스로를 발견할 매우 귀중한 시간이 될 수 있다. 우리는 우리 자신과 주변 환경과 물아일체가 된다. 우리는 스스로의 감정을 인정하고 처리할 수 있다. 내면의 목소리는 증폭된다. 내 머릿속의 생각만이 가장 진실하다. 우리의 상상력은 활발해진다.

물론 이론적으로 그렇다는 뜻이다. 오늘날 우리 대부분은 혼자 시간을 보내는 데 능숙하지 않고, 결국 외로움, 건강하지 못한 습관, 중독성 있는 행동을 반복하기 십상이며 약간은 엉터리로 끝나버릴 가능성이 크다. 《잠시 혼자 있겠습니다》의 저자 마이클 해리스Michael Harris가 말하는 '적나라한 자아라는 도깨비'가 무서운 게 당연하다. 우리 대부분에게 혼자가 되는 법이란 고립의 대상이 되는 것처럼 간단한 개념이 아니다. 우선 첫째, 우리는 우리가 실제로 어떤 사람인지를 받아들이는 무서운 숙제를 해결해야 한다. 그게 바로 혼자만의 시간의 필수 토대가 된다.

만약 이 개념이 당신에게는 적합하지 않다고 생각해도 이해한다. 나 역시 지난 30여 년의 인생 대부분에서 도깨비를 피하며 살았다. 조용히 침묵에 잠겨 내가 누구이고 어떻게 살았는지에 대한 자기 성찰과 고독을 피해버린 셈이다. 외로움에서 벗어나는 것은 쉽고 평범하게 느껴졌고, 도깨비를 마주하는 것은 헤아릴 수 없을 만큼 힘들었다. 하지만 어떤 것이 더 쉽고 평범하게 느껴진다고 해서 그게 당신에게 옳거나 더 이상 그것에 대한 대가를 치를 필요가 없다는 것을 의미하는 것은 아니다. 물론 나 역시도 외로움을 직시할 때 느껴지는 불편함을 너무나 잘 이해한다. 나 역시도 매일매일 불편함을 느끼지만, 그보다 훨씬 더 크고 많은 것을 느낀다.

그건 바로 힘, 명료함, 호기심 그리고 깊은 마음의 평온함이다. 나처럼 혼자 시간을 보내는 것이 당신이 느끼기엔 가장 큰 두려움일지 모르나, 그것 또한 당신의 가장 깊은 힘의 원천을 증명할 길일 수도 있다. 이 책이 탐구하는 것처럼, 혼자만의 시간에서 영원히 도망칠 수 있는 방법이 무궁한 이 세상에서, 도망치는 법을 선택한다면 당신은 스스로와 갈라서는 길을 택하는 것이다. 하지만 '혼자만의 시간'은 결코 혼자 있는 시간이 아니다. '홀로 잘 사는' 법이다.

'홀로살기'는 대체 무엇일까?

───── 홀로살기Alonement는 2019년 내가 만들어 낸 단어이다. 조각내어 살펴보면 이 단어는 '혼자 있는 상태'라는 뜻의 명사이다. 음절을 곱씹어보면 혼자만의 시간을 위한 의도라고 생각해도 좋다. '혼자 있고자 하는 태도'. 나는 이 단어를 혼자만의 질적인 시간이라고 정의한다. 나 스스로와 함께 하는 시간을 소중하게 여기고 존중한다는 것, 혼자 있는 시간을 절대적으로 소유한다는 뜻이기도 하다.

가장 비슷한 유의어로 '고독'이 있다. 하지만 고독은 약간 모호하다. 참고로 '고독Solitude'은 고대 프랑스어와 라틴어의 '외로움Loneliness'이라는 단어에서 파생되었다. 우선 내가 경험한 것이 '긍정적인 고독'인지를 살펴봐야 한다. 그리고 중요한 것은 본질적으로 나의 홀로살기가 긍정적이고 가치 있는 경험이었는지를 살펴야 한다. 홀로살기는 외로움의 반의어이다. 각 단어가 주는 스펙트럼을 다음과 같이 떠올려보자.

외로움, 고독, 홀로살기의 사전적 의미는 다음과 같다.

홀로살기

명사

1. 혼자 보내는 좋은 시간.

   나는 이번 주말에 정말 좋은 홀로살기를 보냈어.

2. 혼자 있을 때의 기쁨이나 성취감.

   아침에 처음으로 혼자 할 일은 걷는 거야.

3. 즐거운 고독으로 긍정적인 감정과 연관된 단어.

   지난 몇 달은 정신없이 바빴어. 난 홀로살기가 필요해.

4. 혼자 보내는 시간을 소중히 여기는 가치.

   나와 내 남자친구는 혼자 보내는 시간을 중요하게 생각해.

'홀로살기'라는 단어 없이 나는 나 혼자가 된 상태에 대해 내가 느낀 감정을 어떻게 설명해야 할지 힘든 시간을 보냈다. '혼자'라는 단어는 겉으로는 중립적인 단어처럼 보이나 '나는 혼자라고 느껴'라고 말하면 부정적인 느낌으로 다가온다. 우리 모두 인스타그램에서 '혼자 있다고 외로운 건 아니야' 식의 진부한 표현을 왕왕 접했지만, 내게는 충분치 않았다. 혼자라는 것이 외로운 것과 같은 의미를 가질 필요가 없다면 대체어가 무엇이 좋을까? 혼자 있는 것이 좋을 때 우린 그걸 뭐라고 불러야 할까? 그래서 '홀로살기'라는 단어가 나왔다.

대부분의 사람들이라면 홀로살기가 무슨 의미인지 알아차릴 수 있다. 즉, 평상시에 한번쯤 혼자 있는 시간이 꽤 괜찮았던 적, 가령 뜨거운 물로 샤워부터 했다던가 저녁 식사에 아주 매운 고추를 추가해 먹은 것과 같은 만족스러운 경험처럼 말이다. 그러나 혼자만의 긍정적인 감정을 표현할 수 있는 실제 단어를 갖는 것의 중요성은 아무리 강조해도 지나치지 않다. 철학자 루드비히 비트겐슈타인Ludwig Wittgenstein이 "내 언어의 한계는 내 세계의 한계를 의미한다"라고 말한 것처럼, 어떤 것을 묘사할 단어가 없다면 그 가치와 타당성을 부여하기 어렵다. 볼 수 없는 것이 될 수도 있고, 정의할 수 없는 것이라 실천할 수 없을 수도 있다.

새로운 단어는 우리가 오랫동안 관찰했음에도 묘사할 수 없던 현상을 현실로 불러온다. 긍정적이고 힘을 실어주는 단어에만 국한된 것이 아니다. 예컨대, 관계 사이의 대화에서 폭력과 통제를 가장 잘 드러내는 중요한 단어라고 생각하는 '가스라이팅Gaslighting'을 예로 들어보자. 가스라이팅은 한 파트너가 일반적으로 부정이나 잘못된 정보를 주입하여 상대의 기억, 인식, 판단을 조종하는 심리학적 용어의 한 형태이다. 이 용어는 1938년 패트릭 해밀턴Patrick Hamilton의 희곡《가스등》에서 처음 유래되었다. 주인공 여성은 남편이 자신을 조종하여 자신이 미쳐가고 있다고 생각하게 된다. 여기서 기인한 용어가 1990년대 심리학의 일부가 되어 지난 몇 년간 대중적 비유를 얻게 되었다. 단어는 우리를 위해 만들어지고, 우리는 신조어를 통해 넓고 진화하는 인간의 경험을 묘사하는 데 사용한다. 예를 들어, 그리스어의 '메라키meraki'라는 단어는 '영혼, 창의력, 사랑을 위한 행위로 자신의 일부를 예술에 남길 때 쓰는 단어'라는 뜻이다. 언어는 그야말로 힘이며 이전에 정의할 수 없었던 것에 대한 단어를 갖는 것은 우리가 전혀 알지 못했던 여러 경험의 작은 일부분을 열어줄 수 있다. '홀로살기'는 확실히 내 인생을 바꿔놓았다. 그리고 이제 여러분의 인생도 바뀔지 모른다는 궁금증이 살며시 고개를 든다.

혼자만의 시간이 지닌 가치

———— 혼자 시간을 보내는 법을 배우는 게 항상 쉬운 것만은 아니다. 내 모습만 봐도 그렇다. 작가라는 내 직업은 아마 가장 고독한 직업 중 하나일 것이다. 나는 심지어 혼자 있는 것에 대한 책도 쓰지 않았는가. 그것도 전염병이 유행하는 이 시기에 독신으로 혼자 살면서 말이다.

내 삶이 내가 만든 거대한 사회적 실험이 되기 전에, 나는 매우 사교적인 사람이었다. 나는 바쁜 사무실 환경과 함께 오는 정기적 해피 아워 회식을 정말 좋아했다. 첫 데이트도 좋아했고 아는 사람이 아무도 없는 화려한 파티에 참석하는 것도 아무 문제가 없었다.

"당신이 그렇게 외향적인 사람이라면 왜 혼자 시간을 보내는 내용에 대한 팟캐스트를 만든 건가요?" 코미디언 존 로빈스John Robins가 어느 날 팟캐스트에 출연해 물었다. 그의 말도 일리가 있었다. 사실 나는 사람들이 내가 가졌던 것과 같은 함정에 빠지는 것을 원치 않았기 때문이었다. 스물일곱이 되던 해까지, 나는 혼자만의 시간을 생각하는 것조차 두려웠다. 인생의 대부분을 무엇보다도 의미 있는 관계를 만드는 데에 쏟아부었고, 나에게 있어 혼자만의 시간은 아무런 가치가 없었다.

혼자 시간을 보내는 건 새해 다짐으로 시작했다. '혼자만의 시간을 어떻게 보내는지 익히고 즐기기.' 초창기엔 내가 믿거나 중요하게 생각하는 것과 모든 것이 어긋났다. 팔레오 다이어트 식단을 따라하던 첫 36시간처럼 말이다. 마치 왼손으로 글씨를 쓰는 것처럼 어색하기만 했다. 나는 의식적으로 일요일엔 약속을 잡지 않았고, 주말이 가까워질수록 그 공백에 대해 공포에 떨었다. 영화표를 한 장 예약해놓고, 언제까지 환불할 수 있을까 정신없이 검색했다. 한편 친구들과 가족들은 나를 걱정했다. 단순히 누군가와 만나서 시간을 보낼 만한 사람이 없는 갓 싱글이 된 내가 부리는 허세라고 여겼던 까닭이다. 운 좋게도 이런 경우는 드물었다. 모두의 만류에도 불구하고 나는 내 목표를 고수했고, 내 삶도 변화했다. 내가 회복 단계에 있는 사회적 중독자라고 생각해보자. 나는 혼자만의 시간을 완전히 회피하며 극단으로 치닫던 사람이다. 그리고 나는 혼자만의 시간이 부족할 때 일어나는 일에 대해 자신 있게 말할 수 있는 사람이 되었다. 그리고 이 책을 읽는 모든 이들을 설득하고 싶다. 한 시간도 혼자 보내지 못했던 내가 나 혼자만의 시간을 즐기는 법을 배웠으니, 여러분도 그렇게 할 수 있다고 말이다.

혼자만의 시간에 대한 글을 쓴 다른 작가로 훌륭한 책《인생학교: 혼자 있는 법》의 사라 메이틀랜드Sara Maitland가 있다. 그녀는 스코틀랜드의 외딴 시골에 살며 스마트폰이나 텔레비전 같은 전자기기를 멀리한다. 미국 난터켓 섬에서 혹독한 겨울을 홀로 보내며 쓴《고독의 정거장The Stations of Solitude》의 저자 앨리스 콜러Alice Koller나 숲속에 2년간 머무르며《월든》을 집필한 헨리 데이비드 소로Henry Thoreau도 있다. 이 작가들이 모두 흥미로운 뒷이야기를 가지고 있을까? 물론이다. 그들이 고독에 대해 잘 알고 있을까? 의심할 여지가 없다. 특히 메이틀랜드의 책은 내게 아주 중요한 자료가 되었다. 하지만 우리 중 얼마나 많은 사람들이 숲에 들어가 현실적으로 버틸 수 있을까? 아마 나는 힘들지 싶다. 바로 여기서 '홀로살기'가 등장하는 것이다. 즉, 우리가 혜택을 입고 있는 기존의 라이프스타일에 통합시키는 것이다. 이런 이야기를 하는 이유는 내가 진정으로 공감할 수 없고 모방하고 싶지 않은 생활방식보다는 바쁘고 복잡한 현대의 도시 생활에서 직접 경험한 사람에게 경험담을 들을 수 있었더라면 훨씬 좋지 않았을까 하는 나만의 바람이 있었기 때문이다.

따라서 나는 여러분이 내 경험에 영감을 받아 당신만의 '홀로살기'를 만들어나갔으면 한다. 나 역시 항상 본능적으로 혼자만의 시간을 보내는 사람은 아니었으며, 다른 사람 없이 오랜 시간 혼자 보낼 생각도 없다. 나는 여전히 다른 사람들을 통해 '충전되는' 외향적인 사람이라는 생각이 든다. 친한 친구들과 가족이야말로 내 인생의 큰 축복 중 하나이다. 하지만 이 모든 것에도 불구하고, 나는 혼자라는 두려움의 결과를 두 눈으로 경험했고, 이제 이전으론 돌아갈 수 없게 되었다.

홀로살기는 절제이다

──── 영국 문화에는 좀처럼 '절제'란 없다. 우리는 주말

을 위해 살고 다이어트에 목숨을 걸며 이따금 더 빠른 사람이 되기 위해 노력한다. 우리는 '열심히 일하고 열심히 노는' 문화를 갖고 있다. 미디어 속 '혼자'는 상당히 극단적으로 묘사된다. 온 나라가 외로움이란 질병에 시달리는 사이 사람들은 결혼을 하고, 코로나바이러스로 인한 락다운 기간 동안 홀로 산을 등반한 사람들, 세계를 항해한 선원, 외딴 섬의 은둔자들에 대한 이야기가 특히 구미를 당겼다. 헤드라인에 실릴 법한 이야기인가? 그렇다. 그렇다면 나와 관련이 있는가? 딱히 그렇진 않다.

역사를 통해 고독의 아이콘을 찾는다면 아마 모차르트Mozart, 카프카Kafka, 워즈워스Wordsworth와 같은 예술가나 작곡가를 떠올릴지도 모르겠다. 어딘가에 집착하고, 사회와 단절되고, 모두가 백인 남성인 은둔 천재에 대한 낭만적 묘사로, 그들이 모두 혼자 고립되어 있는 모습을 떠올리면서 말이다. 그리고 그 과정에서 우리는 일상생활에서 완전히 지워진 무언가를 생각한다. 대체 어떻게 우리가 이런 모습을 따라할 수 있을까? 대체 우리가 이런 걸 원하기는 하는 걸까? 솔직히 말해 '고독'이란 단어만 들어도 느껴지는 고결함이 나는 치가 떨리게 싫다. 혼자만의 즐거움을 배우는 법이 바로 거기에 있다. 조용한 오후나, 나른한 주말처럼 짧게라도 혼자만의 질적인 시간을 갖는 것이어야 한다.

소수의 선택받은 이들에겐 혼자만의 시간은 예술적 깨달음을 얻을 수 있는 완벽한 방법이 될 수도 있다. 테일러 스위프트Taylor Swift 나 다른 천재 같은 가수들처럼. 맞다. 락다운 기간에 만든 테일러 스위프트의 2020년 'folklore' 앨범은 정말 천재적이었다. 하지만 다른 사람들에겐 썩 통하지 않을 방법일 수도 있다. 첫 번째 코로나바이러스 락다운 기간, 혼자 살며 포옹 한 번이 힘들었던 긴 4개월 동안, 혼자 사는 법에 대한 책을 쓰고 있었음에도 불구하고 나는 확실히 혼자 있는 시간이 길어짐에 힘이 들었다. 과연 나는 내가 만든 사회적 실험 속에 살고 있다고 하지 않았던가?

'그냥 균형 잡힌 식단으로 먹자'라는 말이 시장성이 가장 떨어지는 다이어트 조언일 수도 있지만, 장기적으로 보면 가장 효과적인 방법이고 이런 비유는 혼자만의 시간을 보내는 데에도 똑같이 적용된다. 마이클 해리스에 따르면 "고독과 사회적 연결고리는 더 커다란 사회적 식단의 요소이다. 우리가 탄수화물과 지방을 필요로 하는 것처럼, 고독과 사회성은 둘 다 필요하지만 둘 중 하나를 지나치게 많이 섭취하면 우리에게 해를 끼칠 수 있다"라고 했다. 따라서 오랜 시간 고독을 감수하는 대신, 우리는 대부분 다른 사람들 사이에서 규칙적으로 한 걸음 떨어짐으로써 균형적 이익을 얻는다. 사회적 연결고리와 고독은 섬세한 균형 조절을 필요로 하며, '홀로살기'는 이 두 가지 모두의 중요성을 인정하는 단어이다.

앞서 언급하였듯, 단순히 혼자 있는 것이 어떤 자기 성장을 위한 만능은 아니다. 우리는 모두 혼자만의 외로운 시간이 가장 자기 파괴적 성향과 중독성 있는 행동으로 옮겨질 수 있는지 알고 있다. 여기에는 소셜 미디어와 뉴스를 강박적으로 확인하는 것에서부터 섭식 및 운동 장애, 약물 및 알코올 의존에 이르는 모든 것이 포함된다. 아니면, 혼자만의 시간은 비교적 무해하고 쾌락주의적인 방법으로 지나갈 수도 있다. 드라마 몰아보기, 끊임없이 먹기, 인스타그램 무한 새로고침 등등. 이렇게 시간을 보내도 혼자이지만, 분명 고독과 관련된 그 어떤 장점도 얻지 못할 것이다. 혼자라는 건 여러분이 어떻게 이 시간을 긍정적인 경험으로 바꿀 수 있는지에 대해 능동적인 자세로 생각하는 것을 의미한다.

이건 양이 아니라 질이 되어야 한다. 일상을 인식하는 데 사용하는 가치에 홀로살기에 집중해야 나만의 상황에 맞는 쉬운 방법을 찾아낼 수 있다. 왜냐하면 혼자만의 여행은 다른 나라로 홀로 떠나는 여행이 될 수도 있지만, 업무를 시작하기 십분 전 커피를 끓이고 자리에 앉아 음미하는 시간이 될 수도 있고, 잠자리에 들기 전 한 시간 동안 휴대폰 없이 보내는 시간이 될 수도 있고, 양말 서랍을 정리하거나 단순히 허공을 응시하며 멍 때리는 시간이 될 수도 있기 때문이다. 이렇게 보내는 시간이 특별히 큰일처럼 느껴지지 않을 수도 있고, 이게 정말 내 삶에 큰 영향을 미치기에 충분한지 의문이 들 수도 있다. 하지만 조금만 참아보자. 한 가지 확실한 건 당신이 쓰는 것보다 돌려받을 게 더 많다는 것이다. 그러므로 자신의 인생에서 작은 공간을 마련해보자. 그 힘이 얼마나 강력한지 직접 경험할 수 있을 것이다.

'혼자'는 무엇일까?

————— 이 글을 쓰는 지금, 나는 방 하나짜리 아파트에 앉아있다. 아마 가장 분명한 방법의 혼자일 것이다. 내 전화기는 현재 비행기 모드이고 라디오는 꺼져 있으며 내가 혼자 살고 있다는 걸로 미루어, 누군가 현관문을 열고 들어온다면 나는 아마 깜짝 놀랄 것이다. 여기서 더욱 '혼자'가 되는 방법은 현재 위치를 영국 스코틀랜드 해상의 작은 섬 아우터 헤브리디스Outer Hebrides 제도로 옮기거나 아니면 화성으로 가던가이다. 하지만 이런 방법만이 유일하게 혼자 있을 수 있는 법은 아니

다. 나는 길 아래 카페에서 글을 쓸 때 혼자라고 생각한다. 친구들과의 휴일에, 해변으로 혼자 산책을 가거나 먼 바다로 수영을 나가 수평선을 바라보며 혼자만의 즐거움을 찾는다. 개방형 사무실에서 일을 하던 시절에도, 다른 층으로 내려가거나 파티션 안에 숨거나, 그도 안 된다면 소음방지 헤드폰을 껴서 혼자만의 시간을 가졌다. 때로 혼자만의 시간은 학창시절 수학 시간 상상 속을 헤매던 것처럼 내 마음을 방황하게 만들어 거머쥘 수도 있다. 혼자라는 건 사실 어디에서나 가능하다. 그리고 나는 여러분에게 어떻게 혼자만의 시간을 찾고 최대한 많은 장점을 얻을 수 있는지 알려주고 싶다.

혼자만의 다면적인 즐거움

———— 혼자라는 건 단지 즐거운 시간을 보내는 것이 전부가 아니다. 혼자만의 시간 자체로도 이미 즐겁다. 혼자 시간을 보낸다는 생각에 점점 더 편해질수록, '홀로살기'는 편안한 파자마를 입고 로제 와인 한 잔과 피시 앤 칩스 안주를 곁들인 채 미국 드라마 〈프렌즈〉를 보는 것만으로도 가능하다. 그러니까 다른 사람이 있든 없든, 모든 종류의 즐거움이 될 수 있는 그런

저녁시간을 의미한다. 게다가 텔레비전의 소리와 함께 내가 무엇을 하고 싶은지 정확히 알고 선택하는 데 내재된 참맛이 있다. 즉, 혼자만의 시간은 다른 형태의 만족을 제공한다. 더 의미 있고 삶을 확인하는 종류의 즐거움 말이다.

아리스토텔레스는 이 최상의 좋음을 '행복eudaimonic'이라 했다. 의미와 목적을 가지고 살아가면서 얻는 보다 고상한 종류의 만족감이란 뜻이다. 파자마를 걸쳐 입고 〈프렌즈〉를 보는 당신의 밤은 고대 그리스인들이 '쾌락'이라 불렀던 것과 비슷하다. 아니, 훨씬 더 직설적이고 덧없는 쾌락에 바탕을 둔 행복이다. 기본적으로 혼자만의 시간은 느껴지는 감상이 긍정적이다. 이는 시간 자체가 가치 있어서 일수도 있지만 꼭 두 마리 토끼를 다 가질 필요는 없다. 물론 혼자만의 쾌락적인 즐거움을 경험할 수도 있다. 그리고 종종 혼자만의 쾌락적 즐거움은 다른 사람과 할 수 있는 것보다 훨씬 더 순수하고 진실되게 '자신만의' 방식으로 일어나기도 한다. 자신이 좋아하는 음식을 먹고 아무도 보지 않는 것처럼 춤을 추기도 하는 방식으로 말이다. 그리고 아무도 보지 않기 때문에 행복하다. 하지만 때로 일기장에 글을 쓰거나 식구들, 하우스메이트들과 함께 '넷플릭스' 드라마를 재주행하기보다 일찍 잠에 드는 방식처럼 혼자만의 공간이 재생과 자기 성장의 공간으로 작용하기도 한다. 둘

다 다른 이유로 실천에 옮길만한 가치가 있다.

쾌락에 관한 한, 우리 스스로에게 그리고 타인에게도 순전히 내 자신의 쾌락을 위해서만 행동하는 게 유효하다는 것을 인정하는 게 중요하다. 외향적인 사람으로서, 나는 내 쾌락의 대부분을 곁에 있는 타인에게서 끌어내곤 했다. 타인에게는 고독 속에서 찾기 힘든 추진력과 에너지가 있다. 하지만 즐거운 저녁 시간을 혼자 보내는 것은 여전히 올바른 계획만 있다면 가능하다. 내가 가장 행복했던 시간들 중 일부는 소설을 읽거나 쓸데없는 텔레비전 프로그램을 보던 시간이었다. 즉, 덧없는 쾌락은 모두 좋지만 혼자만의 시간은 당신의 삶에서 의미와 목적을 찾을 수 있는 비옥한 공간이어야 한다. 다시 말해, 앞으로 5장에서도 이야기 하겠지만, 혼자 시간을 보내는 것은 생산성과 창의성의 핵심 요소일 뿐만 아니라 그 의미와 목적이 어디에 있는지 되돌아볼 수 있는 공간이다.

이 책은 누구를 위한 책일까?

━━━━━ 혼자 사는 1인 가구의 가장으로서, 그리고 코로나19가 유행하는 사이, 나에게 혼자 산다는 것은 내 자신을 매우

잘 알아가는 단계였다. 그러나 이 책이 결코 독신자나 혼자 사는 사람들만을 겨냥한 것은 아니다. 당신이 미혼이든, 연애 중이든, 기혼이든, 아니면 34세의 그레그라는 남자의 어장 속 이름 없는 물고기이든, 당신과 당신 자신의 관계는 평생 동안 맺을 유일한 관계이다.

물론 미혼이든, 이혼을 했든, 사별을 했든 이런 당신의 상태가 당신이 어떤 사람인지, 누구인지를 알아내는 기회를 제공할 수는 있다. 직업의 변화, 이사, 육아, 전 세계적 유행병처럼 삶의 다른 주요 변화와 유사한 방식으로 말이다. 이런 상태의 변화를 통해 우리는 내가 누구인지를 다시 한 번 평가하도록 강요받는다. 하지만 여러 가지 진지한 관계를 맺어오면서, 나는 부부가 되는 것이 결코 외로움을 면하거나 자기를 알아가는 욕구를 억압할 수는 없다는 것을 깨달았다. 아니 솔직히 말해, 대부분 그 반대를 의미했다.

혼자 여행을 하는 법이든, 단순히 연인이나 하우스메이트가 집을 떠나 혼자만의 밤을 즐기는 것을 배우는 법을 배우든 간에, 우리는 모두 해낼 수 있다. 혼자라는 것은 결국 이 세상에 어떻게 태어나고 또 어떻게 죽느냐를 의미한다. 우리는 분명 인생의 어느 시점에 혼자 남게 될 것이다. 물론 타인의 친절에 기댈 때도 있고, 대인관계도 우리 삶의 큰 역할을 취할 것이다.

하지만 다른 사람들과의 관계가 할 수 있는 것보다는 혼자만의 힘으로 더 깊은 방법으로 당신을 굳건하게 만들 것이다.

다음에 해당하는 사람이라면 이 책을 읽기를 권한다.

- ○ 혼자만의 시간을 보내는 게 힘이 드는가?
- ○ 선천적으로 혼자 시간을 보내는 데 능숙하면서도 그게 나쁜 것이라고 마음 속 깊이 걱정하는가?
- ○ '인생의 소울메이트'를 만나지 못할까 봐 걱정하는가?
- ○ '인생의 소울메이트'를 만나놓고도 왜 아직도 삶이 행복하지 않은지 궁금한가? 저마다 짝을 찾은 친구들이 부러워 배가 아픈가?
- ○ 동행할 사람을 찾지 못해 열정을 추구하지 않고 있는가?
- ○ 친구, 가족 또는 더 넓은 공동체 밖에서 자신의 정체성에 대해 고민해 보았는가?
- ○ 부부 사이에 독립성을 유지하기 위해 애를 쓰고 있는가?

따라서 이 책은 자신과의 관계를 맺고자 하는 모두를 위한 책이다.

이 책의 적용법

───────── 자, 이제 혼자만의 시간을 정복할 때가 다가오고 있다. 하지만 먼저, 내가 왜 이 책을 하나로 묶었는지에 대한 자그마한 설명을 곁들이고 싶다. 나 역시 혼자만의 시간을 가져본 적이 없는 사람으로서, 왜 약간의 설득이 필요한지를 잘 알고 있다. 그래서 이 책을 쓸 때, 나는 혼자만의 시간에 '왜'와 '어떻게'의 균형이 중요하다고 생각했다. 우선 사회학적으로 혼자만의 시간을 인식하고 불명예를 지우는 데 약간의 학문적 이론을 곁들이려고 했다. 그러면서 동시에 혼자만의 시간을 위한 실질적인 조언도 놓치고 싶지 않았다. 앞서 말했듯, 혼자만의 시간을 실천하는 것은 단순히 혼자 시간을 때우는 게 아니다. 다른 모든 관계가 그러하듯 혼자만의 시간도 진취적인 자세로 질적인 시간을 성취하려는 노력이 필요하다. 따라서 각 장마다 유용한 실천법을 실어 도움이 될 수 있는 방법을 자세히 살펴보고자 했다. 자기관리에서부터 열정이 담긴 시간 만들기, 내가 어디에 있든 나의 공간을 물리적으로 조각하는 법에 이르기까지, 이 책을 통해 독자들에게 당신의 세상을 유용한 나만의 공간으로 빚는 법을 알려주고 싶다.

이 책을 읽으려면 처음부터 읽어나가기를 추천한다. 첫 두

장이 '홀로살기'의 개념을 이해하는 데 필수적이기 때문이다. 바라건대, 그때부터는 자연스럽게 물 흐르듯 쭉 읽어날 수 있을 것이다. 하지만 다가오는 혼자만의 휴일을 보내는 법이나 나와의 관계에서 숨 쉴 틈이 필요하다는 생각이 든다면, 특정 조언이 실린 장으로 이동해도 좋다. (위의 예는 각각 7장과 10장에 실려 있다.)

　나는 이 책이 당신의 인생을 곧바로 바꿔주지 않으리라는 점을 강조하고 싶다. 이 책은 초기 투자를 위한 단순한 도약으로 여겼으면 한다. 혼자만의 시간을 배운다는 건 책장에 꽂힌 책 한 권으론 힘든 일이기 때문이다. 혼자만의 시간은 절대 그런 식으로 배울 수 없다. 혼자만의 시간의 가치를 발견할 수 있는 유일한 방법은 규칙적인 일상에 작은 방법과 큰 방법을 모두 합쳐 직접 경험하는 것뿐이다. 실천하다가 가끔은 불편함을 느끼기도 하고 의심이 들 수도 있지만 나는 꾸준한 실천만이 눈덩이처럼 불어나 진정으로 인생을 발견할 기회가 된다고 확신한다. 일단 '홀로살기'의 가치를 이해하고 나면, 나만의 시간은 자급자족이 가능해지며 평생 나와 함께 할 것이다. 홀로살기의 연습은 인간관계와 먹고 사는 압박감 같은 것들로 점점 줄어들고 종국엔 흐지부지 될지도 모른다. 하지만 사랑하는 친구에게 돌아가고 싶은 마음처럼 늘 혼자만의 시간과 공간을 만들고 싶은 욕구를 정기적으로 느낄 수 있을 것이다. 앞서 말했 듯, 이 책이 당신의 인생을 바꿀 수는 없지만, 이 책을 읽은 당 신은 할 수 있다.

마지막으로, 여러분이 무슨 행동을 하든, 이 책은 혼자 있을 때 읽기를 추천한다. 휴대폰은 서랍에 넣어두거나 음소거로 해 놓자. 함께 사는 파트너나 하우스메이트 역시 잠깐 관심을 두 지 말 것. 그리고 당신의 모든 집중력을 기울이자. 소셜 미디어 도 해선 안 된다. 자 그렇다면, 이제부턴 당신의 시간이다.

'홀로살기'에 들어선 당신을 두 팔 벌려 환영하는 바이다.

"너 혼자만의 시간을 가져보는 건 어떨까?" 하고 어머니가 물어보면

나는 속으로 깊은 한숨을 터트리며 이렇게 생각했다.

'나는 외향적인 사람이라고요.

혼자만의 시간 같은 건 필요 없어요. 엄마'라고.

Part 1

혼자만의 시간이
필요한 이유

나는 나 혼자 시간 보내는 걸 제일 싫어하는 사람으로 인생의 전반을 살았다. 물론 요세 프 프레츨(2008년 호주에서 벌어진 근친 감금 성폭행 사건의 가해자-역 주)과의 저녁 식사까진 아니었겠지만, 이제 와서 돌이켜보면 나는 혼자만의 시간을 피하기 위해 많은 노력을 했다. 조금이 라도 친목을 다질 기회만 생기면 달려 나갔다. 내가 있는 페 컴Peckham의 반대편 동네에 있는 바에서 누군가 뒤늦게 초대를 해오면, 나는 설령 75분이 걸려도 좋아서 버스를 타러 달려 나 갔다. 친구의 친구의 사촌이 바비큐 파티를 하는데 초대한다 면? 안 갈 이유가 없었다! 데이팅 앱을 통해 11월 중순 언젠가 평일 밤 데이트 알람이 뜨면 나는 '뭐 어때, 웨더스푼Wether-spoons 레스토랑 좋아하니까, 밤 9시면 완벽하지'하는 종류의 사람이었다.

그렇게 나는 너무 쏟아 부었고, 과도하게 인맥을 늘리려 했 으며, 지나치게 시간을 쏟아 부었다. 마치 내 자신과의 시간을 피하기 위해 도망치는 게 내 삶의 이유이자 목적 같았다. 이건 자기혐오와는 달랐다. 타인과 함께 시간을 많이 보낼수록 그게 내 삶의 어떤 의미가 된다는 깊은 믿음이라고 봐야 타당했다.

혼자만의 시간은 그저 진짜 현실을 위한 대기시간에 불과했다. 그러므로 내게 혼자만의 시간은 가치가 없었다. 혼자만의 고독은 지루한 시간 때우기였고 이미 살면서 충분히 경험해본 일이었다. 그런 이유로 혼자 저녁 시간을 보낼까 아니면 다른 선택지가 있을까 고민을 할 때마다 나는 대부분 후자를 택했다.

27살이 될 때까지 나는 늘 누군가와 함께 살았다. 그게 가족일 때도 있었고, 하우스메이트나 연인일 때도 있었다. 나와 다른 한 명의 사람과 함께 산다는 건 몇 가지의 다른 생활 방식의 조율을 필요로 했다. 다시 말해, 나 혼자만의 시간이 생긴다는 의미였다. 함께 사는 친구가 외출을 하고 홀로 남아 '혼자만의 시간'을 즐기기보다, 차라리 나는 함께 공유하는 달력을 붙여놓고 친구가 외출을 하는 날이면 나도 덩달아 밖에서 시간을 보냈다. 말 그대로 친구를 만날 수 없는 날이면, 가상공간에서 타인과 시간을 보냈다. '왓츠앱' 메신저로 그룹채팅을 하거나 인스타그램 스토리에 내 일상을 공유하는 방식으로 말이다. 심지어는 영화를 보는 내내 메신저 없이는 혼자 영화도 볼 수 없는 사람이었다.

작가이자 저널리스트인 푸르나 벨과 내 팟캐스트 방송 〈홀로살기Alonement〉에서 이런 이야기를 나눈 적이 있다. 푸르나는 30대가 되면서부터 부쩍 홀로 살기의 즐거움을 발견했다고 했다. 그 전엔 그도 나처럼 '혼자만의 시간'을 만드는 사람이 아니었다고 했다.

"혼자 시간을 보낸다고 생각하거나 혼자만의 시간을 적극적으로 만들어나간다는 건 지금보다 어릴 적엔 전혀 생각해보지도 못했던 일이었어요. 어떤 면에서 우리는 내내 함께 시간을 보내던 가족의 품을 떠나서 대학에 입학해요. 그리고 대학을 떠나면 하우스메이트를 구하게 되죠. 그게 어떤 의미인지를 심각하게 고민했던 적이 없는 것 같아요. 정말 적극적으로 '나는 하나부터 열까지 이렇게 해야지, 주말에 내가 혼자만의 시간을 꼭 만들어야지'라고 생각하진 않았거든요. 그때의 저는 무슨 일이 일어나든, 누가 나를 초대하든, 그저 따르기만 했어요." 그가 말했다.

혼자만의 시간을 소중하게 여겨야 한다는 건 내가 지금껏 살며 배운 가장 급진적이고 중요한 삶의 교훈이다. 그렇다면 서른 해가 다가도록, 나 혼자만의 시간을 방해한 건 과연 무엇이었을까? 그건 아마 다음의 세 가지 이유들로 추려질 것 같다.

1. 우리가 살고 있는 세상에서 사회성이란 자질은 사람마다 각기 불균형적으로 분배되어 있다는 것.
2. 혼자만의 시간이 주는 깊고 짙은 두려움과 그 시간이 상징

하는 모든 것.

3. 365일 24시간 연결된 디지털 사회 속 수십억 달러의 산업
   이 혼자만의 시간은 두려운 것이라고 계속해서 우리에게 주
   입시키고 있다는 것.

자 어떤가, 당신도 공감할까?

사회는 외향적인 사람을 좋아한다

───── 첫 번째 이유부터 살펴보도록 하자. 나는 솔직히 혼자만의 시간을 피하는 게 내 성향 때문이라고 생각했다. 학교에서 한 첫 번째 인성 검사에서 '외향적'이란 결과를 받아보고 나는 거의 내 성격을 확신했다. 그럴 듯하게 설득이 되었기 때문이다. 나는 친구를 쉽게 사귀고 무리에 잘 어울린다. 이건 사회적으로도 칭찬 받을만한 자질이었고 그 누구도 내 성격이나 태도가 건강하지 못하다고 한 적이 없었다. 내향적인 성격의 어머니만이 내 타이트한 사회생활에 질문을 던지는 유일한 사람이었다. 예컨대 "너 혼자만의 시간을 가져보는 건 어떨까?" 하고 어머니가 물어보면 나는 속으로 깊은 한숨을 터트리며 이렇게 생각했다. '나는 외향적인 사람이라고요. 혼자만의 시간 같은 건 필요 없어요, 엄마'라고.

치기어린 내게 외향적이란 단어는 수줍고 내성적인 사람들에 비해 더 외향적이고 사교적인 사람이라는 다소 얼기설기한 정의로 다가왔다. 이건 내재된 배터리와 같은 거라고 생각했다. 내향적인 사람의 에너지가 혼자만의 시간을 통해 충전되는 방식이라면, 반대로 외향적인 사람은 타인과 시간을 보내며 신이 나고 원동력을 얻는다고 말이다. 우리 같은 사람들은 대화를 통해 공백을 메꾼다. 난데없이 페이스타임으로 영상통화를 걸기도 하고, 사람들을 모으거나 술자리를 만든다. 문자메시지엔 풍부한 감정 표현을 담아 재빠르게 답장한다. 파티에 목숨을 건다. 감정을 솔직하게 다 드러낸다. 우린 샴 고양이 같은 당신에겐 갈색 눈의 래브라도처럼, 〈곰돌이 푸〉의 당나귀 이요르 같은 당신에겐 활달한 호랑이 티거와 같고, 〈길모어 걸스〉의 로리 같은 당신에겐 로렐라이가 되어주는, 그런 관계를 추구한다.

외향적인 성격과 내향적인 성격의 이론은 가장 잘 알려진 성격 테스트인 마이어스–브릭스 성격 유형 검사Myers–Briggs Type Indicato로도 잘 익숙하다. 어떤 연구를 믿느냐에 따라 인구의 50%에서 74% 가량이 '외향적인' 성격에 속한다. 어떤 사람들은 타당한 근거를 대며 사람을 이분법으로 분류하는 것에 회의적인 시선을 보내기도 한다. 요즘 들어 나와 이 주제로 대화를 나눈 사람들의 대다수가 성격 분류에는 회색지대가 있음을 인정하는 추세이다. "나는 혼자만의 시간을 좋아하는 외향적인 사람이야"라던가, "나는 내면에 내향적인 성격을 품고 있어" 혹은 "나는 부끄러움을 정말 많이 타는 외향적인 성격이야" 등으로 말이다. 참고로 나는 이런 분류가 꽤 의미 있다고 본다. 그럼에도 외향적/내향적 구별은 여전히 중요하지만, 넓은 의미로 말해 우리는 어떤 방식으로 에너지를 얻느냐에 따라 성격을 구분 짓는다. 아무리 혼자만의 시간이 소중하다는 것을 배워도, 나는 여전히 소호Soho 지역의 사람 많은 술집에서 모르는 사람과 수다를 떨며 기운을 얻는다.

외향적인 성격과 내향적인 성격을 구분 지을 수 있는 결정적인 해답은 없지만 어쩌면 성격은 유전적 원인일 가능성도 있다. 그렇다면 유전자의 복권에 어느 쪽이 당첨일까? 표면적으로 보면 외향적인 사람들일 것이다. 외향적인 성격이 사회생활을 하며 불공평한 특권을 누린다는 건 공공연한 비밀이다. 내 경우에만 봐도 그렇다, 내가 바로 그런 특권을 누렸으니까. 사회성이 중요한 근무 환경이었던 미국의 한 기술 회사에서 일하던 시절을 떠올려보면 그 당시 나는 사탕 가게에 들어간 여섯 살짜리 어린 아이처럼 퇴근 후의 작은 회식자리에 열의를 보였다. 반면 나보다 훨씬 내성적이던 동료는 후에 내게 '그저 참석하는 의욕'을 드러내기 위해 마지못해 참석을 했다고 털어놓았다. 학교에 입학하는 순간부터 직장 생활을 전전하기까지 현대 사회는 외향적인 사람들의 놀이터나 다름없다. 특히 사람들이 모여 경쟁을 벌이는 크고 화려한 도시로 갈수록 이런 성격이 짙다. 이백만 명의 팔로워를 자랑하는 유행어 제조기 셀러브리티 젬마 콜린스부터 캐나다 시트콤 〈시트 크릭 패밀리Schitt's Creek〉의 화려한 로즈 가족에 대한 집착에 이르기까지, 우리는 조용하고 초연한 사람들 보다는 사교적이고 활발한 교류를 펼치는 사회 유형에 매력을 느낀다.

이는 다시 말해, 내향적인 사람일수록 불공평한 상황에 자주 노출된다는 걸 의미한다. 저서 《콰이어트: 시끄러운 세상에서 조용히 세상을 움직이는 힘》을 통해 작가 수전 케인은 내성적인 사람들이 겪는 문화적 편견에 대해 고발한다. 저서를 통해 작가는 대다수의 교사들이 커다란 교실의 자극적인 환경에 잘 적응하는 외향적인 학생들을 이상적인 학생이라고 꼽았다는 설문 조사 결과를 인용한다. 같은 편견은 직장에서도 동일하게 적용된다. 외향적인 사람들이 더 좋은 직장에 취직할 확률이 25%나 높다는 것이다. 결과적으로, 사회적인 분위기가 아이들의 외향성을 장려하며 '내면의 껍데기에서 나올 때' 더 칭찬한다는 것이다.

외향적인 사람들은 사회가 가장 좋아하는 아이와 같은 대우를 받는다. 그들이 무엇을 하든, 파티에서 얼마나 많은 와인을 때려 마시든, 실수로 타인을 불쾌하게 만들든 간에 상관없이 외향적인 사람들은 내향적인 사람들보다 더 편한 삶을 누릴 것이다. 한편 내성적인 사람들은 자신감 좀 가져라!, 더 크게 말해라!, 좀 사근사근하게 굴어라!, 마음 좀 더 열어봐라! 등 어린 시절부터 자신의 태도와 접근 방식이 '틀렸다'라고 주입 받는다. 내향적인 사람들은 직장이나 사교 모임과 같은 어떤 환경에서 외향적인 사람처럼 행동해야 하지만, 외향적인 사람들은 거의 모든 환경에서 '통과' 딱지를 흔들며 지나간다. 물론 그런 그들에게도 예외는 있다.

외향적인 사람은 혼자 있는 데 실패한다

――――― 내향적인 사람들은 타고난 천성을 극복하라고 가르치는 반면, 외향적인 사람들은 반대로 혼자만의 시간을 즐기는 법 따위 배우지 않는다. 이는 긍정적인 고독에 대한 무지가 결코 문제의식도, 자기 계발을 위한 영역으로도 간주되지 않는다는 것을 의미한다. 이 책에서 설명한 것처럼, 혼자만의 시간을

즐기지 못하는 사람은 해로운 영향을 받을 수도 있고, 특정한 내성적인 행동만큼이나 제한적인 영역으로 간주된다는 뜻이기도 하다.

그러나 종종, 사교적인 성향의 사람들은 혼자 있는 것을 상당히 두려워한 나머지 그 시간을 피하기 위해 모든 시도를 다 취해본다. 그리고 외향적인 성격의 내가 혼자 있는 것보다 우선시 했던 것들에 대한 포괄적인 리스트를 적어본다.

○ 토요일 새벽까지 이미 한 주를 내내 함께 보낸 동료들과 함께 와인 퍼마시기

○ 엄청나게 긴 분량의 메신저 대화에 참여해서 무슨 색깔의 반바지를 구매할지 일일이 견주어 보는 것

○ 회사 탕비실에서 동료 아이의 아침 배변 활동에 대한 자세한 묘사를 들어줌

○ 최근 나온 내 기사에 대한 비평을 일일이 보내주는 남자와 두 번째로 만나 술 마시기

○ 메시지 앱을 통해 친구에게 수많은 고민 상담을 들어주기

○ 토요일 밤, 편도 80분을 걸려 알지 못하는 친구의 친구 생일 파티에 참석해 잠깐 얼굴 도장 찍고 오기

○ 데이팅 앱에서 만난 사람과 새벽 2시까지 메시지 주고받기

○ 인스타그램 스토리에 무언가에 대한 시작 순간을 공유하기

외향적인 사람에겐 물론 일종의 특권이 주어진다는 것도 사실이지만, 위의 리스트가 증명하듯 사실 외향적인 사람은 모든 사회 활동을 남들보다 더 오래 하고 싶어하는 본능적인 욕구가 있다고 여겨지기도 한다.

가령 연애관계에서도 이런 점이 어떻게 작용되는지 상상할 수 있다. 잠재적 연애상대를 두고 고민하는 사이, '나만의 공간'이란 개념은 좀처럼 떠오르지 않는다. 즉, 존 로빈스와 〈얼론먼트Alonement〉 팟캐스트에서 논의한 바와 같이, 실제로 혼자만의 공간은 건전한 관계를 위한 필수 요소이다(8장과 10장을 참고할 것). 만약 나 혼자 시간을 보내야 한다면 나는 분명 지난 남자친구와 어울리는 법을 택했을 것이다. 일기를 쓰고, 독서를 하는 것처럼 다시 말해 평생을 쏟아 부어야 하는 혼자만의 연습을 뒤로 하고 나는 그와 함께 하는 것을 선택했을 것이란 뜻이다. 우리는 모든 것을 함께 했다. 심지어 샤워도 마찬가지였다. 그렇게 한 이유는 단지, 샤워 시간이 줄어들기 때문이었다.

외향적인 사람이라는 건 좋은 일이었고 이상적인 관계도 좋은 것이었으므로 나는 이 두 가지를 극단적으로 받아들였다. 혼자 지내는 시간 대신 타인과 함께 시간을 보내는 게 나의 천

성에도 더 잘 맞는 필수불가결의 조건이라고 여기면서 말이다. 나는 가능한 다른 사람들과 함께 시간을 보내면서, 나의 '외향적인' 성격을 극단적으로 표출했고 그런 식으로 내게 필요한 것을 스스로 충전한다고 여겼다. 혼자는 늘 외로웠다. 혼자의 시간을 어떻게 보내야 하는지를 몰랐기 때문이다. 나는 내게 주어진 모든 시간을 타인에게 쏟으며 내 자신에 대해 알아가는 기회를 놓치고 있다는 생각은 하지 않았다. 모든 사람들에게 내 시간의 조각을 하나씩 나눠준다는 건 다시 말해 나만을 위한 충분한 에너지가 없다는 뜻임에도 말이다.

작가이자 저널리스트인 데이지 뷰캐넌Daisy Buchanan 이 팟캐스트에 출연해 인터뷰를 할 때가 생각난다. 데이지는 내가 만난 사람 중 가장 자성적인 사람이었지만, 혼자 시간을 보내야 한다는 자신의 욕구가 점점 커지고 있다고 다소 냉철한 자세로 말했다.

"주변에 사람이 있으면 제 자신을 억제하는 게 정말 힘들어져요. 주변 사람들을 기쁘게 해주고 싶고, 그들에게 좋은 기분을 주고 싶어져요. 그런 식으로 저는 에너지를 나눠주는 것 같아요. 사람들을 제 에너지로 키우는 거죠." 그녀는 이렇게 말했다.

하지만 그녀는 나이가 들수록 재충전할 시간이 더 필요하다고 말했다. 그녀에게 있어 혼자 있는 시간의 가치란 '내가 공유할 필요가 없는 나의 핵심'을 보호하는 것이다. 지난 몇 년 동안, 나는 데이지와 비슷한 과정을 겪었고, '사회 속에서 나를 보호하고' 절제하는 법을 배웠다. 그 과정에서 나를 알아가는 과정인 혼자 있는 시간에 대한 깊이 내재된 사회적 불안감을 극복하는 방법을 배웠다.

토요일 밤의 공포

─────── 혼자라는 것의 두려움은 대부분 학창시절부터 시작된다. 우리는 비로소 성인이 되어야 혼자 있는 것이 편안하다는 걸 깨닫는다. 하지만 어린 나이에는 사회적 거부감은 어디에나 산재한다. 야구 팀 고르기에서 가장 마지막으로 뽑히는 소외된 느낌처럼 말이다. 남이 던지는 공을 잡지 못하는 무능력이 늘 우리를 괴롭히는 것은 아니지만, 사회적 거절의 여파는 그렇지 않다. 미국의 퍼듀대학교Purdue University가 5천 명을 대상으로 한 연구에 따르면 배척당하는 고통은 소외감과 우울을 장기화 시킨다고 한다. [1]

내향적인 사람과 외향적인 사람 모두 혼자 시간을 보내는 것에 두려움을 느끼는 것처럼 보이며 이는 혼자 힘으로 자기 성장을 추구하는 우리의 능력을 훨씬 복잡하게 꼬아버린다. 이러한 두려움은 우리의 10대 또는 20대 초반의 갓 성인이 된 시절, 학교나 대학과 같은 배경에서 사회의 정치 역학 사이에서 고개를 든다. 내가 진행하는 팟캐스트에서 작가이자 일러스트레이터인 플로렌스 기븐은 열네 살, 중학생 시절 친구들 무리에서 '내쳐졌을 때'의 감정을 토로한 적이 있다. 무리에 다시 속하려고 애를 쓰기보다 의식적으로 결정을 내렸다고 한다.

　"나는 이 패거리 애들이 불편했다……. 예를 들어 수업 시간에 시끄럽게 굴어 수업을 방해하는 것도 그랬다. 결국 이 무리에 속해야만 하는 이유는 수업시간에 시끄럽게 수업을 방해하는 것 외엔 없었다."

　엄청난 선견지명을 넘어서는 현명한 모습으로 플로렌스는 '이 무리에 남는 것보다는 나 자신을 선택하는 것'을 택했다. 그녀는 "내가 한 결정 중 가장 어렵고 또 가장 훌륭한 선택이었다"고 말했다.

　학교를 떠나고 나서도 한참, 사회적 불안은 '오명의 시간'으로 남는다. 이 주제로 BBC 런던의 라디오 진행자 조 굿Jo Good과 이야기를 한 적이 있다. 쾌활하고 수다스러운 방송에도 불구하고 그녀는 자신을 '개인적이고 내성적인' 사람이라고 칭했다. 올해 65세의 조는 지난 30년을 혼자 행복하게 살며 빈집으로 퇴근하는 것만큼 좋은 건 없다고 했다. 다만, 새해 자정을 혼자 보내는 것에 대해 "나 같은 사람도 그게 약간 처량하다고 생각했던 것 같아요"라고 말했다. 매년 12월 31일 밤 11시 45분만 되면 그녀는 살고 있는 메릴본Marylebone의 집에서 가장 가까운 펍으로 가서 모르는 사람들과 술잔을 든다. 또 다른 방송에서 작가이자 저널리스트 소피아 머니-쿳츠Sophia Money-ey-Coutts는 주말에 혼자 있는 것에 느끼는 비슷한 수치심을 고백했다. "저에게 이상적이고 완벽한 밤은 소파에 앉아 와인 한병을 까고 드라마를 정주행하는 것이지만, 금요일이나 토요일엔 어딘가 느낌이 처량해져요." 그녀는 말했다.

위의 대화들은 내가 가졌던 오랜 두려움을 떠올렸다. 런던에서 자란 나에게 토요일 밤은 주말 사교의 가장 중요한 창구였다. 그 결과, 나는 10년간 집에 혼자 있지 않을 계획을 세울 수 있었다. 만약 계획이 없거나 다른 사람이 여는 파티에 초대받지 못하면, 그 주 중반부터 초조해졌다. 최근 〈글래머〉지는 이런 상태를 '토요일의 공포'², 소위 '토요병'이라고 칭했다. 토요일 밤 아무 계획이 없을 때 느끼는 두려움을 뜻하는 말로, 마치 다가오는 한 주를 걱정하는 월요병을 대체하는 신조어가 된 것이다. 대학에 다니던 시절엔 매일 밤이 '토요일 밤'이었고, 주변 사람들 모두가 사교적인 것 같은 환경 속에서 느껴지는 사회적 압박은 가차 없이 무거웠다. 사람들은 소셜 미디어 속 다른 사람들과 즐거운 시간을 보내는 친구들을 보며 FOMO(좋은 기회를 놓치고 싶지 않은 마음, 모임이 끝날 때까지 자리를 뜨지 않고, 사교 모임에 많이 나가며, 모임이나 행사 초청을 거절하려 하지 않으려는 태도. Fear Of Missing Out의 줄임말 – 역주)에 대한 두려움을 이야기하지만, 적어도 이건 선택에 따라 달라진다. 내가 사는 기숙사의 얇은 벽 너머 다른 사람들 방에서 흘러나오는 웃음소리를 듣는 것보다 외로운 것은 없으니까. 내가 누구에게도 초대받지 못했다는 것을 깨닫는 것만큼이나 말이다.

학교에서 가장 인기 있는 학생이란 타이틀(BNOC-'Big Name On Campus')을 얻으려는 나의 헛된 시도 속에서, 나는 혼자만의 시간을 고려하기는커녕 그럴 만한 가치가 있는 일이라는 생각도 없었다. 이미 10대 시절부터 나는 스스로를 충전하거나 삶에 나만의 의미를 두는 혼자만의 취향 따위는 키우지 않았다. 그건 내게 1파운드의 예거밤Jägerbombs 폭탄주보다도 못했다. 혼자 시간을 보내는 건 꽤 기능적이었다. 수업을 듣거나 운동을 할 때도 혼자보다는 친구들과 함께 하기를 택했다. 우리는 도서관으로 몰려가거나 체육관의 러닝머신 위에서도 잡담을 나누었다. 나는 누구와 함께 시간을 보내야 좋을지 몰라 너무도 많은 시간을 허비했다. 돌이켜보면 대학은 부정할 수 없이 내 인생에 가장 사교적인 시기였지만, 그때 나는 대부분의 시간을 혼자 남는 것에 대한 두려움으로 보냈다.

나만 그런 사람은 아니었다. 내 주변에는 약속으로 스케줄을 꽉꽉 채워야 한다는 부담감을 느끼는 친구들이 있었고, 단순히 공공장소라는 이유로 전시회나 영화 관람처럼 자신이 좋아하는 무언가를 기피하는 친구들도 있었다. 그리고 이 사회가 외향적인 사람을 선호한다는 이유로 그 누구도 달리 행동해보라는 조언 따윈 하지 않았다. 대신 '인기가 너무 많다', '정말 사회성 있다', '정말 바쁘다' 등의 칭찬만 했을 뿐이다. 28살인 내 친구 해나 역시 그런 친구였다.

"주말에 약속이 없이 조용한 하루를 보내면 나는 이렇게 생각해. '왜 내가 혼자 있지? 다른 사람들한테 뭐라고 말해야 하지?'라고 말이야."

참고로 해나는 런던 북서부의 유대인 동네에서 상당히 사교적인 가정에서 자랐고, 오랫동안 혼자 있는 것은 선택사항이 아니라고 믿었다.

"토요일 밤을 혼자 보내거나 주중에 친구들을 만나지 않는 건 정상적이지 않은 일이었어."

그리고 지난 몇 년 간 그녀는 이런 압박감을 견디는 것이 얼마나 중요한지를 배웠다. "사람들과 시간을 보내면 재미있는 것처럼 감정을 차분하게 충전하는 혼자만의 시간이 없으면 사람은 무너지고 말아." 해나는 이렇게 말했다.

대학 졸업 후, '토요일 밤의 공포'가 다시 내게 찾아왔다. 27살, 남자친구와 헤어지고 난 후였다. (당시 내 친구들은 대부분 연애 중이었다.) 당시 나는 만약 누군가 내게 지난 주말 무엇을 했냐고 물어봤을 때, 무섭고 충격적이지만 혼자 시간을 보냈다는 걸 인정하는 게 두렵다는 걸 깨달았다. 나는 외로운 밤, 소파에 앉아 다가올 내년을 끊임없이 상상했다. 다시 마음을 가다듬고 남자친구 없는 내가 정말 어떤 사람이지에 대해 떠올리려고 애를 쓰는 대신 나는 미친 듯이 토요일 밤 약속을 잡는 데 에너지를 쏟았다. 마치 주말에 혼자라는 게 내가 이겨내야 할 실연의 진짜 아픔을 이겨내지 못했다고 여기는 것처럼 말이다.

고맙지만 '토요일 밤의 공포'에도 불구하고 나는 진정한 인연이나 우정이 부족하다고 느껴본 적은 없다. 토요일 밤에 대한 나의 사회적 두려움은, 해나와 마찬가지로 나 혼자만의 시간을 그리고 특히 내가 싱글이라는 상태를 나 스스로 보다 취약하고 주홍글씨처럼 낙인찍은 것에서 비롯되었던 것이다(9장에서 더욱 자세히 설명할 것). 그리고 내게 이 특이한 콤플렉스에 대한 치료법은 다음의 두 가지였다.

한 가지는 2019년 2월의 어느 주말, 새해 다짐으로 '혼자 있는 시간을 즐기자'라고 세운 직후 두려움을 느끼며 발견했다. 나는 내가 아는 가장 교양 넘치는 밀레니엄 세대 중 하나인 사촌 샘과 다가오는 주말에 대한 스케줄을 이야기하며, 토요일 밤을 혼자 보낼 예정이라고 말하는 사이 느낀 당혹감이었다. 그러나 샘은 훌륭한 영화 추천 리스트를 만들어주었고, 나는 혼자 영화를 보는 계획을 세울 수 있었다. 내 인생에 처음으로 약속이 없는 토요일 밤이 재앙이라기보다는 기회처럼 다가온 것이다. 그날 저녁, 나는 소파에 누워 푹신푹신한 담요를 덮고, 널브러진 태국음식 포장용기와 텔레비전으로 올라가는 영화의 엔딩 크레딧을 보며 왜 이렇게 행복한 시간을 보내는 데 오래 걸렸는지 궁금해졌다. 심리적인 용어로 나는 노출치료를 받은 것이다. 팟캐스트에서 플로렌스 기븐은 자신이 10대였던 학창시절 운동장 한 가운데에 누워 가장 큰 두려움을 극복했다고 했다. 그녀가 극복한 건 바로 '다른 사람들에 의해 평가받고 다른 사람들의 인식을 조종하지 못한다는 두려움'이었다. 그리고 결과는 성공적이었다. "괴짜처럼 보여도 극복해낼 수만 있다면 못할 것도 없었어요"라고 그녀는 말했다.

두 번째 치료법이 궁금한가? 가장 좋은 방법은 그냥 인정해버리는 것이다. 토요일 밤 내가 아무도 만나지 않는다고 해도 사람들은 쥐똥만큼도 관심이 없다.

내 생각에 대한 두려움

———— 물론 우리가 혼자만의 시간을 보낼 수 없는 이유에는 단지 '인기가 없는' 것에 대한 두려움만 있는 건 아니다. 종종 혼자만의 시간을 피할 수 있는 미친 방법도 있다. 의자에 앉아 깊은 생각에 빠지는 불편함에서 벗어나버리는 것이다. 몇 주에 이어 약속을 빽빽하게 채워버리거나 연인이나 친구에게 감정적으로 완전히 의지해버리거나 소셜 미디어에 나의 모든 삶을 공유하는 것처럼 우리 중 많은 이들이 나 자신과 대면하는 것을 피하게 위해 무슨 일이든 할 것이다.

"나는 혼자 있는 게 정말 힘들어. 특히 정신적으로 느끼기에 100퍼센트 오롯이 느끼지 못하면, 나는 생각 자체가 어려워"라고 해나는 말했다. "혼자라고 생각하고 그 시간을 처리해야 한다고 느끼면 건강하지 않은 거지." 그러나 대신 해나는 그 시간에 베이킹을 하고, 친구를 만나고, 퍼즐을 맞추는 등 계속해서 쉬지 않고 시간을 채워나간다. 그러나 이렇게 분주하게 시간을 보내는 게 사실은 잠깐 멈추었을 때 밀려드는 생각에서 벗어나는 길이라는 걸 해나도 인정한다.

해나의 접근법은 사실 완벽히 정상적이진 않다. 그렇다면 우리는 왜 그렇게 나의 생각을 두려워할까? 팟캐스트에 출연했던 알랭 드 보통과 이 주제로 이야기를 나누었더니, 그는 특유의 성격대로 정곡을 찔렀다.

"대부분의 사람들에게 혼자라는 건 지루함을 넘어서서 두려운 일입니다. 어떤 식으로든 얻게 되는 정보가 고통스럽고 휘청거릴 위험이 있기 때문에 끔찍한 일이라고 생각합니다. 슬퍼할 때 얻는 고통, 행동을 취해야 할 때 느끼는 고통, 내가 원하던 삶이 아니라는 깨달음에서 오는 고통 등이 바로 그렇습니다."

요컨대, 감정은 지저분하고 불쾌하며 우리는 감정과 맞서는 것을 딱히 좋아하지 않는다는 뜻이다. 왜냐하면 감정은 고통스러울 뿐 아니라 급진적이고 또 불편하기 때문이다. 게다가 일단 내 감정을 인정하면 위험은 당연히 따라온다. 만약 당신이 너무 무섭다는 이유로 당신의 생각에 맞서고 행동할 수 없다면, 당신은 내게 해로운 친구, 폭력적인 애인, 혹은 부적절한 삶에서 벗어나지 못하고 정체 상태에 놓이게 된다. 이런 맥락에서, 나와 내 생각과 단 둘이 있는 시간은 가치 있다는 말로는 표현이 힘들다. 그것은 삶을 더 나은 방향으로 변화시킬 수 있는 생명줄이나 마찬가지이다.

　정신분석학자이자 1995년 출간된 《고독의 부름: 이 세상에서 혼자 살기The Call of Solitude : Alonetime in a World of Attachment》의 서자 에스테르 샬러 버크홀츠Ester Schaler Buchholz는 이처럼 혼자 남는 것에 대한 두려움을 '애착과는 반대로, 사람들은 시간과 고독을 더 큰 두려움으로 본다'라고 설명했다. 그러나 저자는 이 시간을 다른 사람들과 함께 보내는 것과 마찬가지로 '인간의 행복과 생존에 필수적인 시간'이라고 생각했다. "안전한 장소, 오랜 휴식과 자기 발견을 위한 장소로서 고독이 없다면, 우리는 자기 통제를 잃어버린 개인으로서 중요한 감각을 상실하는 것이다." 그렇다. 우리가 만약 혼자 있을 수 없다면 우리는 늘 타인에게 기대게 될 것이다. 고독과 친구가 되는 것은 우리 삶에 대한 소중한 자율성을 얻고 나와의 관계에 최선을 다하는 길이 된다는 뜻이다.

아이ı＝폰Phone

────── 2000년대 초반을 지내며 우리는 '혼자'를 맞설 가

장 큰 해결책을 찾았다. 우리는 평균적으로 매일 12분, 다재다능한 전자기기 스마트폰을 사용한다.[3] 57% 이상의 영국인이 화장실에서 휴대폰을 본다고 대답했으나[4] 술집에서 몇몇 친구들을 조사해보니, 나머지 43%는 거짓말을 하고 있는 것으로 보였다.

아이폰iPhone의 'i'는 인터넷을 의미하지만, 오늘날 우리의 정체성은 이런 스마트폰에 너무도 많이 얽혀있어 소제목과 같은 해석도 용서받을 수 있다. 심지어 이런 현상이 '정상'처럼 여겨진다. 절대, 혼자 있을 필요가 없는 것이다. '지금까지 존재했던 오락 기기 제조 업체 중 가장 크고 영향력 있는 회사'라고 마이클 해리스는 말했다.

"맥도날드가 음식에 대한 우리의 욕구를 이용하는 것과 마찬가지로 기술 회사들은 사회적 연결 욕구를 이용합니다. 인간은 내면의 고독에서 시선을 피할 능력을 가지고 있었지만, 이제 우리는 인류 역사가 시작된 후로 고독이 전혀 존재하지 않을 때까지 미뤄둘 수 있는 압도적 순간을 눈앞에 두고 있습니다. 물론 이들의 목표는 항상 가능한 많은 사람들의 관심사를 모아 광고주에게 팔아넘기는 것입니다." 그는 이렇게 덧붙였다.

지하철에서 인스타그램이나 메신저 왓츠앱을 느긋하게 스크롤할 때마다 우리의 관심을 끌기 위한 기술 회사들의 입찰이 눈부시게도 성공을 거듭했다. 현대를 살아간다는 건 일종의 외로운 시간을 피하고자 하는 것과 같다. 왜냐하면 물리적으로 혼자가 아니더라도 스마트폰만 있으면 우리는 24시간 내내 사회적 활동을 하고 있다고 느끼기 때문이다. 표면적으로는 버튼 한 번만 눌러도 친구와 '연결'된다. 우리는 끊임없이 타인에게 명령을 받는다. 그리고 그렇게 우리는 타인을 우리의 삶, 저녁 식사, 직장으로 초대한다. 우리 중 절반 이상인 54%가 전화기가 손에 없을 때 부족함과 열등감 등을 느끼는 '노모포비아no-mophobia'를 앓고 있다.[5] 혹시 '딩동'하고 알람이 울리기 전에 해내야 한다는 일종의 과제로 여겨서일까?

여러분은 스마트폰을 들고 소파에 누워 밤을 보내는 게 혼자라고 생각할 수도 있지만 전문가들은 이에 단호히 반대한다. 셜리 버크홀츠는 사실상 우리 모두나 마찬가지인 휴대폰 사용자들이 기술의 영향으로 점점 더 고독을 희생시킨다고 말한다. 물론 저자는 1995년, 당시 혁명과도 같았던 노키아Nokia 사의 벽돌만큼 무겁고 두꺼웠던 전화기 출시를 놓고 말했지만, 그녀는 '휴대폰, 호출기, 데이터 전송 장치와 같은 모든 종류의 전자기기가 우리를 끊임없이 연결시킬 것'이라고 꽤 빠르게 예측했다. 전지전능한 스마트폰을 보고 셜리 버크홀츠의 반응이 과연 어떨지, 그리고 고독에 대한 우리의 능력을 과연 얼마나 방해할지, 우리는 짐작만 할 뿐이다.

"사람들이 혼자 있는 순간이 오면 단 몇 초라도 불안해하고, 당황하고 안절부절 못한다. 사람들은 스마트폰으로 손을 뻗는다. 혼자 있는 것을 해결해야 할 문제처럼 느끼고 그래서 사람들은 스마트폰 속 타인과의 연결로 문제를 해결하려고 한다. 하지만 전화가 근본적인 문제를 해결하진 못한다."

심리학자이자 《외로워지는 사람들》의 저자 셰리 터클Sherry Turkle은 2012년 TED 강연에서 보다 최신의 비평을 던졌다. 만약 우리가 우리의 문제에 대한 해답이 지금 내게 아주 가까운 곳에 있는게 아니라 소셜 네트워크에 있다고 믿으며, 평균적으로 깨어 있는 시간 중 매 12분마다 휴대폰을 찾는다면 우리가 생각과 감정을 처리하는 데 실패한다는 것이 놀랄 일도 아니다. 친구와 즉각적으로 닿을 수 있다는 건 좋은 일이지만, 반면 우리가 자신의 감정을 처리하는 능력을 잃는다는 것을 의미하기도 한다. 그리고 우리는 아주 기본적인 결정조차도 친구에게 물어봐야 하는 처지에 놓인다. 상대가 바쁘거나, 내 상황을 통제해줄 수 있는 가장 최선의 사람은 나임에도 불구하고 크고 작은 문제를 타인에게 전가할 때, 우리는 우리 자신을 1등으로 확인하는 능력을 잃는다. "우리의 취약한 자기 감각을 지탱하기 위해 타인을 예비 부품처럼 사용하는 것과 같다"고 터클은 말한다. 샬러 버크홀츠처럼 터클 역시 "혼자 있을 수 없다면, 우리는 점점 더 외로워질 뿐이다"라며 고독의 힘을 긍정적으로 설파한다.

하지만 나와 고독 사이에 끼어드는 방해 요소로 기술만을 탓할 수는 없다. 기술은 존재하고 우리가 살고 있는 사회의 반영이며 더 넓은 의미의 사회적 가치(외향성)와 내면의 두려움(혼자 남는 것)을 모두 비추는 거울 역할을 할 뿐이다. 게다가 실용적인 차원에서 스마트폰은 혼자 있을 때, 또는 구글 지도를 이용하여 여행할 때, 혹은 혼자 여행하는 사이 내 친구들을 안심시켜줄 수 있을 때처럼 다양하게 도움을 줄 수 있기 때문이다. 기술과 건강한 관계를 추구한다면 기술이 우리에게 도움이 되어야지 다른 방식으로 영향을 끼쳐서는 안 된다. 하지만 이런 경우에도 우리는 무엇보다 나만의 오프라인 시간이 있어야 한다는 점을 인정해야 한다.

우리는 모두 혼자만의 시간이 필요하다

————— 내향적인 사람과 외향적인 사람 모두에게 혼자 시

간을 보내는 것이 필요하고 발전을 위한 단계라는 것을 나는 이제 이해한다. 여러분에겐 이런 시간이 토요일 밤일수도 있고, 아니면 극단적으로 혼자 내내 시간을 보내거나 반대로 여러분이 잘 알고 있는 사람들과 함께하는 시간이 될 수도 있다. 하지만 적어도 홀로살기는 모두에게 꼭 필요한 보편적인 시간임엔 분명하다.

이는 최근 캘리포니아대학교University of California에서 실시한 연구 결과로도 두드러진다.[6] 연구자들은 한 그룹의 학생들에게 얼마나 많은 시간을 혼자 보내고 또 왜 그런 선택을 했는지 물었다. 대답은 '힘이 솟았다', '혼자 조용히 있는 시간을 즐겼다'부터 '타인과 함께 있는게 불편했다'로 다양했다. 부정적인 이유를 들어 '고독에 부적응'이라고 대답한 응답자들은 대부분 우울증에 걸릴 위험이 더 큰 반면, 개인적인 성장 등의 이유로 홀로 있는 것을 선택한 '고독에 적응'한 응답자 같은 경우 우울증 같은 위험이 없었고, 과학자들은 올바른 방법을 통해 혼자만의 시간을 보내는 것이 '삶의 질을 발전시킬 수 있다'고 결론지었다. 내게는 고독이 내향적인 사람과 외향적인 사람에게 정확히 같은 기능을 한다는 공동 저자 버지니아 토머스Virginia Thomas 박사의 결론이 흥미로웠다. 단지 "내향적인 사람이 고독을 더 필요로 할 뿐이다"라는 것이다.

'홀로살기'는 적절한 휴식을 위해서도 필수적이다. 2016년, 134개국에서 18,000명의 사람들이 휴식에 대한 세계 최대 규모의 설문 조사인 휴식에 대한 테스트를 완료했다.[7] 그리고 '가장 편안한 활동'으로 응답한 상위 5개의 활동은 모두 혼자 하는 활동이거나 고독과 연관된 행위였다.

○ 독서(58%)

○ 자연 속에서 시간 보내기(53.1%)

○ 혼자 있기(52.1%)

○ 음악 감상(40.6%)

○ 특별히 아무것도 하지 않음(40%)

한편, 친구나 가족을 만나거나, 회식자리에서 술을 마시는 것과 같은 사교 활동은 10위 안에 들지 못했다. 과연 우리는 얼마나 자주 의식적으로 긴장을 푸는 것과 혼자 시간을 보내는 것 사이를 연결 짓거나 혹은 이를 간결하게 설명할 수 있을까? 혼자만의 시간을 생활방식에 포함시키지 않는 것은 마치 케이크 베이킹에서 가장 중요한 '베이킹 파우더'를 첨가하지 않는 것과 같다. 우리 모두는 최고의 나 자신이 되기 위해 혼자 있을 시간이 필요하다. 하지만 우리가 사는 세상은 외향적이고 기술

에 집착하며 혼자만의 시간 따위는 전혀 추천하지 않는 곳이
다. 나는 음모론을 딱히 믿는 편은 아니지만, 이 세상이 나와
나 자신을 떼어놓으려고 음모를 꾸미는 게 좀처럼 이상하지 않
은가?

혼자 있는 것에 대한
두려움이 당신의 삶을 망친다

———— 너무 오버하는 것처럼 들리는가? 좋다, 그게 내가
의도한 바니까. 혼자 보내는 시간을 두려워한 사람들에 대한
이야기를 해보고 싶었다. 자, 다음의 시나리오 중 혹시 익숙한
것들이 있을까?

　　　　○ 향후 6개월간의 약속이 모두 꽉꽉 찬 친구

　　　　○ 헤어지는 것만이 유일한 방법인 커플

　　　　○ 탕비실에 늘 있는 동료

　　　　○ 데이트 앱에서 만난 상대가 정말 별로였음에도 지난주부터
　　　　　계속해서 들어오는 문자

　　　　○ 빠른 속도로 다이렉트 메시지에 대답하는 SNS 이용자

이 악의 없는 행동의 중심엔 전화 중독과 바쁨이라는 사회적 증상이 기반되어 있다. 생각만으로 내 시간을 홀로 채운다는 것에 대한 두려움은 매우 무거운 주제이며 다음 장에서는 바로 그 두려움(그리고 그것을 어떻게 해결할 것인가)에 대해 다루고 있다. 그러나 우선 나는 그 '정상성'이 얼마나 피해를 받고 있는지부터 말하고 싶다.

《인생학교: 혼자 있는 법》의 사라 메이틀랜드는 저서에서 '우리는 우리가 신뢰할 수 있거나 건강하게 피할 수 없는 어떤 것에 두려움을 느끼는 문화적 순간에 직면했다. 고독은 누구에게나 일어날 수 있다. 우리는 모두 위험에 처해 있다'고 했다. 과연 모두에게 경종을 울린다. 혼자인 것에 대한 두려움을 맞닥뜨리지 않을 때의 결과는 무겁기만 하며 어느 시점, 우리는 결과적으로 고통을 겪을 가능성이 높다. 〈인생학교〉 웹사이트에 기고된 에세이는 혼자라는 것에 대한 두려움을 '인간의 불행과 가장 무겁고 불행한 결정의 원동력 중 하나'라고 쓰고 있다.[8] 누군가 이를 심각하게 받아들인다니 나는 실로 기쁘다. 그 나쁜 결과는 다음과 같은 것들을 포함한다.

○ 잘못된 관계 유지
○ 나쁜 행동 혹은 정서적 학대를 인내함

○ 망상에 불과한 상상을 계속 이어나감

○ 진짜 성 정체성을 무시함

○ 그다지 좋아하지도 않은 사람과 친구로 지내기

○ 30년 만에야 나와 맞지 않은 사람과 결혼했다는 것을 깨달음

○ 45년을 살고 나서야 인생의 버킷리스트를 아무것도 지키지
   못했다는 것을 깨달음

결국 이런 뜻이다. 우리는 혼자가 되는 것을 피할 수 없을지 모르지만, 그렇지 않은 척하는 건 훨씬 잘해낸다. 그리고 이게 장기전이 된다면? 충치를 견디는 것 같은 정서적 고통과 같다. 내 일화만 보아도 그렇다. 혼자 있는 것을 피하며 평생을 보낸 후에야 나는 마침내 혼자 있는 시간을 시작해야 한다는 것을 깨달았다. 만약 내가 무엇이 진짜 건강한 것인가는 무시하고 혼자라는 것에 대한 두려움 때문에 나와의 관계 맺기를 더욱 미뤘다면 내 삶이 위태로워졌을 것이라는 게 분명했다. 이 혼자만의 시간은 물론 힘들기는 했지만 내겐 선물과 같았다. 그리고 이 글을 읽는 당신도 마찬가지일 것이다.

스스로에게 헌신하기

────── 홀로살기 위해서는 자신에게 모든 것을 쏟아 부어 헌신해야 한다는 것이 전제조건일 것이다. 자신을 알아가는 것이 스스로에게 커다란 가치로 다가오지 않는다면 그 시간은 그저 낭비되는 것과 마찬가지이다. 하지만 나는 당신이 스스로를 조금 더 잘 알고 싶어 한다고 믿는다. 아마도 당신은 당신의 일부를 무시했으며 대체 그 과정이 어떻게 일어난 건지 확실치 못하는 시기에 있을 테다. 아마도 당신은 극도로 사교적인 삶을 살지만 이상하게도 그것만으로는 충분치 않다고 여길 것이다. 뭔가, 자각할 순 없지만 인생의 무언가가 공허하다고 말이다.

처음 내 인생의 자기헌신은 상상할 수 있는 한 가장 진부한 표현인 헤어짐으로 시작되었다. 나는 내 인생에서 처음으로 단짝 친구의 집에서 나 혼자 사는 집으로 이사를 했다. 얼마 지나지 않아, 짐을 거의 뺀 옛 남자친구와의 관계는 대부분의 친구들이 진지한 단계로 접어들던 사이 끝이 났다. 어릴 적 가장 친했던 친구 두 명이 각각의 남자친구와 함께 동거에 들어갔고, 같은 달이 지나기 전 약혼까지 했다. 가족에겐 한 번도 연애사실을 털어놓지 않았던 오빠도 진지하게 만나는 사람이 있다고 했다. 친구들이 '집에 소개시켜 주고 싶은 사람'이 있다고 떠들 때마다 나는 공감할 수 없었다. 가족끼리 식사를 하면 나는 늘 깍두기였다. 아 그리고 1년이 지나 마침내 나 혼자만의 여가시간을 조절할 수 있게 되었다고 믿자, 세계적인 유행병이 돌았다.

이 낯설고 재구성된 세계에서 나는 말 그대로 이전보다 더욱 '혼자'였다. 8일간의 자가 격리가 시작되었고 마치 16명의 각기 다른 가정을 꾸린 친구들이나 하우스메이트들이 줌Zoom으로 게임을 하며 나를 바라보는 사이 내 곁에는 아무도, 말 그대로 정말 아무도 없었다. 혼자라는 건 마치 알아맞히기 게임에서 '스포츠' 항목이 나왔는데 아무하고도 토론할 수 없이 나 혼자 답을 맞히는 것 같은 재미 하나도 없는 과정이었다. 만약 답이 데이비드 베컴David Beckham이 아니라면 나는 더 이상의 추론도 할 수 없는 것이다. 내가 너무 징징거린다고 여겨지는가, 잠깐 이 말만 더 들어볼 것. 그 어느 때보다도 육체적으로 고립되면서 나는 혼자 있는 것에 대한 두려움을 직면했고, 그 어느 때보다도 더 의미 있게 내 스스로에게 헌신할 수 있었다.

그 모든 이야기를 하기 전, 나는 헤어짐이 스스로에게 헌신할 수 있는 유일한 이유가 된다는 생각을 재고해보라고 조언하고 싶다. 물론, 헤어짐 혹은 실연은 자기 발견을 위한 훌륭한 시간이 될 수도 있다. 〈로맨틱 홀리데이〉, 〈먹고 기도하고 사랑하라〉, 〈금발이 너무해〉와 같은 영화 뿐 아니라 가수 마일리 사이러스Miley Cyrus의 지난 연애사만 둘러보아도 그렇지 않은가. 여기엔 어떤 논리가 있다. 연인을 잃는 것이 마치 사지가 잘려나간 것 같은 고통이 될 수도 있고, 그의 공백을 메우기 위해 자기 발견 같은 과감한 행동을 하게 하는 원동력이 될 수도 있다. 심리학자들은 관계의 정리가 불러오는 심오한 '자기 개념의 명확성 감소'를 구분했다. 심리학자 에리카 B. 슬로터Erica B. Slotter는 '커플들은 서로를 완성시킬 수도 있지만, 또 완성을 위해 서로를 만나기도 한다'고 했다. [9]

하지만 여기 보다 급진적인 생각이 하나 있다. 자기 헌신을 단순히 후퇴로 인한 선택 그 이상이라고 여겨보는 건 어떨까? 만약 자기 자신을 찾아가기 위해 지저분한 이별과 그로 인한 마음의 상처가 필요하지 않다면? 만약 여러분이 커플이든 아니든 간에, 자신에게 헌신할 수 있는 방법이 있다면 어떨까? 배우 엠마 왓슨Emma Watson은 2019년 11월 '셀프-파트너'라는 이름의 싱글 상태로도 충분히 부를 축적하고 조롱과 농담, 그리고 스스로에게 파트너가 된다는 것이 무엇을 의미하는지에 대한 유의미한 토론 주제를 우리에게 던졌다. 그녀가 말하듯, 나의 파트너가 나라는 사실은 공식적으로 발표한 연애 상태와는 전혀 관계가 없었다. 그녀는 "나 스스로 관계를 갖는다는 게 훨씬 중요해요. 그리고 내 곁에 누가 없다고 해서 그게 어떤 부족한 점으로 여겨지지 않아요"라고 같은 해 12월 〈E! 뉴스〉와의 인터뷰에서 밝혔다.[10]

하지만 여기에도 의문점은 여전히 남아있다. 언제일까? 뚜렷한 계기가 없이 대체 언제 나에게 헌신하기로 결정할 수 있을까? 신기하게도 우리는 결혼과 출산을 축하하는 것에 온통 신경이 집중된 사회에 살고 있지만, 우리 자신에 대한 평생의 언약을 축하하는 의식은 없다. 아마도 이런 체계가 결혼 대신 스스로와 결혼하는 행위에 영감을 주었을지도 모른다. 법적으로는 유효하지 않겠지만 상징적 의미가 있는 이 의식을 우리는 자기 자신과의 결혼Sologamy(한국에서는 비혼식이라고 부르기도 한다-역주)이라고 한다.

《나는 나와 결혼했다!Reader, I Married Me!》의 저자 소피 태너Sophie Tanner는 2015년 엉망진창이었던 연인관계를 정리하고 깨달음을 얻었다. "어느 날 아침 일어났는데 자아가 되살아나는 기분이었다. 나는 내가 좋고, 내 직업이 좋고 브라이튼Brighton에서의 내 삶을 좋아한다는 사실을 깨달았다. 나 외에 내 자신의 행복을 책임질 수 있는 사람은 없다는 걸 깨닫고 안도감을 느꼈다"라고 그녀는 말했다.

나와의 결혼식이 모두에게 꼭 필요한 것은 아니지만, 이런 급진적인 자기애에 대한 메시지는 상당히 고무적이라고 할 수 있다. 5년 전 자신과 결혼하고 난 후로도 계속해서 연애를 지속하는 태너는 다음과 같이 말했다.

"나는 나 자신에게 행복감을 주고 싶었다. 서구 사회에서 우리는 이런 상태를 의미하는 그 어떠한 형태의 개인적인 의식도 존재하지 않는다."

태너의 예시와 같은 이야기가 몇 년을 주기로 기삿거리가 되지만 늘 조롱으로 결론 짓는다. 태너 역시 자신의 특별한 날 찍힌 사진이 헤드라인을 장식한 후로, 온라인상에서 조롱의 대상이 되었다고 했다. 사람들이 왜 독신주의 사상을 문제 삼는지는 어렵지 않게 그 이유를 알 수 있다.

어떤 사람들은 역사적으로, 경제적, 종교적 목적으로 이어져 내려오는 결혼이라는 관례를 자신과의 관계에 적용하는 것 자체에 의문을 가질 수도 있다. 어떤 사람들은 자신만을 위해 치르는 의식 자체가 지나치거나 혹은 자아도취적이라고 생각할 수도 있다. 보편적으로 이런 의식 혹은 행사에는 약간의 비용이 수반되기 마련이며, 행사를 치르는 사람이 혼자 비용을 감당하기 적절치 않다고 여기거나 누군가에겐 그저 미련한 짓처럼 보일 수도 있는 까닭이다.

그러나 이 모든 것을 제쳐두고, 그 과정은 여전히 흥미롭다. 우리는 그럼 언제 나와의 관계를 타인에게 공공연히 확인할 수 있단 말인가? 드라마 〈섹스 앤 더 시티〉의 주인공 캐리 브래드쇼는 결혼식, 출산 파티 등에 참석해 타인의 선택을 끊임없이 축하하다가 지쳐버린다. 그리고 친구에게 자신 스스로의 결혼식을 올리겠다 선언한다. 주인공은 친구에게 이런 음성 메시지를 남긴다. '나 캐리야. 내가 이번에 결혼을 해서 알려주려고. 상대는 나야. 선물은 마놀로 블라닉Manolo Blahnik에 신청해놓았어.' 물론 이런 일을 벌인 데에는 유명한 디자이너의 명품 신발 금액을 보상받을 명목이었지만, 캐리는 자신의 결정을 정당화한다. '만약 내가 결혼을 하지 않거나 앞으로 아이를 낳지 않는다면? …… 생각해보자. 싱글인 사람은 학교를 졸업한 이후로 누구에게도 축하를 받은 적이 없다 …… 싱글인 여자들에 대해 말하는 중이다. 문구점에서는 "남자를 잘못 골라 결혼하는 너를 축하해" 따위의 감사 카드는 만들지 않는다.'11

자신과의 헌신을 공표할 의미 있는 방법이 부재한 상황이니, 지켜야 할 목록에서도 쉽게 상위권을 빼앗긴다. 마치 할머니와의 전화 통화에서 "남자친구는 있니?"라던가 "어떤 사이니?"와 같은 질문이 더욱 나를 조급하게 만들고 마치 미래를 위해 자신에게 전념하는 일은 정리를 해야 할 것만 같은 유혹에 빠지는 것 같다. 그러나 사회적으로 통용되는 개념이 없다고 해도, 나는 나와의 관계가 우선임을 기억하는 것이 중요하다. 나와의 결혼을 꼭 해야 하는 것은 아니다. 꾸준히 지속해야 할 필요도 없다. 대신 적당한 타협이 있다. 일상에서 혼자 있는 시간을 꼭 만들어보자는 것이다. 휴대폰 없이 앉아 차를 마셔보거나 혼자 산책을 하거나 하는 식으로 나와의 헌신에 지속성을 부여해보는 것이다.

당신은 인생에서 완벽히 안정된 지점에 서 있을 수도 있고, 위기라고 느껴지는 길 위에 서 있을 수도 있다. 독신일 수도 있고, 지금 맺고 있는 연인과의 관계에 완벽한 안정감과 행복을 느낄지도 모른다. 아이슬란드Iceland에 있는 시골 농장에서 살 수도 있고 맨체스터Manchester의 집을 하우스메이트들과 나눠 살고 있을 수도 있다. 군이 인생의 극적인 순간을 만들 필요는 없다. 그저 항상 혼자이며 나의 '혼자'인 상태를 인정하기만 하면 된다. 인식하지 못했을 수는 있지만 나의 필요, 호기심 그리고 더 깊은 목적이 늘 날갯죽지 밑에 도사리고 있다는 것을 기억하자. 우리는 모두 내가 가치 있다고 여기는 사람에게 시간과 에너지를 쏟는 것에 익숙하니 나 자신을 그 사람으로 만들어보자. 일단 나와의 관계를 소중히 여기면 당신은 누구보다도 중요한 사람이 될 수 있다.

일단 정지: '홀로살기'

──────── 결혼한 지 아주 오래된 부부라면 알겠지만, 진정한 헌신은 거창한 몸짓이나 큰 의식이 아닌 매일의 일상으로 증명된다. 자신에게 전념하기 위해 정말 필요한 것은 혼자 시간을 보내고 그 시간 보내기를 잘 해내는 법을 배우는 것이다. 물론 편파적이긴 하지만 이 책을 사는 것이 훌륭한 첫 걸음이 될 수 있으리라 믿는다.

물론 혼자 시간을 잘 보내는 것은 큰 십자가를 지는 어려운 일이 아니다. 단지 혼자 있는 것도 아니다. 혼자만의 시간을 소중하게 생각하는 법을 의지를 갖고 신중히 터득하며, 나 자신에게 투자하는 법을 배워 나가야 한다. 자기 성장, 자기관리, 내면의 세계 말이다. 혼자만의 시간에 대한 나의 욕구를 존중하고 자신에 대해 더 의식적으로 생각하기 시작하면서 정상화해보자. 왜냐하면 '홀로살기'는 가장 좋은 방식으로 전염되기 때문이다. 당신은 남은 인생을 평생 함께 보낼 사람에게 에너지를 쏟고 있는 셈이다. 그리고 그 사람은 정말 알아갈 만한 가치가 있는 사람이라는 점, 잊지 말자.

"우리가 우리 자신에게 연민을 줄 때,

부정적인 자기 판단의 매듭은 평화롭고 연결된

수용의 느낌으로 대체되어 사라지기 시작한다."

Part 2

나를 알아가기

2015년, 〈월스트리트 저널〉의 스포츠 칼럼니스트 제이슨 게이의 트윗이 입소문을 탔다. "커피숍에 한 남자가 그의 전화기도, 노트북도 없이 테이블에 앉아 있음. 사이코패스처럼 그냥 커피만 마신다."

수많은 인터넷 밈을 생성하기도 한 이 트윗이 그저 조소를 불러오는 웃음거리일 수도 있지만 사실 나는 이 트윗 한 줄이 우리 시대의 슬픈 모습을 고발한다고 생각한다. 지금 이 순간을 홀로 즐기는 것보다 디지털 세계에 연결되어 있는 것이 훨씬 '정상'처럼 여겨지는 우리의 모습. 나 같은 경우 공공장소에 혼자 앉아 있는 이른바 '카페 사이코패스'와는 좀 다르다. (우리는 6장에서 공공장소를 온전히 즐길 수 있는 가치에 대해 더 자세히 알아본다.) '카페 사이코패스'는 지금 우리가 사는 방식에 대한 아이러니컬한 성찰에 더 가깝다고 생각한다. 홀로 온전히 앉아 생각에 잠겨 있는 사람을 두고 심리적 단점이라기보다 '사이코패스'에 가깝다는 농담이 훨씬 그럴싸한 농담이 되는 세상. 물론 나도 이해는 한다. 인터넷 밈을 통해 조롱당하는 것이 심도 깊은 심리적 분석보다는 훨씬 재미있다.

잠시나마 나의 마음을 둘러보는 능력은 혼자 시간을 보내는 것을 배우는 데 있어 상당히 중요한 부분이다. 그러나 이를 두고 현대 서구 사회는 일종의 괴짜처럼 혹은 당신의 관점에 따라 초능력처럼 여겨지고, 수많은 대안책들을 제공한다. 생각해보면 혼자 커피를 홀짝이며 흐트러짐 없이 앉아 있는 모습이 그렇게 이상한 것도 아닌데, 나와 같은 무리의 누군가가 그런 행동을 보이면 분명 마음이 불안해진다. 이는 아마도 우리가 잘하지 못하는 부분을 상기시켜줌으로써 나를 다소 불편하게 만들기 때문은 아닐까.

생각에 대한 두려움은 21세기만의 현상이 아니다. 콜레트Co-lette라는 필명으로 출간한 프랑스 작가 시도니 가브리엘 콜레트Sidonie-Gabrielle Colette는 1908년 "오늘날 고독은 우리에게 자유를 주는 도수 높은 와인이기도 하고, 누군가에게는 쓰기만 한 강장제이기도 하고, 누군가에게는 벽에 머리를 박고 싶은 독약이기도 하다"라고 썼다. 먼저 언급하기도 했던 전기 충격연구는 요점을 확실히 알려준다. (대부분의 연구 참가자들이 15분간 조용히 앉아 있기 보다는 스스로 전기 충격을 주는 법을 택했다.) '불편함'은 사람들이 생각을 하며 혼자 있는 것에 대해 이야기할 때마다 몇 번이고 언급하는 단어이다. 불편함의 양은 다양하지만 우리는 대부분 약간의 감전이 홀로 사색할 때 느끼는 불편함보다 낫다고 생각한다는 뜻이다.

이 글을 쓰며 나는 영국 드라마 〈핍 쇼〉에서 데이비드 미첼David Mitchell이 연기한 마크Mark가 로버트 웹Robert Webb이 연기한 자신의 하우스 메이트 제즈Jez에게 《폭풍의 언덕》을 집중하며 읽는 법을 가르치던 장면이 떠올랐다. 제즈가 읽은 책이라고는 《미스터 나이스Mr. Nice》 한 권뿐이었으며 그마저도 자신이 좋아하던 여자에게 환심을 얻기 위함이었다.

> 제즈　나도 읽긴 읽어. 단어를 읽거나 읽어야 한다고 생각은 하는데 금방 집중력이 산만해지고 읽은 걸 소화를 못 시켜서 결국 처음으로 다시 돌아가. 세 시간 동안 네 쪽만 반복해서 읽는 거야. 마크, 대체 너는 독서를 어떻게 해? 나한테 읽는 법을 가르쳐 줄 수 있어? 대체 어떻게 집중하는 거야? 비법 좀 알려줘 봐.
>
> 마크　우선 텔레비전부터 꺼. 그리고 긴 단락을 읽기 시작해. 그럼 금방 읽던 책에서 시선을 돌리고 싶어질 거야, 그렇지?
>
> 제즈　(흔들리는 눈으로) 맞아, 맞아. 그래.
>
> 마크　그때 시선을 돌리지 마. 그냥 계속 쳐다봐.
>
> 제즈　(여전히 혼란스러운) 아니! 그게 너무 어렵다고! (책을 바닥에 집어 던진다.)[1]

기술은 우리에게 이 고난에서 벗어날 수 있는 쉬운 방법을 알려준다. 우리는 다른 사람들이 없는 상황에서도 디지털 세상 속으로 탈출이 가능해졌다. 그리고 아마도 이번 코로나19로 디지털 연결성이 생명줄이자 우리를 연결하는 끈이 될 수 있었다. 혼자 사는 두세 달간 이게 우리가 할 수 있는 사회생활의 전부이기도 했다. 많은 사람들이 트위터나 데이트 애플리케이션을 계속해서 확인하며 집착했다. 세계 대부분이 폐쇄된 2020년 3월 29일, 데이팅 앱 틴더는 전 세계적으로 30억 번으로 역대 최고 기록의 새로고침을 기록했다.[2]

팬데믹이든 아니든, 불편한 사색에서 벗어나려는 유혹은 어디에나 산재되어 있다. 나는 단지 병리학적 공포증이나 외상을 말하는 것이 아니다. 유혹은 사소한 불편처럼 간단할 수도 있다. 종종 업무와 관련된 문제에 부딪히거나 누군가와 어색한 대화를 해야 하면, 인스타그램을 스크롤하는 스스로를 발견할 수 있을 것이다. 나는 무슨 이유로 뇌가 이런 연결 고리를 만드는 지 확신할 수는 없지만, 이 방법으로 내가 가진 문제를 해결할 수는 없었다. 이런 감정적 의지가 우리의 삶에서 꼭 취해야 할 행동으로부터 우리를 산만하게 만든다. 그리고 기술만이 유일한 범인은 아니다.

산만함의 황금기

당신이 자기 성찰을 딱히 선호하지 않는다? 걱정하지 말 것. 꼭 성찰을 할 필요는 없다. 자, 다음은 다양한 산만함의 메뉴판이다.

전체요리

- 음악 감상
- 달리기
- 게임
- 독서
- 헬스 가기
- TV 시청

- 쇼핑
- 낭만적 관심사에 집착하기
- 트위터 확인
- 둠스크롤링
- 이메일 확인

메인 메뉴

편안한 먹방 ··· ₩ 1,300

　자기 혐오를 동반한 소화제 한 묶음

술 마시기 ··· ₩ 12,000

　보드카 칵테일, 토닉워터 그리고 주사

인스타그램 새로고침 ····························· ₩ 무료

　몸 좋은 모델의 모습이 옆구리 살이 튀어나온 나의 자아와 함께 제

　공됨

왓츠앱(카카오톡) ····················· ₩ 340,000 (화면당)

　뜨끈한 정치 싸움이 각색된 사실, 사건, 사람 등과 함께 제공됨

디저트

○ 마약　　　　　　○ 섹스

○ 도박　　　　　　○ 흡연

독을 선택하라

———— 21세기의 묘미는 바로 자신의 감정을 느끼지 않고
아주 편리하게 선택할 수 있다는 것이고, 사회적으로 받아들일

수 있는 많은 방법이 있다는 것이다. 우리들 대부분은 핸드폰 없이는 거의 아무데도 가지 않는다. 사람들은 연애와 연애를 환승하며 절대 싱글인 상태를 유지하지 않는다. 혹은 하우스메이트들과 매 순간을 보내거나, 깨어있는 시간의 대부분을 '직장'에 할애한다. 감정을 먹는다는 말을 들어본 적이 있는가? 우리를 향해 달려드는 감정을 통해 우리는 늘 먹고 피우고 마신다.

많은 경우에, 우리는 생각에서 벗어날 수 있는 창의적이고 완벽한 방법들을 발견한다. 2분마다 전화를 확인하거나, 자정이 넘도록 일하거나, 매주 주말 밤마다 데이트를 한다고 해서 미친 사람으로 생각하지는 않는다. 사회적으로 우리는 마약 중독자나 알코올 중독자를 경시하면서도 중독과 싸우지 않는 척을 하면서 중독과 싸운다. 우리는 나의 중독에 취약한 나의 두뇌를 저주하지만 우리가 실제로 해결해야 하는 것들은 계속해서 무시한다. 이것이 바로 현대 생활의 특성이기도 하다. 우리가 적극적으로 찾아 나서지 않는 한, 우리는 많은 시간을 홀로 보내지 않는다. 혼자 수영을 하거나 벽을 응시하거나 명상을 하거나, 여행을 가거나, 아니면 카페에 앉아 커피를 마시는 것처럼. 즉, 사이코패스가 되는 길을 무시한다.

'홀로살기'의 입장료

———— 우리는 자신의 속마음과 대화를 나누지 않는 곳이 있음에도 가기를 꺼려하며, 그게 바로 문제가 된다. 왜냐하면 여러분 자신만의 사색을 통해 앉아 있는 것이 '홀로살기'의 기본적인 요구 조건이기 때문이다. 그렇다고 매시간 반추하는 것을 말하는 것이 아니다. 브레컨 비컨즈 국립공원 한 가운데 바위 위에 앉아 사색하라는 뜻이 아니다. 다음은 실현 가능성이 있는 일상적 차원의 방법들이다.

○ 이어폰 없이 가장 가까운 지하철 역으로 20분 정도 걷기

○ 일어나서 한 시간 동안 핸드폰을 보지 않고 살기

○ 하루 동안 간식 먹지 않기

○ 근무 시간 동안 메신저 애플리케이션 사용하지 않기

○ 저녁 약속에서 술 마시지 않기

차근차근 하나씩 시도를 하다보면 이런 차분한 것들이 얼마나 불편한지 깨달을 것이다. 혼란스러운 감정 대신에 진짜 나의 감정을 느끼기 시작하기 때문이다. 흥미롭게도 우리 중 많은 사람들이 락다운의 구렁텅이에 빠지며 어쩔 수 없이 시작하

게 된 것들이기도 하다. 직접 쇼핑을 하는 것에서부터 사교 모임, 휴가 그리고 클럽에 이르기까지 전형적인 오프라인의 산만함이 잠시 밀려나고, (하루 8시간의 부주의한 근무 이후) 기술의 방해로는 충분치 않은 생활이 이어지며 우리는 좋든 싫든 자기성찰에 빠질 수밖에 없었다.

좋은 소식은, 일단 우리가 생각에 적응하는 것을 연습하기 시작하면 다양한 부가혜택에 마음을 열게 된다는 것이다. 다음과 같은 방법으로 시작할 수 있다.

○ 혼자만의 시간을 가지고 무엇을 하고 싶은지 의식적이고 긍정적으로 생각해보기

○ 관계 외적인 면에서 나라는 사람에 대해 의식하기

○ 마음 속에 있는 창조적인 잠재력을 드러내기

○ 내가 좋아하는 것을 직접 행동해보면서 '흐름' 경험하기

○ 혼자 레스토랑에 가거나 여행하기 등 머릿속으로 상당한 시간이 필요한 상황 즐기기

○ 바쁜 일상 속에서도 마음이 평화롭고 편안한 곳으로, 마음의 안식처로 후퇴하기

약간은 매력적으로 들리지 않는가? 이제 나쁜 소식이 하나

있다. 슬프게도 이런 과정들은 종종 명확하게 딱 떨어지진 않는다. 그러니까 내가 홀로 앉아 내 머릿속을 사색하며 '봐, 생각보다 나쁘지 않네!'라고 깨닫기 어려울 수도 있다는 것이다. 차가운 물속을 수영하는 것처럼 가만히 앉아 생각에 잠기는 건 단순히 물에 뛰어 드는 것에서 그치지 않고 몸이 따뜻하게 데워질 때까지 계속 팔 다리를 움직여야 한다는 뜻이다. 심리학자 샤루 이자디Shahroo Izadi 역시 나와 같은 주장을 했다. 그녀는 혼자 앉아 생각에 잠기는 것이 '혼자라는 것을 재구성하는 첫 번째 단계'라고 했다. 그러나 그녀는 일단 여러분이 산만함보다는 '자신의 생각' 맛보기 메뉴를 선택하게 되면, 일이 까다로워질 수 있다는 것을 인정한다. 불편함을 적극적으로 수용하는 것이 애당초 두려웠던 것은 사실 이 행위가 근심이나 의구심을 '증가'시킬 수 있기 때문이다.

사실 이 주제에 상당한 영향을 받은 사람이 있다. 바로 TV쇼 〈러브 아일랜드〉의 출연자이자 모범생처럼 등장해 폭발적인 매력을 발산했던 카밀라 설로Camilla Thurlow 때문이었다. 나는 그녀를 팟캐스트를 통해 인터뷰한 바 있다. 그녀의 다양한 이력에서도 유추할 수 있듯, 그녀는 일생 동안 불편한 상황들을 적극적으로 찾았다. 비록 그것이 어떤 심각한 자기 탐색을 의미할 지라도 말이다. 우선 그녀는 아프가니스탄과 짐바브웨에서 일하는 동안 유일한 여성으로 통역사가 없인 의사소통이 불가능했다.

"마찰이나 어려움, 불편함 같은 상황에 직면할수록 저는 저라는 사람을 더 배우고 내가 무엇을 할 수 있는지를 깨달을 수 있었어요"라고 그녀는 말했다. 내가 카밀라에 대해 놀랐던 것은 그녀가 자신에게 도전하는 상황을 의식적으로 찾는 방법뿐만 아니라, 그녀의 삶에 변화를 가져올 두려움과 의심과 함께 그것에 수반되는 자기 심문도 어떻게 받아들였는지였다. "저는 우리가 잘못된 의사결정에 대한 두려움을, 자신에 대해 조금 더 배우고 방향을 바꿀 수 있는 선택권과 분리하려고 노력하는 것이 중요하다고 생각해요"라고 그녀는 말했다. "물론 우리는 잘못된 결정을 고수하고 맹목적으로 그것을 끝까지 따르는 것을 훨씬 더 두려워해야 하기도 하지만요." 바로 이것이다. 왜냐하면 항상 이런 자기성찰로부터 도망치는 것은 우리의 삶에서 얻는 것을 불가피하게 제한한다는 것을 의미하기 때문이다.

따라서 당신이 비록 이 책의 가치를 전혀 모르겠다고 생각해도, 그러니까 가령 같이 사는 친구의 책을 발견해서 이 책의 조언 중 어떤 것도 끝까지 따를 필요가 없다고 느꼈다고 가정해도, 최소한 자신만의 사색의 시간을 가져보라고 말하고 싶다. 거친 감정에서 쉽게 벗어날 수 있는 방법은 없다. 단언컨대 없다. 그래서 우리들 중 많은 사람들은 이해가 충분한 결정을 내린다. 사색? 오늘은 안 된다, 이번 주는 어렵다, 아마 절대 그럴 일은 없을 거야, 라고 말이다. 우리는 형제나 단짝 친구를 질투한다는 사실에 직면하기보다는 몇 년 동안 둔감한 고통을 느낀다. 우리는 과거에 일어났던 일을 인정하기보다는 매번 맺는 관계에서 성적인 문제를 겪는다. 이런 예시는 끝없이 늘어놓을 수 있지만, 아마 내가 무슨 말을 하는지 바로 파악했을 것이다. 이런 류의 문제는 정말 많다. 즉, 우리는 우리의 삶 전체를 타협한다. 왜냐하면 머릿속의 생각을 듣는 것이 견딜 수 없이 고통스럽기 때문이다. 단지 머릿속의 작은 목소리들을 인정하는 것 자체가 너무 불편하기 때문이다. 그리고 장기적으로 본다면, 그 결과는 단지 불편함보다 훨씬 심각할 수 있다. 타인이 말해주지 않더라도, 생각에서 도망치는 것의 결론은 결국 파멸뿐이다. 가수 노엘 갤러거Noel Gallagher의 말을 빌리자면 이제 당신의 마음 깊은 곳으로 빠져들 때이다.

당신의 내면의 비평가를 만나보기

————— 자기 탐구의 여정에서 첫 번째 정거장은 이따금 상

당히 불리한 곳이 될 수도 있다. 바로, 우리가 소위 말하는 '내면의 비평가'와 정면 대결을 하기 때문이다. 내면의 비평가, 또는 내면의 비판적인 목소리는 대중 심리학에서 사용되는 용어이다. 초자아 저항(프로이트)이나 부정적인 아니마/아니무스(칼융) 등 정신분석학적 개념에 뿌리를 두고 있다. '내면의 비평가'라는 용어가 훨씬 이해를 쉽게 하는 것 같긴 하다. 어쨌든 내면의 비평가는 당신의 머릿속에서 울려 퍼지는 부정적이거나 도움이 되지 않는 소리이다. 이들은 개인에 따라 특정한 주제를 갖는 경향이 있다.

예를 들어, 나 같은 경우는 머릿속에서 딱히 감미롭지 않은 다음의 목소리가 울려 퍼지곤 한다. "너는 좋은 작가가 아니야. 너는 바디컴뱃BODYCOMBAT(고강도 유산소 트레이닝 운동법-역주)도 못 끝내. 너는 조화롭지가 않아. 너는 예술적이지 않아. 그리고 최악은 이 말이다. 너는 바보야. 오버가 너무 심해. 네 볼로냐 스파게티는 네 생각만큼 맛있지 않아."

이 문제를 두고 친구들과도 이야기를 나눠보니 그들도 모두 내면의 비평가가 있다는 사실을 털어놓았다. "너는 지저분해. 너는 엉망진창이야. 너는 뚱뚱해. 너는 너무 삐쩍 골았어. 너는 창의적이지 않아. 너는 사람들 사이에서 완전 어색해. 너는 재미 없어. 너는 다리가 너무 짧아. 너는 인기가 없어. 네 말은 말이 안 돼. 네 영어 실력은 엉망진창이야. 다른 사람들이 다들 너 보다 나아. 너는 지루해."

누가 이런 끔찍한 말을 했을까? 정답은 모두이자, 동시에 아무도. 다시 말해, 우리의 내면 비평가는 우리가 살아오면서 만났던 다른 사람들, 특히 우리의 형성기에 대한 다양한 얼굴의 형성체일 가능성이 있다. 심리학자 이자디는 이를 두고 "부모, 교사, 동료들, 잡지, 영화, 전 파트너 등 여러 곳에서 나온 이야기의 집합체"라고 했다. 여기에 더해 어린 시절 괴롭힘, 형제자매, 못된 친구, 한때 우스꽝스러운 표정을 짓던 매장 직원, 술집에서 만난 한 남자, 대학교 강당에서 마주친 여자의 시선 등 이런 사람들에 의해 만들어진 부정적인 논평들이 서로 연결되어 좋은 것들은 걸러내는 이상한 두뇌의 기발함일 뿐이다.

개인적으로, 나는 더 많은 시간을 혼자 보내기 시작하고 가끔 머릿속에 떠도는 도움이 되지 않는 생각들에 적응하기 시작한 후에도 내부 비평가가 있다는 것을 인정하려고 애썼다. 나는 사랑하는 가족, 친한 친구, 좋은 교육을 받았다고 인정하면서도 말이다. 그렇다면 그 많은 특권에도 부정적인 내면의 목소리는 과연 누구의 것이었을까? 나도 대부분의 사람들과 결국 똑같았다. 내면의 비평가가 있다는 것이 실패했다는 뜻은 아니다. 여러분 자신의 잘못도, 여러분을 키워낸 사람의 잘못도 아니다. 사실, 치료사 샐리 베이커Sally Baker에 따르면 이런 목소리는 정말 흔한 증상이며 "어떤 사람들은 내면의 치어리더를 가지고 있다고 믿지만, 한 번도 그런 사람은 만나본 적이 없다"라고 했다. "은행을 운영하거나 백만장자처럼 보이는 클라이언트도 있었지만, 그들 모두가 내면의 비평가에 의해 고통받고 있었어요"라고 그녀는 덧붙였다.

베이커가 시사하는 바와 같이, 우리의 행동은 '유독성 빗방울'을 떨어뜨리는 것과 같은 낙수효과 역할을 하는 이 내면의 비평가에 의해 보통 우리의 의식 아래서 깊은 영향을 받는다. 합격할 자격이 충분하고도 일주일 내내 준비한 면접에서 실수를 하게 하며, 내 남자친구를 '시험'하여 관계를 방해하는 목소리이다. 또한 PT 강사가 한 번 더! 라고 외쳤을 때 실패를 종용하는 목소리이다. 그럼에도 우리는 여전히 이 목소리에 귀를 기울인다.

종종, 우리 내면의 비판적인 목소리는 자기 충족적인 예언이다. 따라서 나는 만약 내면의 비평가가 웃기지 않는다고 말한다면 웃길 것을, 또는 내면의 비평가가 춤을 출 수 없다고 말한다면, 춤을 출 것을 제안한다. 우리는 우리 자신에게 그럴 수 없다고 말한다. 그런 식으로 의심스럽고 부정적인 자기 인식을 강화한다. 만약 당신이 계속해서 주의를 산만하게 한다면, 여러분은 의식적으로 이 내면의 비평가의 말을 들을 가능성이 훨씬 적어진다. 하지만 이것이 당신에게 영향을 미치지 않는다는 뜻은 아니다. 베이커는 "어떤 면에서, 당신은 내면의 비평가의 일을 아주 쉽게 만들고 있다. 왜냐하면 당신이 마음속으로 '자유로운 통제'를 주기 때문이다"라고 설명한다. 내면의 비판자를 만나는 형식적인 절차를 거치지 않으면 우리는 그들에 의해 좌지우지된다.

혼자 시간을 보내는 것만으로도 우리는 내면의 비평가를 더욱 자극시킨다. 혼자 있을 때 이 짜증스러운 부정적인 목소리가 훨씬 커진다. 우리 마음속에는 깊고 어두운 고통의 우물이 있기 마련이다. 어떤 면에서 우리는 모두 이 우물의 존재를 의식하고 있으며 그래서 더 합리적으로, 우리는 혼자만의 시간을 피한다. 솔직히 말해 내면의 비평가는 함께 시간을 보내고 싶은 종류의 사람은 아니기 때문이다.

하지만 잠깐. 이 책은 '혼자만의 시간'을 더 자주 보내자고 말하는 책이 아니던가? 이제 그 이야기를 하려는 것이다. 혼자 시간을 보내다보면 우리 중 많은 사람들이 달갑지 않은 불편함을 느낄 것이다. 특히 혼자만의 시간이 익숙하지 않은 사람이라면 더욱.

놀랄 것도 없이, 내면의 비평가가 가혹할수록 그것으로부터 벗어나려고 노력할 것이다. 그런데, 맞서야 한다. 여기서 제안하는 것이 특히 어려운 것이라는 점도 잘 알고 있다. 하지만 이러한 내면의 목소리에 맞서는 것은 두 가지 이유를 근거로 가치 있다. 첫째, 여러분 내면의 비평가와 맞서는 것은 여러분의 최고의 삶을 사는 것과 거의 같기 때문이다. 두 번째로, 마음 가까이에 있는 주제의 비평을 듣고 맞서는 것을 배워야지만 비로소 혼자만의 편안한 시간을 보낼 수 있기 때문이다. 비싼 입장료처럼 보이나 그럴만한 가치가 있다고 분명 자신한다.

나와 친구가 되는 것

————— 아직도 이 책을 읽고 있다면? 아주 좋다. 다행히도, 우리 머릿속에는 내면의 비평가가 유일한 목소리는 아니다. 우리는 또 다른 목소리를 길러낼 수 있다. 바로 내면의 친구의 목소리이다. 강조하고 싶은 건, 밤늦게 메시지를 보내주는 친구나 매일 밤 너무 취해서 밤새도록 돌봐주어야 하는 친구는 아니다. 직장에서 승진할 때 작은 카드를 보내주거나, 광이 나는 피부를 이따금 칭찬해주는 친구를 뜻한다. 즉, 당신 내면의 치어리더이다.

어떤 사람들은 이것을 '자기공감'이라고 말한다. 크리스틴 네프Kristin Neff 박사는 자신의 저서《러브 유어셀프》에서 다른 사람처럼 빙의해 스스로에게 친절과 동정을 보이는 것의 중요성을 설명한다. 그녀는 다음과 같이 말한다.

"우리가 우리 자신에게 연민을 줄 때, 부정적인 자기 판단의 매듭은 평화롭고 연결된 수용의 느낌으로 대체되어 사라지기 시작한다." 또 일상의 요가 연습이나 징을 이용한 명상 등을 인스타그램에 게시하는 다양한 형태의 '셀프 러브'도 있다.

개인적으로, 나 자신과 친구가 되는 것을 떠올려보면, 나는 나를 좋아하기 위해 좀 더 온화하고 덜 위협적인 목표에서 시작하는 것을 선호한다. 배에 튼살이나 거울 속 내 모습을 보며 사랑의 찬사를 보내라는 게 아니다. 그것보다는 나에게 호기심, 이해심, 그리고 친절함을 보여주는 게 더 중요하다. 친구라는 개념을 확장시키는 것이다. 물론 눈에 띄는 자기애의 행동을 할 준비가 되어 있지 않을 수도 있지만 오늘부터 하루씩 나를 조금 더 사랑해보면 어떨까?

머릿속에서 친근한 이 목소리는 다음의 응원을 건넨다. 그것 참 재미있는 생각이다. '너 오늘 정말 열심히 운동했구나', '머리가 아프면, 물을 조금 더 마셔보면 어떨까?', '넌 낮잠을 잘 자격이 있어. 또한 자신에 대해 호기심을 가질 수 있고 관심 있는 것들에 집중해볼 수도 있겠다', '인터넷으로 그 노래는 꼭 찾아봐', '네가 읽고 싶었던 그 책이 뭐더라?', '이탈리아어를 연습한 지 꽤 됐다', '영어공부 애플리케이션을 다운로드해봐'. 일단 우리가 이 내면의 친구를 알게 되면, 우리는 훨씬 더 고무적인 목소리를 들을 수 있다. 우리는 부정적이고, 거슬리는 생각들을 그들의 힘을 감소시키는 것에 대해 반문한다. '회의 망치지 않았어', '그 클라이언트가 진짜 관심 있게 보고 질문도 많이 하지 않았어?', '남자친구는 너한테 관심이 없는 게 아니라 이번 주 일 때문에 스트레스를 많이 받은 거야', '너는 뚱뚱한 게 아니라 건강한 몸무게야'.

데이지 뷰캐넌이 팟캐스트에서 말했듯이 "나는 내 뇌가 원하는 방식으로 나에게 말할 필요가 없다는 것을 깨달았어요. 어떻게 생각할지 선택할 수 있고, 나 자신에게 정말 좋은 충고를 할 수 있죠. 모든 일에 끔찍한 내면의 목소리를 들을 필요는 없어요."

여러분이 내면의 친구를 길러내고 자신을 좋아하는 법을 배우면서, 여러분은 점점 더 자신에 대한 의심이 강요하는 경계를 벗어나는 것에 능숙해질 것이다. 내면의 비평가가 말하는 것을 단순히 흡수하는 것이 아니라, 대답하고 반박하는 것을 배울 수도 있다. 말을 듣기보다는 스스로에게 말을 하는 것인

셈이다. 그리고 힘을 실어주는 것이다. 다음 피트니스 수업 전이나 어려운 발표 전에 시도해 보고 그것이 어떤 변화를 가져오는지 지켜보라.

하지만 내 친구들은
내가 아는 것보다 나를 더 잘 안다

───────── 이 시점에서, 당신은 이렇게 말하고 싶을지도 모르겠다. '내가 불안하거나 의기소침해 있을 때, 실제 친구들과 이야기하기에 충분하지 않을까?' 슬프게도, 답은 '아니요'이다. 가장 친한 친구가 있다고 해도 그렇지 않다. 물론 그들에게 악의가 있는 건 아니라는 것을 밝힌다.

때때로, 우리는 친구들이나 파트너, 혹은 가족 구성원들이 우리가 아는 것보다 우리를 더 잘 안다고 말할 것이다. 하지만 문제가 있다. 다른 사람을 너무 가까이 알게 되어 때때로 그들의 생각을 읽을 수 있다는 것은 기쁨이자 특권이다. 나도 가장 친한 친구들과 가끔 서로의 머릿속을 들여다 볼 수 있다고 흔히 말하니까. 왜냐하면 우리는 10년이 훨씬 넘는 시간을 함께 보내며 서로의 생각을 알아내는 데 아주 능숙해졌기 때문이다.

그들 중 하나는 지루할 때 숨이 조금 가빠지고, 다른 한 친구는 눈물을 터트리기 전 머리를 갸우뚱한다. 하지만 불가피하게도 가장 잠재력 있는 통찰력과 통제력을 가진 사람은 항상 나 자신이다. 나의 방식대로 살고, 나의 머릿속에서 살고 있는 사람은 나 하나니까. 이를 두고 나는 잠재된 통찰력이라고 말하는데, 왜냐하면 친구들보다 나 자신을 더 잘 아는 것이 가끔은 기정사실은 아니기 때문이다. 우리가 알고 있듯이 우리는 연결의 시대에 살고 있다. 우리는 버튼 하나로 감정 처리를 아웃소싱할 수 있다.

여기서 주의 사항이 있다. 나는 친한 친구들이 있음에 매우 감사한다. A는 내 고민을 들어줄 수 있어서 너무 감사하고, B는 다른 관점을 제안해준다는 것도 고맙다. 그리고 나 역시 그들을 위해 그런 사람이 되는 것을 좋아한다. 하지만, 일상에서 일어나는 비상사태를 벗어나서 (예를 들어, 감정적인 회복력의 모든 모습을 파괴하는 이별과 같이) 먼저 내 머리를 굴려본 뒤, 그것에 대해 친구들에게 말하려고 노력한다. 왓츠앱이나 카카오톡에 편집되지 않은 모든 감정을 쏟아내는 게 아니다. 다음은 내가 예전 친구들에게 보낸 메시지 중 일부이다.

취업 면접 때문에 너무 떨려.

오늘 왜 이렇게 불안하지?

내 선임은 진짜 나를 싫어해.

아……나 오늘 진짜 많이 먹었다…….

이런 것들을 친구와 공유해도 괜찮지만, 나 자신의 내면에서 먼저 대화를 나누는 방법도 있었을 것이다. 특히 실질적인 지원을 정확히 찾고 있지 않을 때는 더욱 그렇다. 우리가 우리의 문제에 대해 친구들에게 말하지 말아야 한다는 것이 아니다. 단지 우리가 우리의 마음을 스치는 모든 힘든 감정을 즉시 외주화한다면, 감정 조절 능력도 바로 창밖으로 내던지는 효과가 날 수 있다는 걸 말하고 싶다. 우리는 내면의 비평가를 침묵시키기 위해 완전히 다른 사람들에게 의존하게 된다. 혼자 시간을 보내는 것만 가진다는 건 더욱이 끌리는 방법이 아니다. 왜냐하면 우리는 실제로 혼자 대처할 수 있는 내부의 자원이 없기 때문이다.

우리는 감정을 소화하고 내면의 친구를 소환하는 습관에서 벗어나야 한다. 왜냐하면 다른 사람은, 필연적으로 '나'라는 사람에 대한 지식이 부족하기 때문이다. 말 그대로, 우리의 언제든 닿을 수 있는 나만의 정보원이기 때문이다. 우리는 친구들이 앱을 통해 이별에 대해 상담하고 최근에 일어난 직장 내 문제점에 대해 위로하는 동시에, 우리 자신의 삶을 변화시키고 영향을 미칠 수 있는 자율성을 인정하기를 거부하게 만든다. 내가 운전석에 앉아 있으면서도, 자제력을 발휘하는 데 익숙하지 않기 때문에 뒷사람에게 미루는 것을 선호한다. 하지만 결코 이 방법이 보편화가 되어서는 안 된다. 데이지는 팟캐스트에서 "내가 갈망하는 조언이나 피드백, 칭찬이나 사랑은 아무도 나에게 주지 않을 것이다. 나는 그것을 나 자신에게 주어야 한다"라는 중요한 논지를 폈다.

많은 사람들처럼, 락다운 기간 동안 친구나 가족과 감정적으로 쏟아내며 소통하는 것이 다른 사람들에게 미칠 수 있는 영향을 훨씬 더 잘 인식하게 했다. 내 주변의 모든 사람들은 실직, 휴직, 관계 문제, 외로움, 전반적인 불안, 그리고 심지어 어떤 비극적인 상황에서 사별까지 겪었다. 모든 사람이 얼마나 많은 길을 가고 있는지를 알게 되며 이는 동시에 감정적인 자기만족에 대한 나의 능력이 증가했다는 것을 의미했고, 나는 나 자신에게 신뢰할 수 있는 친구가 되는 법을 배웠다.

자신과 친구가 된다는 것은 결코 다른 친구들에게 의지하지 않는다는 것을 의미하지 않는다. 때로는 나의 결정을 알리는 데 도움이 되는 경험이기도 하다. 예를 들어, 친한 친구가 최근 온라인 데이트의 세계로 들어섰고, 몇 주 후, 그녀는 온라인 데이트의 전문가인 내게 자신의 접근 방식에 대한 의견을 묻기 위해 돌아왔다. 생각해보니 이 분야야말로 '경험'이라고 보기엔 그다지 혜택이 없는 분야인 것 같다. 몇 년 간 낭비를 해보고 나니 차라리 신선하고 흥분되고 진실되게 자신을 변화시키는 것이 더 낫다. 여하튼 중요한 것은 나의 마음을 먼저 깨닫지 못한 채로는 조언을 흡수할 수 없다는 것이다. 즉 머릿속으로 나의 감정을 먼저 들어보고 곰곰이 돌이켜보는 시간이 선제적으로 필요하다는 뜻이다. 당연히 힘든 일이다. 하지만 우리는 생각보다 강하고 그럴 능력도 충분히 있다.

일기 쓰기: 종이에 쓰인 나

———— 자신의 생각을 이해하려고 애쓰는 중인가? 그렇다면 일기를 써보자. 나는 일기 쓰기의 힘에 관해서라도 책 한 권은 거뜬히 쓸 수 있었다. 지난 몇 년 동안 일기를 쓰면서 그 힘을 직접 경험했다. 한 가지만 확실히 하고 싶다. 내 생각에는 규칙이 없다. 누구라도 일주일에 한 번 혹은 매일 저녁 9시 3분에 일기를 쓸 수 있다. 낡은 노트북이나 다른 여러 가지 툴을 사용하여 작업 목록, 하루일과 확인 및 세 가지 감사일기 쓰기

등을 수행할 수 있다. 운율을 맞추는 시를 쓸 수도 있고, 구두
점을 완전히 없앨 수도 있다. 솔직히, 무슨 일이든 내 방식대로
하기만 하면 된다.

이게 바로 나의 일기 쓰기 과정이다. 나는 세 권의 공책을 가
지고 있다. 하나는 아침에 쓰는 종이 다이어리, 대리석 무늬의
감사일기, 그리고 내 침대 옆 테이블에 사는 노란색 몰스킨 다
이어리이다. 아침 일기는 고된 하루 시작 전 나의 목표와 문제
점을 확인하기 위한 것이다. 사실 나는 요즘 프리랜서라서
줌Zoom이나 잡담 없이 나 자신과 아침 미팅을 하는 것 같다. 하
지만 저녁 시간 동안 가장 많은 사랑을 받는 것은 몰스킨 다이
어리이다. 감사 일기에 '세 가지 감사한 점'을 쓴다. 그리고 보
통 일주일에 서너 번 정도 노란색 일기장에 내 마음을 짓누르
는 것들에 대한 의식의 흐름을 써내려간다. 어딘가 집중해야
할 일이 일어나면 며칠간은 소홀히 할 때도 있지만 시간이 지
나면 일기장이 나를 부르는 게 느껴진다. 우리 이야기 좀 해,
라고 말이다.

나는 평생 일기를 썼고 또 썼고, 몇 년간은 연애와 겹치며 쓰
지 않은 시기도 있었다. 하지만 2년 전부터 일기는 절대 협상
불가능한 것으로 자리 잡았다. 그 이후로, 일기 쓰기는 나의 정
신 건강을 위한 가장 일관된 의식이었다. 그리고 일기 쓰기에

관한 꽤 많은 연구가 있다.[3] 일기라는 게 단순히 당신의 감정에 이름을 붙이는 것이 아니라 감정적인 반응의 강도를 감소시키고, 당신을 덜 슬프거나 덜 화나게 만들어준다고 한다. 일기를 쓰는 것은 진정으로 나 자신과 친구가 되는 것을 알려준다. 일기는 '홀로살기'의 가장 기본이며, 무조건 추천하는 바이다.

일기를 쓰는 것은 여러분이 감정을 느끼도록 강요하고, 일단 감정이 외부로 표출되면 다루기도 수월해진다. 한 걸음 뒤로 물러서서 여러분의 생각을 보게 되는 것이다. 그 중에는 내면의 비평가가 생각하는 것도 포함된다. 매일 일기를 쓰면서 이렇게 생각하는 것이다. '내가 정말 아무것도 못 해내는 무능력한 쓰레기일까?' 아니면 '오늘 하루는 피곤해서 업무적으로 실수를 한 것일까?' 당신은 당신이 사랑하는 사람들에게만 허용되었던 공감능력이 충분한 타인이 되어 종이 위의 자기연민을 연습하고, 머릿속의 부정적인 생각도 걸러낼 수 있게 된다. 당신의 자존심은 스스로에게 말해온 친절 덕택에, 그리고 계속해서 나 자신을 위해 귀를 기울이겠다는 약속에 의해 꽃을 피운다. 이렇게 내면의 비평가가 규칙적으로 꺾어버리곤 했던 내면의 희망과 꿈에 대한 책임감이 생긴다. 시간이 지남에 따라, '나'라는 사람의 핵심을 만들 수 있게 해준다. 결합된 자아, 일상을 연결하는 이야기, 그리고 나란히 이어지는 개인적인 발전까지 하나로 묶인다는 뜻이다. 일기를 쓰는 것은 내가 내 자신과 가장 조화를 이루는 때가 된다.

많은 사람들이 줄리아 캐머런Julia Cameron이 소개한 '모닝 글쓰기'의 힘을 믿는다. 그녀의 베스트셀러인 《아티스트 웨이》에서 소개된 '모닝 글쓰기'는 정말 말 그대로를 뜻한다. "간단히 말해서 모닝 페이지는 세 쪽 분량의 손으로 쓴 의식의 흐름이다. 또한 모닝 글쓰기는 아침에 일어나 가장 먼저 해야 하고 '넘어가거나 건너 뛰는 것'은 절대 허용되지 않는다. 이러한 규칙 외에 모닝 글쓰기에 잘못된 점이란 없다. 게다가 결정적으로 모닝 글쓰기를 위해 군이 '작가'가 될 필요도 없다.

엄밀히 말하면, 캐머런의 방법은 창조적인 사람들에게 장애물을 제거하는 법이다. "화가 나고, 징징거리고, 사소한 것들……. 일, 세탁물, 점검이 필요한 자동차, 애인의 미심쩍은 시선 등." 하지만 많은 사람들이 발견했듯이, 모닝 글쓰기는 일반적으로 일기 쓰기에도 적용할 수 있다. 당신 '내면의 이야기'를 쓰는 것이기 때문이다. 모닝 글쓰기는 당신의 관계, 육아, 일 그리고 어떤 종류의 자기계발에도 유용하다는 것이 확실하다.

캐머런은 심지어 내면의 친구 대 내면의 비평가에 의한 아이디어를 언급하기도 한다. 그녀는 내면의 비평가를 '검열가'

라는 훨씬 무서운 이름으로 언급하면서, 자신의 이름을 딴 '리틀 줄리'라고 부른다. 자신의 비평가를 극복하기 위한 그녀의 조언은 다음과 같다. "규칙을 삼자. 항상 당신의 검열가가 말하는 부정적인 의견이 진실은 아니라는 점을 기억할 것. 따라서 연습이 필요하다. 매일 아침 침대에서 일어나자마자 바로 글쓰기를 시작하면서 검열가를 피하는 법을 배울 수 있다."

나는 모닝 글쓰기를 하진 않는다. 어쨌든 《아티스트 웨이》의 방식으로는 말이다. 하지만 엘리자베스 길버트Elizabeth Gilbert 러셀 브랜드Russell Brand 그리고 케리 워싱턴Kerry Washington과 같은 사람들이 캐머런의 팬이라는 것을 고려해보면 확실히 시도해볼만한 가치가 있다고 여겨진다. 특히 여러분 자신이 특별히 창의적이라고 생각하지 않는다면 말이다. 게다가, 그녀의 주장은 혼자만의 시간을 지정하는 것이 어떻게 성가신 부정적인 생각을 극복하는데 도움을 줄 수 있는지에 대한 유용한 시사점을 갖고 있다.

상당히 미적지근한 견해이지만 일기 쓰기가 모두에게 적합한 방법이 아니라는 점도 한 번쯤 언급해야 할 필요는 있다. 물론 일반적으로는 일기 쓰기는 단점이 거의 없는 방법론이나 누군가는 딱히 필요성을 못 느낄 수도 있기 때문이다. 내 친구 중 하나는 굳이 쓰지 않고 머릿속으로 생각하는 게 더 쉽다고 말했다. 다른 사람들도 적극적인 도움을 받기는 어렵다고 생각할 수도 있다. 또한 2012년 한 연구에 따르면 이혼 후 일기를 쓰는 것이 부정적인 반성을 증가시킨다고 했다.[4] 이상하게도 그로부터 5년 후, 다른 연구는 직접적으로 그런 결과를 반박하기도 했다.[5] 어찌되었든, 일기 쓰기가 도움이 되지 않는다면 여기 몇 가지 대안이 있다.

마음가짐과 명상

——— 명상은 단지 한 번에 한 가지 일에 집중하다는 뜻이며 조금 포괄적인 의미로는 마음 놓고 하는 어떤 활동이고, 그저 눈을 감고 앉아 있는 것이 아니라, 심신을 이용한 활동이라고 봐야 좋다. 따라서 그냥 연꽃 자세로 눈을 감고 앉아 있는 게 아니라 무언가에 도달하는 행위라고 봐야 한다. 비록 일기 쓰기와 명상이 어떤 면에서는 겹치기도 한다. 예를 들어, 한 가지 활동에 집중을 하며 한 자리에 앉아 깊은 사색을 해야 한다는 점이다. 하지만 명상은 일기 쓰기의 대안이 되기엔 좀 부족하다. 일단 일기 쓰기는 정신을 맑게 하지도, 가만히 앉아 있게만 만들지도 않기 때문이다. 일기는 무언가를 통해 작업물을

만들어야 하고 감정적인 관리를 통해 문제를 해결할 수 있다.

우리는 사소하고 일상적인 문제를 해결하는 도중에 명상을 연습한다. 감자 껍질을 벗기는 일, 즉 두 손으로 하는 몰입감 있는 명상 작업이다. 감자를 분석하거나 감자와 공감하거나 심지어 감자와 하나가 되는 것도 아니다. 그저 앞에 놓인 일에 집중할 때 최대한 편안해지고 도망치지 않으며 그 어떠한 감정으로부터 물러서지 않는 법을 배우는 것이다.

내가 인기 있는 건강 및 피트니스 잡지의 풀타임 실험 대상이자 가끔 작가로 일하던 중, 처음 명상을 떠올렸을 때만해도 이런 것들을 깨닫지는 못했다. 처음엔 다른 사람들과 마찬가지로 앤디 퍼디컴Andy Puddicombe의 '헤드스페이스Headspace'를 들으며 1대 1로 하루 10분간의 명상을 지키려 안간힘을 쓰기도 했다. 결국은 치아시드, 코코넛 워터, 필라테스 등을 하다가 포기해버린 것들에 명상도 포함되었다. 시대의 흐름에 나를 맡겼으나 결론은 나하곤 맞지 않는 것들이었다. 그리고 몇 달 전, 지하철 초크 팜 역 앞에서 바디컴뱃 운동이 끝나고 녹아내린 몸에 시뻘개진 얼굴로 서 있다가 우연히 옛 친구와 마주한 적이 있다. 그 친구가 나를 향해 걸어오는 모습에서 너무도 차분한 분위기가 감돌았다. 그는 걷는 명상 중이었고, 우리의 대화는 명상이 거의 모든 것과 접목될 수 있다는 것을 상기시켜주었다. 감자껍질을 벗기거나 지하철을 타러 가는 도중에, 혹은 화장을 하는 사이에도 명상은 가능하다. '홀로살기'와 명상의 상관관계를 이해하는 데 시간이 좀 걸렸다. 물론, 둘 다 육체적으로 혼자 하는 일이지만, 나는 '마음을 비우는 일'이 나와 자신을 연결시키기보다는 자신의 생각에서 멀어지게 한다고 추론했다. 내가 사랑하는 일기 쓰기 연습과 비교했을 때, 나는 머릿속의 모든 것을 적극적으로, 마치 권투 선수가 링에 들어가는 듯한 분위기로 맞섰다.

일기 쓰기는 당연히 좋지만, 감정들에 대해 아무것도 하지 않는 것을 배우는 것에도 본질적인 가치가 있다는 것이 밝혀졌다. 모든 순간을 마음속의 얽힘을 풀고 신중하게 보낼 수 없는 법이다. 그저 얽히고 설킨 것을 허용하고 공존해야 한다. 이러한 감정들은 종종 우리가 스스로에게 도전하는 것들을 동반한다. 가령 내가 스시를 먹기로 결정했다고 가정해보자. (이건 이후 6장에서 모두에게 던지는 챌린지가 될 것이다.) 함께 먹을 친구가 없으면 불안해진다. 카페에서 혼자 커피를 마시거나 핸드폰을 보는 것보다 훨씬 큰 불편한 기분으로 홀로 앉기를 배워야 앞으로 나아가고 그 혼자만의 경험을 통해 혼자만의 시간을 배우는 핵심이 된다. 더욱이 명상은 긍정적인 감정도 느낄 수 있게 해준다. 혼자 있을 때, 나의 경험은 타인의 관점을 통해 여과되지 않는다. 따라서 이때의 모든 것은 내게 달려 있다. 바로 그 순간에 집중해 신중히 행동하는 것, '홀로살기'의 가장 중요한 필수요소라고 할 수 있겠다.

치료 및 코칭

———— 모든 사람은 다르고, 어떤 부정적인 사고 패턴은 너무 깊이 배어 있어서 타인의 도움을 받아야만 마음이 작동하는 방식을 조절할 수도 있다. 궁극적으로 말해 '홀로살기'는 혼자 시간을 보내는 법이자, 그 방법을 배우는 모든 것을 의미하지만 꼭 혼자의 힘으로 배워나갈 필요는 없다. 정신 건강 운동가이자 작가인 조니 벤저민Jonny Benjamin은 나의 팟캐스트에 출연해 대화치료법이 혼자만의 시간 속에서 '부정적인 재앙과 같은 생각'을 극복하는데 도움이 되는지 설명해주었다. 한때는 이 시간이 '내가 지은 죄, 도피, 혼자 술 마시는 것'으로 전락했지만, 이제는 조니가 긍정적인 이유로 적극적으로 찾을 수 있게 된 것이다.

반복되는 부정적인 사고 과정을 위한 심리요법으로는 부정적인 사고 패턴을 인식하고 그들에게 힘을 주는 것을 멈추도록 돕는 인지 행동 치료CBT를 포함한다. 이 치료법은 감정으로부터 스스로를 분리하는 법을 통해 이루어진다. 예를 들면 "나는 지금 두려움을 느끼고 있습니다"라고 표현하는 방식이다. 또한 공감능력을 기반으로 한 접근법도 있다. "만약 친구가 이렇게 이야기했다면 나는 뭐라고 대답해주었을까?" 전형적으로 CBT는 전문가의 도움을 통해 이루어진다. 보통은 12명에서 20명 가량의 그룹 치료를 통해 개별 처방을 받거나 영국 국민 건강 보험에서 진단서를 떼어준다. 또한 특정한 심리적 트라우마를 해결하고 그 기억들이 우리에게 미치는 힘을 감소시키는 것을 목표로 하는 새로운 기술인 신경 언어 프로그래밍NLP이 있는데, 이것은 혼자 있는 것과 관련된 특정한 포기 문제에 직면한 사람들에게 유용할 수 있다.

수확 보상

————— 우리는 종종 혼자 있는 것을 육체적인 상태로 생각하지만, '홀로살기'에 있어서 편안함을 갖추는 능력은 매우 기본이다. 이번 장의 앞부분에서 언급했듯이, 동행이 없을 때조차도 '혼자만의 시간'에서 벗어나는 것은 정상이지만, 그것이

옳은 것을 의미하지는 않는다. 혼자만의 시간은 여러분이 상상력, 호기심, 감사, 세상의 감각 경험 등 마음속에 있는 모든 좋은 것들을 들을 수 있는 회복적이고 성찰적인 시간이 될 수 있지만, 이것을 실현하기 위해 적극적으로 자신을 이끌어야 한다.

어떤 선택을 하든지 간에, 마음속으로 편안해지는 도전이 가치 있는 도전이라는 데 동의하길 바란다. 머리를 안전한 공간으로 만드는 것이 항상 쉽지는 않을 것이고, 규칙적인 노력이 필요하다는 것을 인정한다. 하지만 아무리 힘들어도, 여러분은 삶을 변화시키는 보상을 얻을 것이다. 그러니 내면의 비평가를 향해 평화의 제스처를 건네고, 악마와 싸우고, 나와 나 자신이 함께 할 때 올 수 있는 모든 좋은 일들에 의지해보자.

혼자만의 시간은 다른 사람의 요구 없이

내가 원하는 것을 정확히 할 수 있는 좋은 기회이다.

계획에 차질이 생기거나 다른 사람 때문에 생기는 혼란도 없다.

전부 당신의 것이다.

Part 3

혼자를
실천하는 시간

그 누구도 "당신은 고독의 기술을 연구할 필요가 있어요"라고 말하지 않았다. 하지만 우리는 사회적 기술에 대해 왕왕 듣는다. 우리가 다른 사람들과 조화롭게 상호작용하기 위해 필요한 도구라는 것이다. 사회성은 다른 사람들과 효과적으로 의사소통하고, 함께 잘 일하고, 적극적으로 듣는 자세를 모두 포함한다. 이러한 기술을 개발하는 것은 초등 교육에서 직장과의 유대관계에 이르기까지 삶의 많은 분야에서 핵심적인 관심사이다.

사교술은 우리가 특별히 사교적인 사람이든 아니든 간에 우리를 괴롭힌다. 사회 부적응자, 소외감을 느끼는 사람 같은 경우는 더욱 괴롭다. 텔레비전 역사상 가장 훌륭한 내성적인 인물 중 하나인 〈길모어 걸스〉의 주인공 로리 길모어Rory Gilmore가 대학 추천서를 잘 받기 위해 점심시간에 책 읽기를 중단하고 대신 친구들과 어울려야 한다는 조언이 나오는 에피소드를 떠올려 보자. 이 시리즈를 좋아하는 팬이라면 알겠지만 로리는 전형적인 '내성적' 성격으로 언제나 책에 빠져있고, 학문적으로도 훌륭한 성취를 이루며 종내엔 졸업식 고별사를 읽는 학생으로 선별되기까지 한다.

이와 마찬가지로 우리들 중 많은 수가 의미 있고 생산적이거나 즐거운 방법으로 혼자 시간을 보낼 능력이 부족하다. 바로 거기서 고독의 기술이 시작된다. 고독의 기술이란 버지니아 토머스 박사의 연구 논문 〈혼자가 되는 법: 고독의 기술에 대한 조사How to be alone: An investigation of solitude skills〉에 따르면[1] 사교술과 동등하지만 혼자만의 시간을 보내는 법으로 '혼자 있는 시간을 고립되고 무서운 경험보다는 긍정적인 고독의 경험으로 변화시키기 위해 필요한' 것이다. 즉, 이것이 내 마음과 가까워야 할 이유라는 뜻이다.

토머스 박사의 연구는 나에게 잘 어울린다. 왜냐하면 고독의 기술은 본질적으로 당신의 '홀로살기'를 위한 유일한 도구이기 때문이다. 여러분의 외로운 시간을 즐길 수 있는 능력은 여러분의 삶에 의미와 가치를 가져온다. 그리고 이 능력은 훌륭한 사회성을 갖는 것과 같은 방식으로 개인적인 장점이라고 강조하진 않는다. 영국판 〈보그〉의 편집자였던 알렉산드라 슐먼Alexandra Shulman은 생각보다 유명하지 않은 이 기술을 매우 높이 평가하고 있다. 팟캐스트에서 그녀는 "인생에서 가장 위대한 재능 중 하나는 스스로 행복해지는 것이라고 생각합니다. 스스로 만족하고, 다른 사람들과도 공감할 수 있는 사람들은 대단

한 재능을 가진 것입니다. 왜냐하면, 결국, 우리는 우리 자신일 뿐이며, 스스로가 되는 능력이 가장 중요하기 때문입니다. 제 생각에 우리는 이를 충분히 가치 있게 여기지 않습니다. 하지만 스스로 행복해지는 것은 완벽해지기 위해 노력할 가치가 있는 기술입니다"라고 했다.

혼자만의 시간은 최상의 경우, 스스로 실현하는 경험이어야 한다. 그것은 운동이나 창의적인 취미 활동처럼 내가 사랑하는 활동을 할 수 있는 기회이다. 자신을 알아가고, 자신의 야망을 인식하고, 자신을 돌보는 것이다. 이론적으로는 참 좋은 말이다. 문제는 우리에게 '고독의 기술'이 부족할 경우, 종종 나 혼자만의 시간이 불러오는 결과는 그 반대가 될 수도 있다는 점이다.

혼자만의 시간을 보내는 법에 대한 상상 : 거품 목욕과 차가운 쇼비뇽 블랑 와인 한 잔, 조지 엘리엇의《미들마치》책 한 권과 라디오 채널4에서 흘러나오는 흥겨운 음악. 영화 〈미녀 삼총사〉의 도입부에서 카메론 디아즈Cameron Diaz처럼 실크 파자마로 갈아입기 전 신나게 추는 춤.

그러나 현실 : 인스타그램에 빠져 벤&제리Ben&Jerry 아이스크림이나 찬장 뒤편에 있는 초콜렛 같은 것을 퍼먹으며 전 남친

과 문자 주고받기.

만약 여러분이 혼자 보내는 시간이 후자와 더 닮았다면, 여러분은 고독을 여러분이 완전히 형편없다고 느끼게 하는 부정적인 행동 패턴과 연관 짓기 시작할 것이다. 그리고 나는 이런 모습의 당신을 탓하지 않는다. 이미 눈치 챘겠지만, 시간을 쪼개서 나 혼자 보내는 것은 동시에 그 시간을 최대한으로 활용할 수 있다는 것을 의미하지 않는다. 알랭 드 보통 역시 팟캐스트에 출연해 비슷한 말을 했다.

"혼자 있다고 해서 나 자신을 다 안다고 말하기엔 충분하지 않습니다. 왜냐하면 혼자 있다고 해서 실제로 나 자신과 함께 있는 것은 아니기 때문입니다."

일부 사람들이 선호하는 도피주의는 아이스크림과 함께하는 삼자 동거일 뿐이다. 알랭은 자기반성을 피하기 위해 강박적으로 뉴스를 새로 고침한다는 예시를 들어 설명해주었다. 무엇이든, 우리는 나와 함께하는 퀄리티 있는 시간을 피하려는 건강하지 못한 습관을 갖고 있다. 어쩌면 우리 중 많은 사람들이 중요한 시간을 혼자 보내는 데 완전히 익숙치 않다는 점을 감안할 때, 그리 놀라운 일은 아닐지도 모른다. 더욱이 우리는 나이가 들면서 다른 사람들과 함께하기 위해 '사회적 기술'을

개발하는 방법에 초점을 맞추고 있지만, 혼자 있을 때 우리의
성공 능력을 연마하기 위해 동일한 사전적 접근 방식을 취하는
경우는 거의 없다. 그렇다면, 우리의 '고독의 기술'이 녹슬었다
는 것은 과연 놀라운 일이라고 봐야 할까?

혼자만의 기술을 연습하는 것

──────── 토머스 박사는 논문을 통해 8개의 고독의 기술을 알아내고 그것을 '자아와의 연결'과 '적극적 자세'의 범주로 나눈다. 다음은 우리 모두가 누릴 수 있는 몇 가지 기술이다.

자아와의 연결	적극적인 자세
정서 조절	고독을 위한 시간 마련하기
자기 성찰	나 혼자만의 시간을 위해 타인과 시간 조율하기
고독에 빠지고 싶어 하는 내면의 신호 알아차리기	어떻게 혼자만의 시간을 보낼 것인지 심도 있게 고민하기
혼자만의 행동을 즐기기	혼자만의 시간과 사회적 교류 욕구의 균형 맞추기

적극적인 자세는 주로 사교적인 세계에서 혼자만의 시간에 대한 필요성을 주장하는 것에 초점을 맞추고 있다. 즉, 자신을 위한 시간을 만들고, 다른 사람들과 이를 위해 협상하고, 결과적으로는 사회적 은둔자가 되지 않는 법이다. 인생의 단계에 따라 능동적인 고독은 일 년에 한 번 혼자 여행을 떠나는 것에서부터 단순히 오후 시간을 비우고 홀로 보내겠다고 친구들에게 알리는 것, 디지털을 사용하지 않는 것에 이르기까지 모든 것이 수반될 수 있다. 물론, 부모와 자식 간의 관계도 마찬가지이다. 코니 헉이 팟캐스트에서 말했듯 "나 혼자만의 시간은 엄마가 되면서부터 바뀐다. 일단 차를 한 잔 우려내어 의자에 앉아 있고 옆방의 아이들이 나를 괴롭히지 않는 그 2분의 시간, 그 사이에도 우리는 순간의 소중함을 음미하는 법을 배울 수 있다."

토머스의 '자아와의 연결' 기술은 더 많은 자기 탐색, 특히 우리가 2장에서 논의했던 감정조절과 자기 성찰적인 측면을 필요로 할 수 있다. 위의 표에 나와 있듯이 '적극적인' 고독의 기술은 혼자만의 시간을 확보하는 것에 관한 것이다. 흥미롭게도, 여러분은 무언가로 고민하는 커플에게 비슷한 원칙을 적용해 조언하는 연애 상담사를 떠올릴 수도 있을 것이다. 서로 시간을 내라. 그리고 함께 하고 있는 활동에 대해 곰곰이 생각해

보고, 함께 보내는 양질의 시간과 사회활동 사이의 균형을 맞추자.

이 접근법은 우선 그럴 듯하다. 사랑하는 사람을 더 잘 알기 위해 '퀄리티 있는 시간'을 필요로 하듯, 여러분 자신과의 좋은 시간을 소홀히 해서는 안 된다. 사실, 나는 새로운 관계를 시작할 때 했던 것과 같은 원칙을 적용하기를 권하고 싶다. 혹은 더 정확하게 말해, 얼룩진 파마자 하의를 입고 소파에 드러누운 이제 더 이상 잠자리가 설레지 않는 오랜 커플에게 새로운 힘을 불어넣는 것처럼 말이다. 이게 힘든 일처럼 들린다면, 그렇게 될 것이다. 좋은 로맨틱한 관계는 긍정적이고 전향적인 변화를 줄 가치가 있다. '삶에 약간의 새로움을 주입'하는 것. 당신과 당신과의 관계도 마찬가지이다.

자, 이제 당신을 위해 여기 내가 개발한 몇 가지 '고독의 기술'을 제안한다.

사전 계획 혹은 아예 무계획

─────── 무언가를 기대하는 것은 인생의 큰 기쁨 중 하나이다. 다른 사람들과 관련되어 우리는 자연스럽게 무언가를 기대

한다. 가령 사귀고 있는 누군가에게 '보고 싶어 죽겠어'라고 말하거나, 직장에서 일을 하는 사이 퇴근 후 친구와 먹을 메뉴를 미리 검색해보는 것, 또는 다가오는 휴가에 놀러갈 호텔의 리뷰를 검색해보는 것 따위가 그렇다. 긍정적인 경험을 미리 기대하는 것만으로도 사건이 일어나기 전 나의 행복을 증진시킬 수 있다. 2010년 네덜란드의 성인들을 대상으로 한 연구에 따르면[2] 놀랍게도 휴가를 기대하는 사람들이 앞으로 몇 주나 몇 달간 휴가가 없는 사람들보다 평균적으로 훨씬 행복하다는 결과가 있다.

이 문제에 대해 나는 전적으로 네덜란드 사회과학자에게 동의한다. 내가 기억할 수 있는 한, 나는 항상 무언가를 기대하며 사는 사람이었다. 그리고 과거에 내가 기대했던 대로 일이 풀리지 않으면 늘 실망부터 했다. 예를 들어, 남자친구가 야근을 하는 바람에 약속했던 데이트를 취소하거나 전날 술을 진탕 마신 친구가 약속시간 바로 전 취소하는 바람에, 브런치를 망쳤을 때처럼 말이다. 그 당시에는 혼자서 근사한 식사를 하러 가거나 영화를 보는 것과 같은 멋진 일을 할 수 있다는 생각은 전혀 들지 않았다.

미래 계획에 대한 나의 큰 깨달음은 무엇이었을까? '계획을 세우는 것'은 다른 사람들과 관련될 필요가 없다. 하룻밤을 묵을 예정이든, 다른 사람이 가고 싶어 하지 않는 전시회에 홀로 가는 것이든 간에, 우리는 기대할 무언가를 계획하기 위해 다른 사람이 필요하지 않다. 마치 친구들과 가볍게 커피를 한 잔 마시듯이 까마귀 자세로 몸을 스트레칭하면서 〈해리가 샐리를 만났을 때〉를 봐도 된다. 나 자신과의 계획도 유효한 계획이다.

이 틀을 적용하지 않으면, 고독의 기간이 빈 시간으로 다가올 수 있다. 코로나19 기간 동안 혼자 고립된 상태에서 내가 배운 교훈이기도 하다. 그때 나는 내 삶을 나 혼자 하는 활동 중심으로 구조화할 수밖에 없었다. 신나는 댄스 비디오를 다운받아 아침이면 모닝콜처럼 틀어놓고 활기차게 일어날 수 있었고, 금요일 밤을 무조건 '영화의 밤'으로 정해놓으면 주말이 길어졌으며 일주일 내내 이번 주에 볼 영화를 탐색할 수도 있었다. 미리 계획을 세우면 혼자만의 시간이 무언가 기대가 되는 즐거운 시간이 된다. 토머스 박사는 자신의 연구에서 실험 대상자들이 최대 3개월 전 '고독 날짜'를 스스로 선택할 것을 권장했다.

미리 계획을 세우면 혼자만의 시간을 고수할 가능성이 있다는 것을 의미하기도 한다. 다시 말해, 우리는 내가 세운 나만의 계획을 타인과 함께 보내는 시간만큼이나 중요하고 유효하고 여긴다는 것이다. 그렇지 않으면 막바지 초대에 응해버리는 유혹에 빠질 수도 있다. 계획을 세우면서 특히 세부적인 것들을 모두 정하면 우리는 스스로를 저버리지 않고 훌륭한 시간을 보낼 수 있다. 내가 나와의 시간을 더욱 소중히 여긴다고 느끼고 다른 사람들과 별로 하고 싶지 않은 일로 나와의 시간을 미룰 가능성도 적어진다. 과연 당신은 별로 좋아하지도 않은 친구들의 즉흥 모임에 참여하기 위해 '일요일은 한가해'라고 말하고 금세 후회한 적이 몇 번이나 있는가? 실용적인 차원에서도 일기장에 무언가 구체적인 일정을 적어놓는 것 자체가 다른 활동을 거절하는 데에 죄책감을 던다. 간단히 말해 이미 진짜 계획이 있기 때문이다.

여담으로 혹시 사람들이 계획이 있냐고 물어봤을 때, 혼자 시간을 보낼 것이라고 대답했다. 그럼 열에 여덟은 상대의 한쪽 눈썹이 치켜 올라가는 모습을 볼 것. 내가 타인과 함께 하는 것을 축하하는 것과 같은 방식으로 혼자만의 시간을 바라보지 않는 세상의 관점이 그렇다. 그리고 그것은 때론 친구들도 내 대답을 이해하지 못하거나 곡해할 가능성도 있다. 하지만 그런 시선 역시 어쩌면 내가 그렇게 받아들인 건 아닐까 생각해봐야 한다. 혼자만의 시간이 필요하다는 것을 공개적으로 인정받지 못할지는 몰라도 그렇다고 해서 사람들이 나에게 공감하지 않는다는 것을 의미하지는 않는다. 내 경험상, 나는 사람들이 내 선택을 얼마나 존중해주었는지를 깨닫고 상당히 기분이 좋았다. 예를 들어, 내가 한 주의 초반 이틀을 혼자 조용히 보내기로 계획했다. 내 계획을 들은 누군가는 내게 정말 좋은 계획이라고 말해줄 것이고, 어쩌면 그들도 나를 따라 할지 모른다. 분명히 나는 혼자만의 시간을 축하하고, 즐기며 나 스스로도 그 점을 인지하고 있다. 하지만 '홀로살기'라는 단어가 있는 것과 없는 것 그리고 그것을 필요로 한다고 표현할 수 있는 자신감을 갖는 것은 천지 차이이다.

나 홀로의 덫을 피하라

─────── 미리 계획을 세우는 것은 우리가 고독 속에서 기괴한 자학을 경험하는 함정에 빠지지 않게 해준다. 여기서 내가 말하는 '나 홀로'는 다음과 같다.

'아, 오늘 밤은 나 혼자니까 저녁은 그냥 시리얼로 때울래.'

'아, 나 혼자 있으니까 집이 엉망이라도 상관없어.'

'아, 나 혼자니까 꽃은 안 사도 그만이야.'

오해하지 말자. 다른 사람을 위해서 정리하는 것은 배려심 깊은 일이요, 만약 요리하는 것을 좋아한다면 함께 빵을 먹기 위해 사람들을 초대하는 것은 큰 기쁨일 것이다. 그리고 누군가에게 꽃을 사주는 것은 항상 사랑스러운 행동이다. 하지만 같은 친절을 베풀지 않으면 문제가 된다. 4장에서 논의해 보겠지만, 셀프 돌보기는 간단한 태도이자 편안함에 관한 것이다. 우리의 기본적인 필요를 적절하게 충족시키는 것이다. 누구도 나의 애인이나 가까운 친구들이 영양적으로 결핍된 토스트와 잼으로 '저녁 때우기'를 기대하지 않는다.

그런데 왜 당신은 혼자라는 이유만으로 식사를 대충 해결하려 할까? 혼자만의 시간은 스스로를 부정하는 기회가 아니다. 마치 나의 주위에 아무도 없는 것에 대해 스스로 벌을 내리는 것처럼 말이다. 빈도가 높든 드물든 혼자만의 시간을 특별한 시간으로 만들어내는 것이야 말로 감동적인 행위이다. 다른 사람들 앞에서와 같은 기준으로 스스로를 돌보는 것은 곧 나에게 내가 소중한 사람이라는 메시지를 전달하는 것과 같다. 전기 기사가 오기 전 급하게 청소기를 돌리듯, 그보다 더 나 자신을 존중해야 한다. 당신 혼자는 절대 '나 홀로'가 아니다. 당신이 가장 중요하다.

그럼에도 불구하고, 다른 사람들이 참여해야만 노력할 가치가 있다고 생각하는 함정에 빠지는 것은 너무 쉽다. 라디오 진행자 빅 홉Vick Hope는 팟캐스트에서 이 문제를 다루었다. 혼자 사는 그녀는 3년 전 연애가 끝나면서 친구들을 집으로 초대하는 것은 별개였지만 요리하는 습관이 없어졌다고 털어놓았다.

"언제부턴가 요리를 하지 않았다. 부엌이나 냉장고에 있는 것들로 대충 저녁을 때우거나 외식을 하거나 배달 음식을 시켜 먹었다. 그냥 나 혼자 먹는데 큰 품을 들일 필요가 없다는 생각에서였다"라고 말했다. 하지만 그녀는 곧 스스로를 위한 요리에서 기쁨을 찾게 되었다고. "요리를 해먹는 행위가 창조적인 행위이자 나의 낮과 밤을 구분하는 것이라는 걸 발견했다." 그리고 나이지리아 출신답게, 그녀는 졸로프 라이스, 오크라 수프, 소꼬리스튜와 같은 푸짐한 한 끼 식사법을 배워나갔다.

또한 우리의 '혼자만의 데이트'를 계획할 때도 '나 혼자'를 경계해야 한다. 다른 사람이 없다고 해서 결코 저자세를 보일 필요는 없다. 친구나 가족과 함께는 세부적인 모든 것을 계획하며 많은 시간을 보냈을 것이다. 하지만 자신에게도 같은 시간적 여유를 쏟아부어야 한다는 생각이 든 적이 있을까? 팟캐스트 게스트 중 한 명인 음식 작가이자 나와 같은 '혼살' 족 펠리시티 클로크Felicity Cloake의 말을 설명하자면 이렇다. 혼자라면 무언가 좋은 요리를 해먹을 가치가 있다. 누군가의 파트너나 부모인 우리는 때로 스스로를 위해 특별한 것을 계획한다는 것 자체에 강한 수치심을 품는다. 그래서 더욱 예기치 않은 상황이나 노동에서 벗어났을 때 즐거움을 발견한다.

　나는 '나 홀로' 주의에 빠지는 것을 단호히 반대하는 사람으로, 사람들은 홀로 시간을 보내는 것이 마치 금욕적인 수도자의 자세로 겸허하게 제물이 되어야 한다고 생각하는 것 같다. 이러면 기본적으로 부정적인 인식이 강화된다. 혼자만의 시간 보내기는 나쁜 것이며, 타인과 함께 시간을 보내는 건 결점을 보완한다고 말이다. 이건 결국 혼자만의 시간을 존중하고 높이 평가하는 것을 막아 세우는 일종의 철학에 불과하다. 우리는 결국 나에게 사랑을 쏟는 건 타인이 없는 상황에서는 헛된 노력이라는 다소 파괴적인 생각을 내면화하게 된다. 근데 그것은 정답이 아니다. 당신은 세상에서 가장 중요한 사람에게 사랑을 쏟는 중이다.

완전히 이기적으로 굴어라

———— 긍정적인 이기주의를 실천하는 것은 나쁜 일이 아니며, 나와의 데이트는 그런 면에서 아주 좋은 기회이다. 파트너, 직원, 부모 또는 보호자로서의 의무가 있기 때문에 타협할 수밖에 없는 우리 삶에는 너무나 많은 영역이 있다. 한 쌍의 절

반으로서, 파트너에게 맞춰 나의 욕구를 줄이는 것이 거의 기본 설정이다. 당신은 첫 데이트에서부터 이미 실망한다. 완벽한 이상형이라고 생각되는 맞은 편 여자가 당신의 가장 좋아하는 취미인 사이클링을 싫어한다고 해서이다. 배우 엠마 스톤Emma Stone이 나온 〈크루엘라〉가 너무 보고 싶은데, 파트너를 데려갈 수 없어 영화관에서 보지 못했다는 사실도 인정하자. 나는 타협을 탓하는 게 아니다. 타협은 분명 우정, 관계, 가족 관계를 유지하는 데 꼭 필요한 것이다. 내가 문제 삼고자 하는 것은 타협이 기본 전제가 되어버리는 것이다. 타인을 수용하는 것에 너무 익숙해져서 내가 원하는 것이 무엇인지조차 인지하지 못하는 종류의 타협 말이다. 시간이 흐를수록, 내가 애초에 무엇을 원했는지, 바삭한 땅콩버터를 더 좋아했는지도 잊어버릴 만큼, 내가 원하는 모든 것을 망각하게 되어버릴 지도 모른다.

다른 사람들과 만나 교류를 한다는 건 어느 정도의 타협이 불가피하다는 것을 우리는 안다. 그게 설령 시내 한 가운데 위치한 트립 어드바이저Trip Advisor(여행용 플랫폼으로 전세계 곳곳의 음식점 리뷰와 평점을 볼 수 있다.-역주)의 평점 4.5+인 레스토랑에서 5인용 테이블 잡기처럼 복잡할지라도 말이다. 그 와중에 친구 젬마는 야근을 할 지도 모르고, 제이슨은 엄격한 유대인 코서 식단을 따르며, 산제이와 그레이스는 아기를 데려올 수도 있다. 그리고 무엇보다도 중요한 건 시니드의 유연한 채식주의이다. 다른 사람들을 만나는 것은 항상 여러분이 하고 싶지 않은 일을 어느 정도 하는 것과 관련이 있다. 비록 그것이 편리하지 않은 곳을 여행하거나 디저트를 나누어 먹는 것일지라도 말이다. 다른 많은 사람들의 요구를 수용하는 것과 관련된 압박은 제 아무리 모든 사람들을 수용하는 것이라 해도 그것 자체의 기쁨을 완화시킬 수 있고, 기본적으로 타협하는 과정에서, 내가 원하는 것과 점점 멀어지는 결과물을 받아들이게 될 수도 있다.

바로 거기서 이기적인 고독의 행복이 찾아온다. 혼자만의 시간은 다른 사람의 요구 없이 내가 원하는 것을 정확히 할 수 있는 좋은 기회이다. 계획에 차질이 생기거나 다른 사람 때문에 생기는 혼란도 없다. 전부 당신의 것이다. 그리고 이것이 엄밀히 따지면 '이기주의'인 반면, 해롭지는 않다. 다시 말해 긍정적인 이기주의이다. 결혼한 지 5년이 된 나의 팟캐스트 게스트 데이지 뷰캐넌은 오랫동안 점심식사를 하며 긍정적인 이기심을 발휘해 왔는데, 상대적인 침묵 속에서 식사를 즐길 수 있도록 좋은 책 한 권이 채워준다고 했다. 그렇기 때문에 그녀는 의식적으로 오후 4시와 같이 약간 피크가 맞지 않는 시간을 선택한다. 데이지는 또 이렇게 말했다.

"난 조용한 게 좋아요. 점점 소음에 압도당하기 때문에 제 주변의 소리를 통제할 수 있다는 것이 매력적이에요."

자신의 기준에 맞는 일을 하는 것은 여러분의 요구가 중요하다는 긍정적인 주장이며, 여러분의 요구가 이미 충족된 후에는 다른 사람들을 위해 타협할 준비가 되어 있기 때문에 궁극적으로 다른 사람들에게 도움이 된다.

43세의 헤이즐은 그녀의 40번째 생일을 축하하기 위해 그녀의 두 어린 아이들을 집에 남겨두고 요크셔의 해변 마을인 위트비로 혼자 여행을 떠났다. 그녀는 자신이 정말 좋아하는 일에 대해 "오래 고민하고 열심히 생각했다"며 "내가 가장 좋아하는 호텔에 투숙했고 그곳에서 긴 경치 좋은 기차 여행을 즐기며 책을 읽고 사진을 찍었다"고 말했다. 가장 좋아하는 존 스타인벡John Steinbeck의 편지모음집과 제일 좋아하는 음식인 고급 올리브와 초콜릿도 챙겨갔다. 여행지에 도착하자마자 친구 앨리슨은 깜짝 선물로 고급 샴페인을 방으로 주문해주었다. 피시 앤 칩스도 많이 먹었고 해안가에서 보트 여행도 즐겼다. 정말 훌륭한 여행이었다.

이와 비슷하게, 36세의 클레어는 매년 자신의 마음이 원하는 것은 무엇이든 만족시키기 위해 한낮의 스파, 쇼핑, 토스카

나 피자에 치즈를 올려 먹는 등 혼자만의 휴가를 보낸다. 그녀는 이렇게 말한다. "나는 누군가를 기쁘게 하는 사람이고, 내 직업은 항상 다른 사람들을 행복하게 하는 것이다. 또 인간관계에도 최선을 다한다. 왜냐하면 나는 완벽한 남자를 찾길 원하기 때문이다. 결혼, 집, 그리고 모든 것들을 말이다. 그것은 모두 훌륭하지만, 어떤 면에서는 상당히 피곤할 수 있기 때문에, 혼자 여행하는 것은 나 자신의 독립성을 지키는 일, 즉 완전히 이기적일 수 있는 시간이다."

락다운은 많은 사람들이 '긍정적인 이기심'을 시험해 볼 수 있는 완벽한 시기였다. 통근과 사회활동이 없어진 공간에 나만의 시간을 위한 기회가 생겼다. 동시에 많은 사람들이 공유 주택에서 개인적인 공간의 필요성을 인식하게 되었다. 내 친구 애나는 페컴에서 북 아일랜드의 본가로 갑작스러운 이사를 해야 했고, 자신의 침실에서 혼자 운동하며 혼자만의 시간을 찾았다. 딱히 운동 시간표가 필요하지도 않았다. 그 사이 다른 사람들은 매일의 거품 목욕에서 위안을 얻거나 드라마 정주행 말고는 아무것도 하지 않거나, 틈새 취미 생활을 즐겼다.

자신의 이기심을 탐닉하는 것은 '홀로살기'를 실천을 하는 간단한 방법이다. 45분 동안 이케아 식물 섹션에만 머물러 있든 아니면 여러분이 원하는 만큼 정확히 매운 음식을 만들든,

사과 없이 기쁨을 누릴 수 있게 해주기 때문이다. 그리고 몇 번만 하고 나면, 여러분이 계속해서 기대하는 훨씬 더 건강하고 긍정적인 혼자만의 시간으로 눈덩이처럼 불어날 것이다.

홀로살기의 욕구를 다른 사람과 공유해보자

─────── 앞서 언급했듯이, '홀로살기'에 대한 규칙적인 장애물은 그것이 다른 사람들에 의해 잘못 받아들여질 수 있다는 것이다. 이해하는 바이다. 왜냐하면 내 인생의 대부분 동안 나 역시도 잘못 받아들였기 때문이다. 내 직계 가족의 절반이 내향적인 사람들이다. 십대였을 때, 나는 아침에 제일 먼저 계단을 내려와 이야기할 사람을 찾곤 했다. 그러나 엄마와 오빠는 침묵에 잠겨있었다. 즉, 내성적인 가족들이 십자말풀이와 함께 커피를 마시며 고요한 아침을 맞이하는 것 같은 느낌이었다. 따라서 나는 조용한 시간을 보낼 필요와 내향성을 가족들을 존중하며 배웠다 해도 과언이 아닐 것이다. 그리고 그들을 존중하며 우리의 관계는 획기적으로 개선되었고 서로가 더 친밀해졌다.

종종, 혼자만의 시간에 대한 필요성은 여러분이 필사적으로 불쾌하게 하지 않으려고 애쓰는 그 사람과 아무런 관련이 없는 완전히 온화하고 개인적인 이유들에서 비롯된다. 하지만, 계속해서, 우리는 우리의 요구를 우리 주변 사람들에게 전달하는 것이 매우 어렵다는 것을 알게 된다. 그럴수록 욕구는 점점 더 커지기도 한다. 결국 우리는 자신을 완전히 부정하게 될 수도 있고, 왜 혼자만의 시간이 필요한지에 대해 어색한 방법으로 소통하게 될 수도 있다. 그런데 이게 과연 잘못일까? 답은 이미 이야기한 것으로 귀결된다. 바로 고독의 필요성에 대한 우리의 집단적 맹점이란 뜻이다. 감히 말하건대, 락다운으로 인해 다 같이 사는 집안에서 나만의 공간을 필요로 하는 집단적 욕구는 점점 글로벌한 담론으로 커져나가고 있다.

만약 여러분이 여전히 이 대화에 어려움을 겪고 있다면, 빠른 해결책은 없다는 것이 현실이지만, 여러분의 관계나 가정 내에서 혼자만의 관계를 정상화하기 위한 장기적인 헌신을 채택하는 것은 다른 사람들이 이해하고 스스로 그것을 감사할 수 있도록 돕기 시작할 것이다. 만약 다른 모든 것이 실패한다면, 당신은 언제든지 그들에게 이 책을 줄 수도 있다. 특정 상황에서 혼자만의 필요를 충족시켜 순간적으로 오해받지 않도록 하는 방법을 기대하는 것도 도움이 된다. 예를 들어, 휴가 일정을 계획할 때, 매일 한 시간씩 혼자 있고 싶다는 의사를 전달하거나, 공유된 집에 혼자 있을 수 있는 지정된 나만의 공간을 만드는 것도 도움이 된다. (이후 10장에서 더 자세히 설명하고자 한다.) 이런 대화들은 처음에는 힘들겠지만, 시간이 흐를수록 쉬워질 것이다. 일단 여러분이 여러분의 요구를 전달하는 법을 배우게 되면, 사람들 틈에서 보내는 양질의 시간은 여러분 자신과의 관계를 발전시키는 한없이 긍정적인 방법이 될 수도 있다.

고독의 기술을 기념하기 위해, 나는 사람들이 어떻게 '홀로 살기'를 연습했는지에 대한 몇 가지 예를 모아보았다.

> 난 혼자 운동하러 가는 게 좋다. 내 자신에게만 시간을 할애하고, 내 자신에게만 이익을 줄 뿐, 그것에 대해 죄책감을 느끼지 않는다. 음악을 들을 수 있고, 운동을 할 수 있고, 무엇보다도 좋은 생각을 할 수 있다. 문제가 생기면, 나는 보통 체육관에 있는 동안 해결책을 생각한다. _빅토리아, 28세
>
> • • •
>
> 나는 모두가 아직 자고 있는 새벽 5시 30분에 일어나서 45분 동안 요가를 하는 것을 좋아한다. 그리고 나서 나는 〈타임즈〉의 십자말풀이를 하면서 평온하고 조용하게 혼자 먹는 건강

한 아침식사를 준비하며 사색적인 시간을 보낸다. 나에게 무슨 일이 일어나든 간에 이 의식은 나를 흥분시킨다. _베아, 57세

. . .

펌프 스트리트Pump Street 초콜릿을 먹고 페드로 히메네즈Pedro Ximénez 셰리 와인을 마시면서 넷플릭스 〈퀴어 아이〉를 열심히 본다. _캣, 27세

. . .

내가 가장 좋아하는 혼자 하는 활동은 캠핑에서 하는 요리이다. 모닥불 옆에 앉아 재료가 음식으로 바뀌는 사이, 내 식사가 무언가를 창조하는 기쁨을 가져다준다. 고요한 환경에서 내 기분을 북돋아주고, 생각을 정리할 시간도 준다. _알렉스, 30세

. . .

나는 독립 서점에서 책을 사서 저녁 내내 침대에서 책을 읽는 것을 좋아한다. _카라Kara, 29세

. . .

내가 좋아하는 음악을 들으며 걷는다. 내가 슬프든, 감정적이

든, 수심에 차 있든 행복하든, 나를 어딘가로 데려다 주고 최상의 방법으로 인계해 준다. 나만의 생각 속에 머무는 사이 일도 더 잘 처리할 수 있는 것 같다. _리아나, 28세

. . .

바다, 연못, 수영장 어디에서든 수영을 한다. 말 그대로 잡생각에 빠지지 않는 유일한 시간이다. 타일, 소리, 색깔, 물, 길이의 단조로움. 수영하는 동안 생각은 명확해진다. 나는 야심차고, 창의적이며, 내가 생각하지 못했던 방식의 생각이 샘솟는다. 그리고 물밖으로 나오는 순간 그것들은 즉시 흐려진다.
_에이미, 28세

. . .

FM 클래식 채널을 틀어놓고 그림을 그리거나 글을 쓴다.
_비비안, 67세

. . .

삼림지대를 누비며, 귀리 밀크 카푸치노를 마신다. 당연히 전화기는 집에 두고 나왔다. _나, 29세

혼자만의 시간을 향상시키기 위한
세 가지 쉬운 고독의 기술

1. 소셜 미디어에서 멀리 떨어질 것. 소셜 미디어는 나만의 시간을 방해하고 FOMO를 느끼게 할 뿐이다. 마치 나 말고 모든 사람들이 나보다 더 좋은 시간을 보내고 있는 것처럼 말이다. (사람들이 실시간으로 인스타그램에 무언가를 포스팅한다면, 좋지 않은 시간을 보낼 가능성이 더 높다.)

2. 자신을 기분 좋게 하는 활동을 할 것. 그것이 여러분이 가장 좋아하는 플레이리스트를 듣는 것이나 온몸에 수분을 공급하는 시간이든, 나 혼자 보내는 시간은 당신의 자존감을 높이는 좋은 기회이다.

3. 나만의 의식을 만들기. 우리는 일상적인 존재이다. 그리고 같은 일을 규칙적으로 하는 것에서 오는 위안이 있다. 나는 토요일 아침에 일찍 일어나서 같은 동네 카페에 가서 신문을 본다. 그 일정을 진심으로 기대하고 소중히 여기며, 그 시간이 없는 주말은 살 수 없을 것 같다.

————— 고독의 기술 목록이 전부인 것은 아니지만, 이 장에서 개략적으로 설명한 것들이 여러분이 가는 길에 도움이 될

것이다. 여러분의 생활 상황에 따라, 여러분이 연애를 하고 있다면 '나의 시간'과 '우리의 시간' 사이의 균형을 맞추는 방법이나 어린 자녀의 존재 속에서도 내면의 '홀로살기'를 확보해야 하는 등 상황별로 다양한 방법이 필요할 것이다. 하지만 중요한 것은 혼자만의 시간을 긍정적인 경험으로 만들기 위해 어떤 조치를 취해야 하는지, 그리고 반복하고 싶은 것은 무엇인지를 고려해야 한다는 것이다. 친구와 가족에게 털어놓고 각자의 팁을 교환해보자. 우리가 이미 확립한 바와 같이, '홀로살기'는 꼭 내향적이지 않더라도 모든 사람들에게 필요한 것이다. 그리고 다른 사람들의 '홀로살기' 욕구가 더 많아질수록 나에게도 좋다는 점을 잊지 말자. 혼자만의 시간이 '홀로살기'로 자연스럽게 이루어지지 않더라도, 올바른 고독의 기술이 될 수 있도록 당신이 연구하면 된다. 그리고 단언컨대 정말 노력한 가치 그 이상의 효과를 불러올 것이다.

혼자만의
시간을
탐닉하다

151

"우리는 우리만의 정원을 가꾸어야 한다."

- 볼테르 Voltaire

Part 4

자기관리

우리 집에는 사람이 살기엔 부족한 점이 많고 화분을 가꾸는 데에 필요한 것들이 더 많다. 아마 당신은 싫겠지만 나는 좋아한다. 바로 이케아에서 사온 하얀 마리우스 스툴 위에 놓인 커다란 백합 화분이다. 백합을 키우는 데엔 별다른 게 필요치 않다. 며칠에 한 번씩 물을 주고, 간접적으로 햇볕을 쬐게 해주고, 가끔 비료를 뿌려주면 그만이다. 이렇게 기초적인 요소들이 마치 연금술처럼 결합되고 나면 나의 의존적인 화분은 내 관심 하에 윤기 나는 녹록의 잎사귀가 된다. 화분의 가지는 천장을 향해 뻗어있다. 하지만 주말을 도시 바깥에서 보내고 며칠을 방치하고 돌아오면 마치 팬터마임의 여자주인공처럼 잎사귀는 풀이 죽어 있다.

내 화분은 나에게도 보살핌이 필요하다는 것을 일깨워주는 역할을 한다. 그리고 나는 햇빛과 물 이상의 것이 필요하다. '홀로살기'는 또 다른 식물적 은유를 포함한다. 단지 살아남기보다는 번성할 수 있게끔 나의 욕구를 파악하고 돌보기 위한 비옥한 토양이 필요하다. 이는 다른 사람들과 함께 살든 그렇지 않든 변하지 않을 사실이다. '홀로살기'는 일상을 살아가는 보편적 요구로 나를 지탱하는 진정하고 근본적인 자기관리이다.

나 자신을 돌보는 것은 단지 타인에게 의지한다고 해서 해결할 수 있는 문제가 아니다. 물론 가수 드레이크Drake와 리한나Rihanna는 2011년부터 서로에게 끊임없이 의지하는 모습을 보였지만 말이다. 나의 요구를 파악하고 충족시킬 수 있는 가장 큰 잠재력은 나 자신이 갖고 있기 때문이다. 심리학자이자 《힘든 시간을 위한 자기관리Self-Care for Tough Times》의 저자 수지 리딩Suzy Reading은 인터뷰에서 이렇게 말했다.

"나는 자기관리를 자기의 책임이라고 본다. 그렇다고 해서 다른 사람이 필요하지 않다는 건 아니지만, 우리 스스로를 돌보기 위해서는 다른 사람에게만 의존해서는 안 된다. 우리가 차분하게 우리 몸의 소리에 귀를 기울이는 법을 배울 때, 우리는 우리 자신을 가장 잘 안다. 이는 연습으로 개발할 수 있는 기술이기도 하다"라고 했다.

그렇다면 어떻게 시작할 수 있을까?

자기관리의 시작

————— 앞서 말한 셀프케어 혹은 자기관리는 쉽게 말해 자신을 돌보는 것이다. 이 용어는 팟캐스트의 게스트들과 '홀로 살기' 커뮤니티 사람들과 함께 긴밀히 논의해 만든 개념이다. 물론 이 용어가 집단적 시야를 통해 인스타그램의 2,870만 개의 해시태그가 달린 게시물과 4조 2천억 달러 규모의 전 세계 웰빙 시장을 연관시킨다고 해도 괜찮다.[1] 자기관리는 자본주의에 의해 상품화 되었고, 해시태그에 의해 널리 오용되었으며 가장 쉽게는 갓 구운 바나나 빵이나 약 30만 원 상당의 욕조 주변으로 수건들이 드리워져 있는 모습으로 알려져 있다. 2010년대에는 소셜 미디어와 브랜딩으로서의 셀프케어가 강점으로 발전했고, 마케팅 기관인 민텔Mintel은 이 시기를 '셀프케어'가 주류를 이루었던 10년으로 여겼다.[2] 그러나 그 기원은

썩 유명하지 않다.

'셀프케어'라는 단어를 한 꺼풀 벗겨 내보면, 그다지 매력적이지 않은 기원을 가지고 있다. 1950년대로 거슬러 올라가 웰빙 운동에 의해 채택되기 훨씬 이전, 의학적인 맥락에서 사용되었다. 보호자의 도움 없이 운동을 하거나 스스로 약을 투여하는 것과 같이, 보통 정신 질환자나 노인인, 환자들이 스스로를 돌보기 위해 할 수 있는 관행을 언급하는 뜻이었다.[3] 의료계에서는 자기관리가 일종의 '단어가 말하는 것과 똑같은' 의미를 지니고 있다. 간호사들은 알겠지만, '셀프케어'는 입원 환자의 평가 서류의 일부를 형성하지만, 병원 병동 밖에서는 그 의미가 희석되고 있다. 11월에 열리는 NHS의 연례 셀프케어 주간에서 구글은 다소 못생긴 초록과 주황색이 섞인 PDF를 이용해 '셀프케어'를 평생의 습관으로 만들기의 주요 메시지를 설명하는 광고를 띄웠다. 그 내용은 '점심시간에는 일하지 말고 건강을 챙기세요!', '더 많이 움직여 더 잘 살자!'같은 것들이 포함되었다.

더 많이 움직이고 점심시간을 갖는 것은 '봄에 피는 꽃' 수준의 당연함이지만, 특히 여러분이 미적인 차원에 집중한다는 의미의 자기관리에 익숙하다면 더더욱 당연하다고 느낄 것이다.

가령 인스타그램의 캘리그래피로 쓴 간디의 명언이나 흑백의 이퀴녹스 캠페인 광고판처럼 말이다. 하지만, 자기관리에 대한 원래의 '꼭 필요한 나비매듭' 접근법으로부터 무언가를 배울 수 있지 않을까?

자기관리의 오해

──────── '#셀프케어' 운동에 한때 가입자로서 의문이 들었다. 의심할 여지없이 인스타그램 피드를 통해 20대 초반부터 이 용어를 처음 접했다. 자기관리라는 매력적인 이미지에 매료된 나는 욕조 테두리에 놓아둔 적포도주 잔을 깨뜨려, 모두가 같이 쓰는 기숙사 화장실을 범죄 현장으로 탈바꿈시킨 적이 있다. 룸메이트는 곤경에 처한 나를 구하기 위해 자물쇠를 부수었다. 헤어 마스크를 머리에 쓴 채, 맨발을 보호하기 위해 내 룸메이트가 나를 대신해 자줏빛이 물든 타일 줄눈과 아마존에서 주문한 대나무 가방 위에 미적 감각을 위해 올려놓은 러쉬의 배스 밤, 타일 위에 점점이 깨진 유리조각을 쓸어내야 했다. 나는 벌거벗은 채 쓸모없는 사람처럼 묵묵히 이 모든 상황을 지켜보아야 했다. 이 이야기의 아이러니가 있다면 나는 사실

목욕을 싫어한다는 것이다.

　나만 자기관리의 높은 제단에 성공적으로 몸을 눕힌 것은 아니라고 확신한다. 자기관리는 목욕 소금에서부터 얼굴 마스크, 레티놀 크림에 이르기까지 모든 것에 붙어 화장품 업계에서 돈벌이가 되는 유행어가 되었다. 44세의 로즈는 "'자신을 아름답게 한다'는 생각과 '자신을 가꾸다'라는 생각을 분리하기 어려울 수 있으며 '미용업계에서는 자신을 아름답게 하지 않으면 자신을 배려하지 않는다'는 메시지를 강조하기 위해 자기관리를 채택한 것 같다. 나는 우리가 외모의 가치에 대해 너무나 많은 메시지를 받아들여야 했다고 생각한다. 미적인 요소를 수반하지 않는 한 자기관리는 불필요하다"라고 말하며 다음과 같이 덧붙였다. "나는 사람들이 자기관리는 아름다움을 꾸미는 것이며 그 후에 아무런 다른 느낌도 느끼지 못하고 '내가 잘못했다'고 스스로를 학대할까 봐 걱정한다. 이것은 애초에 자기관리에 대한 생각과 완전히 반대되는 것이다"라고 했다.

　그녀의 말도 일리가 있다. 때때로 소위 말하는 '나만의 시간'은 중세의 고문과 비슷한 느낌이다. 개인적으로, 나는 가짜 태닝만큼 불편한 건 없다고 생각한다. 일련의 운동을 통해 나를 단련시키고 폼페이의 화산재를 맞닥뜨린 시민처럼 얼어붙어서 있으면 황토빛의 스프레이가 분사되고 주름진 내 살에 들러

붙어 마르기만 기다려야 하는 시간이 자기관리일까? 미용 산업과 더 큰 차원의 가부장제가 우리에게 이 사기행각을 벌였다. 과거에 나는 내가 해야 한다고 생각하는 방식으로 내 몸을 가꾸는 게 썩 유쾌하지 않다는 의구심이 들었다. 하지만 이 문제를 친구와 논의하자, 친구는 가짜로 다리에 색을 입히는 게 자신의 자신감을 향상시켜주므로 자기관리적 차원에서 타당하다고 대답했다. 그렇다면 당신은 자기관리와 미의 기준에 따른 노예가 되는 것을 어떻게 구분하겠는가?

로즈는 이를 두고 "핵심은 의도에 있다. 만약 휴대폰을 확인하거나 텔레비전을 보면서 10분간 값비싼 시트마스크를 얼굴에 덮는 것이 편안하고 차분하다고 여겨진다면 이건 노예의 상태이다. 하지만 자신을 돌보고 바깥세상으로부터 시선을 돌리고 음악을 듣거나 명상을 위한 애플리케이션을 쓰면서 시트마스크를 붙인다면 당신의 느낌도 조금은 다를 것"이라고 했다. 따라서 '왜?'라는 질문과 이유가 있는 한 로즈는 위안을 주는 것을 자기관리라고 생각하는 것이 기쁘다고 여긴다. "나는 거품목욕을 좋아하지만 욕조에 누워 일이나 돈에 대해 걱정만 하고 있다면 그건 자기관리가 아니다. 하지만 목욕을 하는 내내 나만을 위한 시간을 즐기고 욕조에서 나와 걱정거리를 해결하며, 30분 정도 내 세상의 문을 닫는 것이 아무 문제가 없다고 스스로에게 말한다면 그건 자기관리가 맞다"고 했다.

　돌이켜보면 나의 '자기관리'는 상당히 잘못된 방식으로 이루어졌다. 특히 실제 내 대학생활의 라이프스타일과 관련해서 더욱 그러하다. 나는 규칙적이지 못한 수면을 했고, 잠을 잘 때면 빨지 않아 지저분한 파자마를 입고 더러운 이불을 덮은 채, 화장도 지우지 않고 잤다. 그리고 무엇보다 중요한 건, 나는 혼자만의 시간을 전혀 보내지 않았으며 건강 따윈 신경도 쓰지 않고 당시 유명했던 고구마 브라우니를 굽는 데 시간을 보냈다. 그리고 결과물을 73명의 팔로워가 전부였던 인스타그램에 올렸다. 이야기의 아이러니가 있다면? 나는 베이킹도 싫어한다. 그리고 나 혼자만 자기관리를 유행처럼 여긴게 아니었다. 내 친구인 28살의 에이미 역시 나와 비슷한 경험을 했다. "자기관리는 그저 트렌디한 유행에 지나지 않았다. 나도 매주 빼놓지 않고 마스크팩을 붙이고 매주 일요일마다 거품 목욕을 했으며 다음과 같이 생각했다. '좋아, 자기관리는 했어.' 마치 해야할 일을 해치우는 느낌으로 말이다." 그녀는 이렇게 말했다.

　좋다. 결국 에이미와 내가 한 '자기관리'는 유행에 판 박힌 모양새로 그저 '혼자'라는 것을 기술적으로 이용했을지 모른다. 결국 그건 '홀로살기'는 아니었다. 우리가 자기관리라고 생각했던 것은 허술한 전제 위에 세워진 개념이었다. 인스타그램을 위한 것이지 내면의 욕구를 채움이 아니었다는 뜻이다.

내가 가짜 태닝이나 거품목욕을 좋아하지 않을 수는 있지만, 나를 보살핌에 있어 한 가지 측면은 내게 굉장히 중요한 자기관리이다. 바로 피부 관리법이다. 첫 직장생활을 시작한 직후 성인 여드름 발작을 겪으면서 수포성 반점과 흉터 때문에 내 기분과 자존감이 얼마나 큰 영향을 받을 수 있는지 깨달았다. 그 이후로, 6단계의 스킨케어 의식은 내 삶에서 거의 종교적인 의미를 지니게 되었다. 유효한 형태의 자기관리와 그것의 의식적인 리듬감 있는 연습에서, 모든 중요한 혼자만의 시간을 가져왔다. 궁극적으로 중요한 것은 여러분이 스스로 돌보는 동안 무엇을 하느냐가 아니라 여러분에게 진정성이 있냐 하는 것이다. 그리고 이것을 확실히 하기 위해서는 먼저 오프라인에서 약간의 힘든 작업이 필요하다.

그럼 기초부터 다시 시작해보자.

코로나 시대의 자기관리

─────── 작년을 보내며 나의 자기관리 체제가 바뀌었다. 혼자 산 지 1년 반이 지났을 때, 나는 내 자신을 돌보는 법을 이

미 알고 있다고 생각했다. 이때 이미 나는 베이킹과 거품목욕을 디지털 디톡스나 건강식 집밥과 교환했다. 그리고 사진을 찍느라 차가워진 음식을 먹는 게 아니라 정말 김이 모락모락 오르는 따뜻한 밥을 먹었다. 하지만 2020년 3월 초, 코로나바이러스에 걸려서 자가격리가 시작된 후로, 나의 자기관리에 대한 이해가 깊어졌다. 여러 면에서 나는 운이 좋았다. 나 같은 경우 꽤 가벼운 편이었고, 독감 같은 증상도 며칠 안에 완화되었다. 그러나 장면의 변화나 다른 사람을 볼 수 없는 불안한 시간 동안 고립될 것이라는 전망은 혼자 익숙하게 잘 살던 사람임에도 불구하고 나를 두렵게 했다. 대처하지 못하는 것에 대한 두려움 때문에 나는 '적절한' 자기관리가 무엇이고, 또 어떻게 그것을 능동적으로 아파트의 네 귀퉁이 벽 안에서 실천할 수 있는지에 대해 그 어느 때보다도 더 의미 있게 생각하게 되었다.

나는 마치 내가 일종의 자기관리 생존 모드에 있는 것처럼 매우 화가 났다. 건강이 좋아지기 시작하면서, 나는 침실에서 춤을 추며 운동을 하고, 일기를 쓰고 피부의 보습력을 기르기 시작했다. 대처하지 못하는 것에 대한 나의 두려움은 내가 전보다 더 급진적인 자세로 내 친구가 되는 것을 배웠다는 것을 의미했다. 나는 사실 자기관리 벼락치기와는 거리가 먼 사람이다. 그러나 '자기관리'에 대한 온라인 검색이 2020년 3월 말 최고치를 기록하며 월초보다 두 배가 증가했다고 한다.[4] 전 세계적으로 코로나가 유행하는 가운데 가장 높은 검색어로는 '자기관리 기초', '자기관리 아이디어', '자기관리 팁', '자기관리 선데이' 등이 있으며 생각해보면 그리 놀랄 일도 아니다. 거의 모든 사람들이 어느 정도의 격변을 겪었다. 재택근무를 시작하든, 학교에 가지 못한 어린 자녀들에게 둘러싸여 있든, 직장에서 임시휴직을 당했든, 해고를 당했든 상관은 없었다. 대부분의 사람들이 실망과 슬픔을 겪었다. 결혼식이 연기되고, 부동산 구입이 무산되고, 일부는 사랑하는 사람을 잃었다. 전례 없는 대유행을 겪으며 살아가기 위한 가이드북은 없었고, 많은 사람들에게 정신적, 육체적 건강을 해쳤다. 그것은 개별적인 위기라기보다는 집단적인 위기였고, 그것에 대처하기 위해 집단적으로 더 나은 자기관리를 요구했다.

락다운은 자기관리가 단순한 해시태그나 마케팅 유행어가 되는 것에서 더 나아가 우리가 우리의 삶에 적극적으로 통합하기 시작했다는 것을 의미했다. 평상시의 산재되어 있던 산만함이 떨어져 나갔다. 시내 중심가는 문을 닫았고, 미용실은 장사를 하지 않았으며, 술집의 해피 아워는 이내 취소되었다. 사람들이 보통 자신을 돌보기 위해 외식이나 친구들과 커피를 마시며, 쇼핑을 하는 일, 그러한 모든 것들을 더 이상 이용할 수 없게 되었다. 모든 사람들이 그들의 집에 갇혀 있는 가운데, 삶은 매일이 반복적이었다. 하루하루가 늘 똑같다고 느껴졌다. 마치 같은 종이를 무수한 방법으로 접어야 하는 임무를 맡은 것처럼 말이다. 동일한 라이프스타일, 동일한 자료, 동일한 등장인물 (또는 혼자 살고 있다면 고독)마저. 과연 이것으로 우리는 무얼 할 수 있을까? 리딩은 이 시간이 자기관리를 고려하는 방식에 '지축을 뒤흔드는 변화'를 일으켰다고 말한다. 한때는 탐닉에 불과했던 셀프케어가 점점 더 '영양적 실천'에 관한 것이 되었다. 이제 새로운 자기관리 수단을 찾고, 보다 전체적인 방식으로서 접근하는 것을 의미하게 되었다.

나는 에이미와도 같은 이야기를 나누었다. 락다운 전, 그녀는 심한 스트레스와 불면증에 시달렸고, 거품 목욕과 마스크팩으로도 증상은 나아지지 않았다. "나는 내 경력에 대해, 그리고 내가 내년에 30살이 되기 전에 얼마나 많은 것을 달성했는지에 대해 많은 걱정을 했어." 그녀의 바쁜 삶은 부분적으로 감정에서 벗어날 수 있는 대처 장치였다. "매일 매 분마다 머리에서 벗어나고 싶어서, 다른 곳에서 뭔가를 해야 했어. 친구들과 외출하고 부모님을 뵈어야 했지." 하지만 락다운이 찾아오자 에이미는 어쩔 수 없이 속도를 늦추고 자신을 행복하게 하는 것들에 집중해야 했다. 그녀는 건강에 우선순위를 두기 시작했고 식사 후 마그네슘을 섭취하고 비타민 C 알약으로 하루를 시작하는 것과 같은 간단한 변화를 만들었다. 그리고 그런 행위가 에너지 수치를 변화시키고, 수면의 질과 면역력을 향상시켰는지 알아챘다. 에이미는 이렇게 덧붙인다. "락다운이 된 첫 3개월 동안, 나는 우선순위를 완전히 다시 평가했고, 내가 어떻게 정신적으로 그리고 육체적으로 느꼈는지를 계산했어. 자기관리는 목욕이나 마스크팩을 넘어 근본적인 것에까지 이르렀어"라고 말이다.

물론, 여전히 상품화된 만병통치약처럼 셀프케어에 기반을 둔 일부 브랜드도 있다. 미국 L.A.의 라운지웨어 브랜드 홈바디Hommebody는 모델 에밀리 라타이코프스키Emily Ratajkowski를 고용해 한화 15만 원 상당의 후드티를 판매하기 시작했으며 화장품 브랜드 허비보어Herbivore는 약 13만 원짜리 셀프케어 에센스 세트를 출시했고, 그보다 덜한 광택의 '진짜' 셀프케어 라인도 등장했다. 그러나 건강 및 웰빙 연구 분석가 앤드리아 로블Andrea Wroble은 개인의 웰빙 개념이 어떻게 발전해왔는가에 대한 글을 다음과 같이 기고했다.[5]

"가정이나 가까운 실외 공간의 편안함으로부터 건강을 통합시키는 간단한 방법들이 유지되었고, 이를 통해 새롭게 스트레스를 해소하며, 정상의 모습을 되찾기 위한 필수적인 관행으로 자리 잡았다."

내가 곧 자기관리란 원래 의도했던 대로 인스타그램 가치 진화가 암시하는 것보다 훨씬 덜 섹시하다는 것을 알게 되었다. 내 인생에서 자기관리라는 실질적인 역할에 대해, 그리고 다른 사람들의 역할에 대해 반성할수록 해시태그를 현실과 분리하는 가치를 보게 되었다.

내일의 당신을 위한 자기관리

——— 자기관리는 단지 그 순간에 기분이 좋은 것에 대한 것이 아니다. 물론 점심시간에 햇빛을 받으며 산책을 하거나 침대에서 포근하게 지내는 것은 둘 다 기분이 좋지만, 자기관리는 사실 내일의 내가 원하는 사람이 되기 위해 하는 것이다. 자기관리는 지금 이 순간 당신이 돌보고 당신이 되고 싶은 사람을 위한 것이다. 그리고 가끔씩은 그 순간이 느리게 찾아올 수도 있다. 결국, 자기관리는 그 중심에서 가능한 최소의 능력으로 대처하는 것이 아니다. 내가 되고 싶은 모습이 될 수 있는

기반을 만들고, 내가 성장하기를 원하는 사람이 누구인지, 그리고 어떻게 그 꿈을 키울 수 있는지 자문하는 것이다. 나는 이것을 매슬로우Abraham Maslow의 욕구단계이론의 관점에서 생각한다. 20세기 미국의 심리학자 에이브러햄 매슬로우는 피라미드 모형을 통해 인간의 욕구를 묘사한 것으로 유명하다. 이 이론은 수면, 음식, 성과 같은 기본적인 생리적 욕구를 충족시킴으로써 여러분은 더 높은 것들을 충족시키는 쪽으로 나아갈 수 있다.

자기관리는 잘 먹고, 충분한 수면을 취하고, 자위나 섹스를 통해 성적 욕구를 충족시키는 것과 같은 더 낮고 근본적인 필요를 충족하는 것이다. 그리고 나서 이런 기본 욕구는 자존감과 자아실현을 위한 기초를 제공하는 구성 요소가 된다. 자존

감에 관한 한, 자기관리는 필수적이다. 왜냐하면 정기적으로 자아실현 등을 할 수 있을 만큼 중요한 메시지를 스스로에게 전달하기 때문이다. 뜨거운 물로 목욕을 할 수도 있다. 당연히 나 자신을 위해서다. 강력한 자기실현을 말하자면 개인적으로 삶을 의미 있게 해주는 것을 찾아 '홀로살기'에 중요한 것들을 유지하는 모든 실천을 말한다. (이는 다음 장에서 더 자세히 알아보도록 하자.)

요즘은 자기관리를 지나치게 복잡하게 만드는 내 자신을 발견할 때마다 매슬로우의 '욕구단계이론'을 생각하면서 한 꺼풀이라도 벗겨내고 싶어 한다. 이것이 정말 내가 내일 되고 싶은 사람이 될 수 있게 도움이 될까? 예를 들어, 수요일 밤이고 중요한 업무 발표 전에 숙면을 취하고 싶다. 하지만 여러분은 보통 주중의 절반을 집에서 피부 관리를 하며 필라테스 수업에 참여하는데 이 시간을 할애한다. 물론 좋은 스킨케어와 운동 모두 '자기관리'의 범주에 해당하지만, 만약 즉각적인 우선순위가 필요하다면 수업을 빼먹고, 재빨리 클렌징을 하고 잠자리에 드는 것이 더 나을 것이다.

돈 관리 역시 일상화된 자기관리 영역에서 유념할 가치가 있는 또 다른 요소이다. 현재 파트너와 함께 집을 사기 위해 저축 중인 27세의 헤일리는 "돈을 관리하고 통제력을 얻는 게 나에겐 궁극적인 자기관리이다"라고 말한다. "만약 당신이 실제로 자기관리를 위해 '필요하다'고 생각하는 모든 것을 산다면, 결국은 돈을 낭비하게 되고 그것이 당신에게 스트레스를 주어 돈에 대한 공황과 공포를 유발하게 될 것"이라고도 덧붙였다.

앞서 논의한 바와 같이, 우리는 우리의 욕구를 거스르는 다양한 내, 외면의 목소리에 의해 지나치게 자극되며 이는 특히 자기관리만큼 시장성이 높은 부분에 영향을 받는다. 하지만 진정으로 나를 위한 자기관리를 하기 위해서는 내가 진짜로 원하는 것이 무엇인지를 기억해야 한다.

지루한 부모 이론

─────── 일단 한 꺼풀을 벗겨내고 나면, 대부분의 자기관리는 섹시하지 않고 매력적이지 않지만, 때로는 혁신적이기도 하다. 실제로, 자기관리를 구성하는 대부분의 것들이 인스타그램에 올리기엔 적합하지 않은 것들이 많다. 예를 들어 나는 만성적으로 건조한 피부 때문에 유세린Eucerin이라는 브랜드의 수분크림을 쓰고 있다. 이 화장품은 요소(尿素) 성분이 함유된 크림인데, 요소란 사실 소변에 들어간 질소 화합물을 뜻한다. 그러

나 이 화장품을 쓴다고 인스타그램에 올리고 싶지는 않다. 내 습관은 인스타그램보다는 '나'를 위한 것이니까. 사실 따지고 보면 우리의 비밀스러운 자기관리는 대부분 섹시하지 않다. 하지만 결과는 분명 섹시하다.

다른 '섹시하지 않은' 버전의 자기관리는 다음을 포함한다.

○ 오랫동안 가만히 앉아 텔레비전 보기

○ 일찍 취침하기

○ 치실 사용하기

○ 발 장갑을 끼고 뒷꿈치 각질 제거하기

○ 두피 마사지하기

○ 낮잠 자기

○ 휴대폰을 비행기 모드로 설정해놓기

○ 빨래 개기

○ 심호흡을 세 번 하기

○ 차 한 잔 만들기

○ 발톱 자르기

○ 비스킷 먹기

○ 치과 가기

○ 깨끗이 씻기

그럼에도 불구하고, 나는 광고에 참 잘 속아 넘어간다. 캐시미어 양말의 스폰서 광고를 받거나 트위터에서 핫한 오토렝기Ottolenghi(요탐 오토렝기, 이스라엘 출신 영국 스타셰프 - 역주) 레시피를 접하면 종종 따라하기도 한다. 가끔은 내가 자기관리를 지나치고 복잡하게 생각하거나 왜 하고 있는지 이유를 잊어버릴 때도 있다. 그럼 나는 극도로 지루하고 부모의 모습을 상상하려고 노력한다.

자, 여기 지루한 부모의 모델을 하나 소개하고자 한다. 〈퀸카로 살아남는 법〉에 나올 법한 그런 화끈한 모습의 쿨한 엄마가 아니다. 이 분은 체육복을 제때 세탁하고, 반드시 이를 닦으라고 시키고, 이른 시간에 잠자리에 드는 것을 맹신하는 열정적인 스타일의 'FM' 부모다. 저녁 9시, 파티에 찾아와 당신을 픽업하는 믿음직스러운 부모다. 이 부부가 끄는 토요타 프리우스는 집에 오는 내내 제한속도를 지키고, 배경 음악으로는 라디오 채널 4가 흐른다. 때때로, 지루한 부모는 재미 자체를 차단한다. 왜냐하면 그들은 여러분의 기본적인 욕구가 충족되지 않는 한, 여러분은 더 복잡한 것들을 충족시킬 수 없을 것이라는 것을 알기 때문이다. 이것이 바로 제가 매슬로우의 피라미드 꼭대기에서 자아실현을 이룰 수 있도록 제 내면의 지루한 부모상을 연결하려는 이유이다. 예를 들어 나에겐 지금 데드라인이 일주일 정도밖에 남지 않은 일이 있다. 그럼 내 안의 지루한 부모가 튀어나와 그 점을 지적한다. 사실 내가 진짜 원하는 건 두, 세 겹의 층이 진 이탈리안 아페롤 스프리츠Aperol Spritz 칵테일을 친구와 들이키는 것이지만 일을 앞둔 상황에서는 그럴 수가 없다. 단기적으로는 즐거움을 느낄지 모르지만 다음 날이면 머리를 꽉 채운 안개가 뿌옇게 시야를 가리고 죄책감과 공황발작의 순환이 일어나리라는 것을 나도 알기 때문이다.

어른으로서 자신을 돌보는 것은 아이를 돌보는 것보다 훨씬 더 복잡하다. 왜냐하면 그것은 '천편일률적'인 모델을 따르는 것이 아니기 때문이다. '채소를 먹어, 그리고 일찍 잠자리에 들어야 해'만큼 간단한 것이 아니다. 자기관리의 요점에서 무엇이 내게 효과적인지를 깨달으면 평생 나를 컨트롤할 수 있다. 정오 이후엔 카페인을 끊는다거나, 유제품을 먹거나. 퇴근 후에 곧바로 진행되는 고강도 크로스핏 운동이 스트레스를 해소하는 데 훌륭한 방법이 될 수도 있고, 하루 종일 운동을 두려워하는 것이 그 효과를 반감시킬 수도 있다. 혹시 나에게 명상이 필요하진 않을까? 계속 고민해야 한다.

규칙은 없지만 매개 변수를 가지는 것과 '지루한 부모'에게 자신이 하고 있는 자기관리가 목적에 부합하는지 확인하도록 하는 것이 도움이 된다. 효과적인 자기관리는 공기, 음식, 물,

쉼터 등 가장 기본적인 요구를 뒷받침해야 하며, 보다 개인적이고 높은 요구에 의해 촉진되어야 한다. 대표적인 사례가 있다. 자기관리에 대한 온라인 검색은 오후 11시에서 새벽 3시 사이에 최고조에 달하는 경향이 있다. 그렇다면 정말 좋은 형태의 자기관리가 무엇일까? 새벽 2시에 인터넷을 켜고 구글에 '자기관리'를 검색하지 않는 것이다. 정말 좋은 조언 아닌가. 온라인 요가 비디오를 틀어놓고 몸을 돌보고 정신적인 조화를 이루는 것도 좋은 방법이지만, 나무 자세를 완벽하게 취하거나 요가 강사의 늘씬한 팔뚝을 바라보는 것 외에도 그저 호흡에만 집중하는 게 때론 더 도움이 될 수도 있다는 것이다. 정말 획기적인 깨달음이다.

어떻게 합리화하든 '자기관리'를 미적으로 즐거운 것으로 생각하지 말고, 그것이 가져오는 흥분되고, 훌륭하고, 실현 가능한 미래의 모습을 상기시키는 것이 중요하다. 32세의 친구 탬에게 자기관리는 그의 삶에서 가능한 한 많은 합병증을 제거하는 것을 의미한다. 탬은 야근이 끝나고 나서도 10km를 달리는 야심찬 의사다. 글 쓰는 것조차 지치지만, 부인할 수 없이 인상적이다. 그런 그가 자칭 '지루한' 자기관리 루틴을 따르고 있다고 했을 때 약간 놀라우면서도 흥미를 느꼈다. 탬은 가령 일주일간의 밤 근무처럼 자신이 스트레스를 받을 수도 있다고 예상

되는 몇 주간 동안은 자신의 삶에서 다른 잠재적인 스트레스 요인들을 줄인다고 했다.

"고급 식료품점에서 파는 영양소 균형이 완벽한 식사만 일주일에 네, 다섯 번 정도 반복해. 코티지 치즈와 토마토를 곁들인 퀴노아 샐러드 같은 걸로. 그리고 색이 다른 일곱 개의 셔츠를 돌려가며 입어."

그 일주일을 스스로 혹독하게 제어한다는 게 모두에게 딱 맞은 조언은 아닐 수도 있지만 탬에게는 감정적이고 육체적인 자기관리의 한 형태이다. 이렇게 세밀하게 조정된 스케줄은 직장에서의 업무를 돕고 그의 몸에 영양분을 공급하며 개인적인 삶에서 오는 스트레스도 줄여준다.

나의 개인 트레이너이자 작가인 앨리스 리빙Alice Liveing은 내 팟캐스트에 출연해 수십만 명의 인스타그램 팔로워와 수익성 높은 광고 계약을 체결했다고 했다. 그러나 앨리스의 유명세에도 불구하고 '자기관리'에 대한 그녀의 태도는 신선할 정도로 간단하다. 그녀는 "때로는 자기관리가 아침에 일어나거나 샤워를 하는 것일 수도 있다. 우리가 해야 할 일은 자기관리를 화려하게 만드는 것이다. 그것이 실제로 우리가 우리 자신을 위해 할 수 있는 가장 자상한 행동일 수 있을 때 말이다. 저녁까지 일하는 대신 저녁 6시에 근사한 요리를 먹거나 노트북을 끄는 것처럼 우리는 자기관리가 특정한 방식으로 보인다는 생각을 버려야 한다. 여러분이 성공하거나 실패할 수 있다는 생각 자체를 버려야 한다"라고 했다.

진정한 자기관리의 선구자

──── 미지근한 욕조에서 21살의 내 자신을 놀라게 할 만한 사실이 하나 있었다. 최고의 자기관리 선구자는 300k 이상의 팔로워들에게 얼굴 마사지기를 선전하는 인플루언서가 아니었다. 자기관리를 가장 진지하게 하는 사람은 자기관리를 할 때 역효과를 경험한 사람들이다. 자기관리는 곧 건강관리이다. 그리고 건강이 나빠지고 나서야 모두들 이 사실을 깨닫는다.

팟캐스트에서 조니 벤저민을 인터뷰했을 때, 그는 어떻게 20대 초반이 되었을 때 병원에 입원해 있다가 나중에 조현병 진단을 받았는지에 대해 털어놓았다. 감시에도 불구하고 조니는 자신이 치료를 받고 있는 정신과 병원을 탈출해 워털루Waterloo 다리 끝에 서서 스스로 목숨을 끊을 작정이었다. 그 때, 닐 레이번Neil Laybourn이라는 낯선 사람이 다가와 조니의 목숨을 구했다. 현재 33세인 조니는 전문 정신 건강 운동가로 일하고 있다. 여러 번 입원하고 치료한 후에 그가 알게 된 것은 그에게 있어서 자기관리는 협상할 수 없다는 것이다. 그는 팟캐스트에 출연해 이렇게 말했다. "몸의 다른 부분들과 마찬가지로, 뇌가 건강하지 않을 때가 찾아올 수도 있습니다. 그리고 저는 정신을 관리하는 법을 배웠습니다. 도움을 청해야 합니다. 우리가 심장마비가 왔다고 '아, 내일 병원가야지' 하진 않잖아요. 똑같이 증상이 없다고 여기면 더 악화될 뿐입니다. 그때 그때 대처해야 합니다."

조니와 대화를 나누기 전에, 나는 심각한 정신 건강 장애라는 트라우마를 겪은 누군가에게 경박한 마케팅 유행어처럼 여겨질 수도 있는 자기관리에 대해 물어보는 게 과연 괜찮을까, 하는 마음이 들었다. 하지만 그는 거품 목욕, 향초, 디지털 디톡스와 같은 것들에도 애정을 담아 길게 설명해주었다. 사실 그는 이런 것들이 그의 정신 건강을 돌보는 데 중요한 부분이라고도 덧붙였다. 조니와의 대화 이후로 나는 자기관리에 대해 가장 잘 이해하고 가장 간단하고 효과적으로 연습할 수 있는 사람들은 CBD 오일을 광고하는 인플루언서가 아니라 조니처럼 역경을 극복한 사람들이라는 것을 깨달았다.

자기관리가 다른 사람에게 이익이 되는 방법

──────── 우리는 자기관리가 나만의 문제가 아니라는 것을 인정하기 시작했다. 이 아이디어는 넷플릭스 인기 하이틴 시리즈 〈네버 해브 아이 에버〉의 등장인물 벤 그로스Ben Gross와 부모의 부재가 다뤄진 에피소드에서 발견했다. 다음은 바퀴 달린 여행가방을 끌며 집을 나서는 엄마와 마주친 아들이 나눈 대화에서 발췌하였다.

'아들, 안녕. 이렇게 이야기 할 시간이 없네. 엄마는 산타 바바라Santa Barbara에 있는 자아실현 센터에 들어갈 예정이야.'

'얼마전에 다녀온 건 뭔데?'

'아니야, 그건 산타 클라라Santa Clara에서 열린 명상 워크숍이었어, 비슷하지만 정말 다른 철학이야.'

'알았어요, 재밌게 다녀오세요!'

'재미라니, 벤. 이건 엄마한테 노동이나 마찬가지야. 너한테 더 좋은 엄마가 되려는 노력이란다! 아무튼 다녀올게!'

물론 이 대화는 우스꽝스러운 패러디라는 걸 안다. 하지만 의미는 다르다. 자기관리는 나만을 위한 것이 아니라는 점이다. 대신 리딩에 따르면 자기관리는 '더 나은 부모, 더 나은 배우자, 더 나은 친구'가 될 수 있도록 해주는 가치이다. 조니가 팟캐스트에서도 말했듯 "나는 비행기에서 위급 시 산소마스크를 먼저 착용해주세요, 라는 안내문을 이해 못했어요. 다른 사람을 챙기기 전에 나부터 산소마스크를 써야 한다는 것 말입니다. 하지만 지금은 이해해요. 실제 삶도 이와 비슷해요. 지난 몇 년간 저는 제 자신에게 많은 것을 주었고, 때론 지칠 때도 있었어요. 계속해서 주고, 또 주고 싶지만 치료를 통해 저는 저 자신에게도 무언가 베풀 필요가 있다는 것을 깨달았습니다."

자신을 돌보는 법을 배우는 것(자신의 요구를 파악하고 충족시키는 것)은 주변 사람들에게 이익을 가져다준다. 여러분이 다른 사람들을 돌볼 수 있는 더 좋은 위치에 있게 될 뿐만 아니라, 어둠을 찌르는 것보다 어떻게 나에게 보살핌이나 사랑을 보여줄 수 있는지에 대한 귀중한 단서를 인생에서 찾을 수 있을 것이다.

자기자신을 자기관리에 대입하라

─────── 조니를 인터뷰하고 나서 보니, 사람들이 종종 극단

으로 내몰렸을 때에만 자기관리를 진지하게 여기기 시작한다는 것은 잘못된 생각이었다. 우리 중 많은 사람들은 자신의 욕구를 배제하며 살고 있다. 왜냐하면 우리는 우리의 욕구를 무시할 수 있고 나쁜 일은 일어나지 않을 것이라고 생각하기 때문이다. 그리고 다음 휴가 때나 술집에서 친구들을 만날 때쯤에는 나의 욕구 같은 건 이미 잊히고 난 후일 것이다. 하지만 자기관리란 다음 일이 일어날 때까지 단지 그 순간에 머무르는 것이 아니라, 오늘날 우리의 가능한 최상의 모습을 유지하는 것이다. 코로나19로 인한 팬데믹이나 정신 건강에서 발생하는 문제들이 우리 자신을 돌보게 하는 유일한 것이 되어서는 안 된다고 굳게 믿고 있다. 그래서 위기가 닥치기 전에 개인적인 자기관리 체제를 발전시키기 위한 최선의 조언을 리딩에게 요청했다. 그녀는 자기관리가 개인적인 것이어야 한다고 강조했는데, 이는 앞서 언급한 비싼 향초나 맛있는 고급 초콜릿과 같이 인터넷에서 '자기관리'를 검색했을 때 쏟아지면 금세 까먹을 수밖에 없는 부분이라고도 지적했다. 바로 그 지점에서 우리는 나 자신과 나의 욕구를 체크해야 한다. 먼저 스스로에게 물어보자. 이게 나를 위한 것인가? 아니면 인구학자들이 분석한 평균 24~30세 사이로 선정된 구글 광고의 타깃이 된 것일까?

오프라인에서나 최신 트렌드를 벗어나서 무엇이 여러분에

게 효과가 있는지 알아내는 능력은 여러분 자신을 진정으로 돌보는 데 매우 중요하다. 그리고 이것은 여러분이 추측한 대로, 혼자만의 시간에서부터 시작된다. 만약 여러분이 여러분의 선택과 결정을 되새기기 위해 이 혼자만의 시간을 갖는다면, 여러분은 몸과 마음에서 무슨 일이 일어나고 있는지 관찰하고 도움이 되지 않는 산만함을 피하는 법을 배울 수 있다.

자기관리 리스트

————— 자기관리 체제에 대해 생각하는 것만으로도 스트레스를 받기 마련이다. 그러니 우선은 당신을 행복하게, 차분하게 만들어주는 것들부터 하나씩 적어보자. 이게 바로 당신의 자기관리 우선순위가 되어야 한다. 아래 목록은 내가 선정한 자기관리 순위이다.

○ 청결한 두피

○ 운동 후에 발산하는 엔돌핀

○ 팟캐스트

○ 버터 바른 토스트

○ 고요함

○ 신작 소설

○ 바다소금이 들어간 다크 초콜릿

○ 외부활동

○ 촉촉한 피부

○ 체크무늬 파자마

○ 갓 끓인 커피

○ 긴 문단의 잡지 칼럼 읽기

○ 신선한 재료들로 만든 거대한 샐러드를 먹는 것

○ 정돈된 공간

또한 일상생활을 되돌아보는 동안 자신에게 물어볼 수 있는 몇 가지 유용한 질문도 적어 두었다.

○ 잠에서 깨면 얼마나 빨리 전화기를 켜는가? 그리고 당신에게 어떤 영향을 미치는가?

○ 당신이 먹는 음식이 당신의 기분에 어떤 영향을 미치는가?

○ 단순히 기능하기 위해서가 아니라, 얼마나 충분한 수면이 필요한가?

○ 당신의 가까운 환경이 무엇이 당신을 차분하게 만드는가?

○ 타협이 불가능한 나만의 일상습관은 무엇인가?

○ 당신이 가지고 있는 가장 편안한 속옷은 무엇인가?

○ 당신의 낮 시간 중 언제가 가장 평온한가?

○ 당신은 낮 시간 중 언제 가장 스트레스를 받는가?

○ 당신의 인생에서 누가 당신을 가장 행복하게 만드는가?

○ 만나서 대화를 나누는 사람 중 누가 당신을 우울하게 만드
  는가?

이 목록은 전부는 아니지만, 이 목록에 따라 당신이 어떻게 시간을 보내는지, 그리고 자기관리라는 이름으로 무엇을 바꿀지 곰곰이 생각해 볼 수 있는 좋은 출발점이 될 것이다. 일단 진정한 자기관리를 실천하기 시작하면, 그것이 여러분의 삶에 가져다주는 긍정적인 이점을 보게 될 것이고, 다시 그것을 할 수 있는 유일한 시간을 찾기 시작할 것이다.

어쨌든, 우리는 모두 특별하고 독특하다.

그리고 그것이 '나만의 무언가'가 필요한 중요한 이유다.

우리는 우리의 독특함을 축하해야 한다.

Part 5

나를 위한
나만의 행동

'무슨 일 하세요?'는 많은 사람들이 두려워하는 질문이다. 보통 처음 만난 사람들이 물어보는 질문 중 하나로, 익숙치 않아 금방 잊어버리는 이름의 사람들이 묻곤 한다. "아, 그럼 무슨 일 하세요?"하고 케이트, 아니 카트리나였나? 아무튼 그녀가 나에게 물어본다. 결혼식의 하객으로 신랑, 신부가 피로연장을 돌며 모두에게 인사를 하는 20분간의 식사시간, 방 안의 모두가 인사를 기다린다. 이 질문에는 어떤 논리가 있다. 정규직으로 일하는 사람들은 종종 가족이나 친구들보다 동료들과 더 많은 시간을 교류하며 보내곤 한다. 우리가 인생의 대부분을 실제로 무엇을 하고 있는지 따져보면, 일이 1등이다.

어떤 사람들은 이 질문을 받는 것을 정말 좋아한다. 솔직히 말해 나는 항상 내가 기자라고 말하는 것을 꽤 좋아했다. 내가 상상하는 아래의 다른 직업들은 다양한 이유로 즐거운 대화거리가 된다.

○ 의사
○ 패션디자이너

○ 레스토랑 비평가

○ 우주 비행사

○ 제이미 도넌Jamie Dornan의 상반신 전문 대역

○ 샌드위치 전문 카페 프렛Pret의 샌드위치 시식가

○ 직장이 '구글'인 사람들

    그리고 건축가, 배우, 예술가 등 자신의 정체성과 창조적 열정이 생계를 위해 하는 일과 밀접하게 일치하는 사람들도 있다. 하지만 그들은 예외로 둔다. 우리 대부분에게 이 질문은 내심 한숨을 내쉬게 한다. 왜냐하면 이 질문은 우리가 확신하지 못하는 산업, 우리가 좌절하고 있는 직책이나 우리가 정의 받고 싶지 않은 유명한 회사를 드러내는 것을 의미하기 때문이다. 어떤 사람들은 질문을 받고 똑바로 피한다. 내 친구는 자신을 '음악가'라고 표현하는데, 그가 마지못해 '낮일'이라고 부르는 직업이 딜로이트Deloitte 회계 법인의 자문으로 매주 평일의 14시간에서 15시간씩 일하고 있다는 사실에도 불구하고 말이다. 또 다른 친구는 프롭테크PropTech(부동산 자산property과 기술technology의 합성어다. 인공지능, 빅데이터, 블록체인 등 첨단 정보기술IT을 결합한 부동산 서비스를 말한다.-역주) 분야에 종사하고 있다. 영업팀을 이끌고 있는 기술 팀장으로 우연히도 그가 좋아하는 일을

하면서도, "무슨 일 하세요?"라는 질문을 이해하지 못한 척하며 장난을 치곤 한다. "아, 나는 달리기도 많이 하고 팟캐스트도 들어요." 아마 그는 혼란에 빠진 대화 상대에게 이렇게 대답할 것이다.

영국 근로자의 37%가 직업은 완전히 무의미하다고 생각한다는 점을 감안해보자. 조사 대상자의 절반(50%)만이 자신의 직업이 의미가 있다고 생각하는 반면 13%는 확신하지 못한다고 답했다.[1] 결국 '당신은 무슨 일을 하는가?'라는 질문은 상당히 형편없는 질문이다. 문제는 우리가 일상 업무로서 하는 일이 우리가 누구인지 전달하기 위한 꽤 환원적인 방법이라는 것이다. 그러나 21세기에 들어서서, 우리의 직업은 '개성의 도가니'로 여겨지게 되었다. 인생학교의 《종교의 대안A Replacement for Religion》에 의하면 "우리가 낯선 사람을 만났을 때, 우리는 과거와 같이 그들에게 그들의 조상, 종교 또는 그들이 자란 장소에 대해 묻지 않는다. 무엇보다도 개성의 도가니처럼 여겨지곤 하는 직업을 파악하기 위해, 우리는 상대에게 '무슨 일'을 하냐고 묻는다." 여러분의 직업을 여러분의 자아 감각과 혼동하는 것은, 특히 우리가 일하는 시간의 순전히 주어진 시간을 고려할 때, 말이 될 수 있다. 그리고 필립 라킨Philip Larkin을 비유하자면, 우리가 사는 곳이 직장과 얼마나 가깝냐에 따라 내가 어떤 사람인지를 알려주진 않는다. 일반적으로는 그렇다. 왜냐하면 오늘 하루의 끝은 업무의 끝이지 자아실현의 끝이 아니기 때문이다.

내 사촌이기도 한 32세의 내털리는 도시에서 아주 능력 있는 변호사이다. 하지만 그녀에게 춤은 사무실에서 근무하는 것과는 확연히 다른 의미이다. 왜냐하면 시내의 로펌은 절대 할 수 없는 방식으로 그녀의 영혼을 어루만지기 때문이다. "임금 인상이나 성과급처럼 성공했을 때는 보상을 받지만 대부분의 경우, 회사는 다른 사람을 위해 일한다. 나만을 위한 것이 아니다"라고 그녀는 말한다. 그 말이 맞다. 우리는 야심찬 사회에 살고 있고, 직업적으로 발전하고 성취감을 얻는 것도 중요하다. 하지만 데이지 뷰캐넌이 팟캐스트에 출연해 말했듯이 이는 위험할 정도로 쉽게 성취와 자기가치를 결부시키는 행위이다. 우리의 삶에 궁극적인 목적과 의미를 부여하기 위해 작업장에 너무 많은 압력을 가하는 것은 종종 월요일 아침 업무 회의에서 맞닥뜨리는 실존주의적 권태로움으로 우리를 실망하게 만들 수 있다. 내털리는 "나는 완전히 나 자신이 될 수 있다. 춤은 나이다"라고 묘사한다. 그녀는 또, "나는 춤과 음악이 없다면 행복한 삶을 살 수 없다. 춤은 나를 둘러싼 세계의 압박으로부터 벗어날 수 있게 해준다"라고 덧붙인다.

내털리는 자신의 직장 생활에서 벗어나 사랑하는 것들을 추구하는 것이 왜 그렇게 중요한지를 강조한다. 그렇지 않으면 어떻게 하면 개인적인 정체성을 형성할 수 있을까? 만약 우리가 우리의 영혼에 불을 붙이는 일, 혹은 사물을 하는 데 시간을 쏟지 않는다면, 우리는 결국 우리의 직업이나 다른 선택권에 의해 정의되고 말 것이다. 우리가 다른 사람들과 관계하고 있고 사회 제도 안에서 누구인지를 말이다. 다시 한 번 처음의 상황을 상상해보자. 여러분이 대화하고 있는 사람이 재미있고 기발한 쇄빙선을 가지고 있지 않는 한, "무슨 일을 하세요?"라는 질문에 수많은 일반적인 질문들이 뒤따를 것이다. 결혼 여부라던가 어느 학교를 나왔는지 등으로. 종종, 사회적 지위나 생활 방식에 대한 암묵적인 판단이 있다. 특히 잘 알려진 학교인 옥스브릿지(옥스포드, 캠브릿지의 합성어-역주)에 다녔거나 최근에 받은 약혼반지를 손가락에 끼고 있었다면, 이 또한 제한적으로 나를 드러낸다. 비록 여러분이 '옳은' 답을 가지고 있다고 할지라도, 그것이 당신이 누구인지, 그리고 당신의 열정이 어디에 있는지에 대해 얼마나 많은 것을 말해줄 수 있을까?

무슨 일을 하지 않으세요?

─────── 어쩌면 우리 중 많은 사람들이 '무슨 일을 하는가'라는 질문을 싫어할 수 있는 진짜 이유는 이 질문이 우리에게 주어진 단 한 시간 동안 우리가 하지 않는 것을 너무나 고통스럽게 상기시켜 주기 때문일 것이다. 아마도 그것은 단순히 우리가 어떻게 시간을 보내는지와 우리가 정말 되고 싶은 사람 사이의 차이를 인정하는 것일 것이다. 저녁과 주말을 인스타그램과 트위터를 스크롤하거나, 쇼핑몰 17페이지에 이르러서야 '나가기' 버튼을 클릭하려는 자신을 발견하거나 리얼리티 쇼 〈디 온리 웨이 이즈 에섹스The Only Way is Essex〉 시리즈의 시즌 1을 다시 보거나 파티를 계획하거나 지난 주 데이트 상대가 아직도 메시지를 보내지 않았는지 메신저 애플리케이션을 들여다보고 있거나, 하는 식으로. 혹은 내가 정말로 좋아하는 일을

했을 수도 있다.

우리들 대부분은 삶에서 어느 정도의 여가 시간을 가지고 있다. 여기에는 분명한 예외들이 있다. 예를 들어 간호사나 은행업과 같은 업종에 종사하는 사람들이나 육아 1년차와 같은 사람들은 분명 '홀로살기'를 위한 10분의 시간도 내기 어려울 것이다. 하지만 일반적으로 보면 우리 모두는 여가 시간을 갖고 있다. 영국인의 29%가 하루 평균 100분 가량의 여가 시간이 있다고 한다.[2] 그렇다면 질문은 다음과 같다. 우리는 그 시간을 어떻게 사용하는가?

당신을 위해 무슨 일을 하십니까?

─────── 혼자만의 시간은 열정이나 취미를 탐구할 수 있는 완벽한 기회다. 효과적으로, 여러분의 일이나 관계 밖에서 삶을 확인시켜주는 어떤 것이든 말이다. 문제는 우리의 열정을 탐구하는 데 전념하는 시간이 일반적으로 외부의 압력, 즉 점심 휴식 시간 동안 일하거나 약속된 데이트를 하는 것 등에 직면했을 때 가장 먼저 손을 놓는다는 것이다. 압박이 심한 직업적 또는 사회적 관심사 앞에서 내면의 성장과 당신의 영혼을

채우는 것과 같은 불확실한 것들은 중요하지 않다고 결론짓는 것은 너무 유혹적이다. 우리는 역사적으로 자기관리 활동에 대해 비슷한 부정적인 편견을 가지고 있다. 하지만, 앞 장에서 언급했듯이, 우리는 우리의 정신적, 육체적 건강을 우선시하는 것의 중요성을 이해하기 시작했다. 도망치지 않고 "미안한데, 벌써 머리를 감았어"라고 변명하는 것이 불편할 수는 있으나 솔직하게 당신이 외출을 하기엔 지쳤다고 털어놓는 것도 괜찮다. 그리고 일찍 잠자리에 들어도, 사람들은 당신이 금요일에 술을 마시러 올 수 없는 이유를 이해할 것이다. '혼자만의 시간'으로 '나 자신을 알아가기'라는 건 사실 나와 상대 모두를 설득시킬만한 명분이 부족하다. 나 혼자 그림을 그리기 위해 야근이나 친구들과의 저녁 식사에 참석하지 않는 것이 쉽게 바뀌기란 어렵다. 또 여러분의 영혼을 풍요롭게 할 수도 있지만, 일찍 잠자리에 들기나 달리기처럼 자기관리가 갖는 혜택을 가지고 있지는 않다. 그냥 취미일 뿐이라는 뜻이다.

내가 아는 사람 중 가장 뛰어난 사람 중 한 명인 친구 시오반은 과거에 이런 태도를 접한 적이 있다. 시오반은 피아노 실력이 상당하고 3개 국어를 구사하며 천사의 목소리를 지녔다. 콘텐츠 마케팅 대행사에서 인상적인 일을 하는 것 외에도, 그녀는 항상 몇 가지 취미를 가지고 있다. 그녀는 합창단, 오케스트라, 그리고 탭댄스단의 일원이었고 또한 즉흥 코미디 그룹의 멤버이며 (에딘버러 프린지 페스티벌Edinburgh Fringe Festival에서 공연을 하기도 했다.) 최근에 롤러 더비를 시작했다. 우리 모두가 시오반일 수는 없다. (솔직히 말해서, 나는 그녀의 몸이 세 개거나, 아니면《해리포터 시리즈》의 헤르미온느가 가졌던 시간을 돌리는 시계를 가지고 있을지도 모른다고 믿는다.) 하지만 내가 그녀에 대해 감탄하지 않는 것은 그녀가 이러한 활동들에 시간을 주고, 그녀가 스스로 도전하고 성장할 수 있는 여지를 만들어준다는 것이다. "세상은 흥미로운 것들로 가득 차 있기 때문에, 시도하지 않는 것은 항상 부끄러운 것처럼 보였다. 취미와 흥미를 갖는 것은 내가 제 자신의 정체성을 정의하는 데 도움을 주었다. 즉흥 코미디는 나를 더 자신감 있고, 창의적이고, 결정적으로 만들어 주었고, 반면에 롤러 더비를 통해 나는 새로운 것을 배울 수 있었고, 눈에 보이는 발전을 경험했으며 나 자신을 자랑스럽게 생각하게 되었다" 라고 그녀는 말한다. 내 친구는 항상 이런 취미들을 연애의 안팎으로 지켜왔다. "나는 파트너에 의해 규정되고 싶지 않았고, 내 행복을 위해 다른 누군가에게 의지하고 그들이 나를 위해 의지하게 하고 싶었던 적이 없다." 그러나 그녀의 관심이 4년간의 긴 연애에서 긴장감을 맞이했다. "전 남자친구는 종종 우리가 서로를 충분히 보지 못했고 우리가 함께 더 많은 시간을 계획해야 한다고 말하곤 했다. 그가 그 말을 노골적으로 하는 경우는 거의 없었지만, 나는 *그가* 분명히 내가 그의 우선순위를 매기기 위해 내 취미 중 일부를 버려야 한다고 생각했다. 그에게 취미가 하나도 없다는 것은 도움이 되지 않았다"고 털어놓았다.

서구 문화에서, 우리는 사회적, 재정적, 직업적 목적을 달성하지 못하는 활동을 일생의 목적을 주는 일이라도 일축하는 습관에 시달린다. 우리는 이익을 낼 수 있을 만큼 자신의 것을 추구하거나, 적어도 소셜 미디어에서 입소문을 타는 '하룻 밤 사이의 성공'을 칭찬하게 될 수도 있지만, 오늘날, 우리는 우리 개개인의 삶을 더 의미 있고 즐겁게 만들 수 있는 바로 그 '무슨 일'의 추구하지 못하고 있다. 그렇다면, 정확히 어떻게, 우리는 다른 사람들에게 우리의 '무슨 일'의 중요성을 강조할 수 있을까? 영국 문화에서는 전례를 찾기는 힘들었지만, 일본인들의 이키가이ikigai(삶의 원동력 - 역주) 아이디어에서 매력을 느꼈다. 이 단어는 삶의 방향이나 목적을 가지고 자신의 삶을 가치 있게 만드는 것을 뜻한다. 반면 프랑스인들은 말 그대로 존재의 이유raison d'être를 찾아냈다. 상대적으로 비슷한 이 두 개념들이 좋은 점은, 바로 일과를 중심으로 돌아가지 않는다는 것이다. 예를 들어, 완벽한 세계에서 누군가의 원동력은 그들의 직업, 열정, 세상이 필요로 하는 것 그리고 나의 재능이 하나로 복합되었을 때를 뜻한다. 하지만 한 사람의 존재의 이유는 내 삶의 동기이자 목적의식이다. 가령 낚시나 그림 그리기, 스탠드업 코미디 혹은 가라테 연습 등이 이런 것에 포함된다. 그리고 이런 '취미'가 여러분에게 명성과 부를 가져다주든 그렇지 않든, 여러분의 영혼을 밝게 하는 '무슨 일'을 갖는 것은 본질적으로 가치 있는 일이다.

스스로에게 솔직해보자. 여러분은 여러분이 사랑하는 것들에 얼마나 많은 시간을 주고 있는가? 사람들은 특정한 취미를 가지고 있다고 말할 것이다. 또는 적어도 그것은 이력서나 소셜 미디어의 프로필 속 암벽등반 사진을 통해 표현될 것이다. 단, 얼마나 많은 시간을 투자하는가 물어보면 답은 사실 아주 미미할지도 모른다. 이 특별한 일을 한다는 생각을 좋아하거나, 아니면 더 많이 해야 할 것 같은 생각이 들기도 하지만, 이런저런 이유로 인해, 실제로는 마음처럼 뜻대로 되지 않는다. 여기서 개인적으로 고백을 하나 하자면, 나는 작가라는 낭만적 개념으로 내 직업을 동일시했지만, 사실 학구적이나 직업적인 일 외에 나는 글쓰기를 거의 하지 않던 시간들이 있었다. 아마도 나는 일차원적인 '작가'였을 뿐, 나 자신과 내 취미에 대해서는 사기를 치고 있던 것 같다.

하지만, 나는 인생에서 꽤 일찍이 내 것을 발견했다는 점에서 운이 좋았다. 나는 6살 때부터 노래를 만들고 이야기를 썼다. 그리고 깊은 곳에서, 나는 글을 쓸 때 항상 다른 어떤 것보다 더 강한 목적의식을 느꼈다. 문제는 사춘기가 되면서 학업 외에 글을 쓰는 것이 어떤 의미로는 자주 다른 걱정들에 의해 뒷전으로 밀렸다는 점이다. 처음엔 남자애 때문이었다. 아이러니하게도 내가 동경하는 사람, 즉 열정, 호기심, 추진력 등으로 존경했던 사람들에게 집착하곤 했다. 그리고 수업 시간엔 그들에 대한 공상을 하며 멍하니 앉아 있곤 했다. 그리고 솔직히 말해 나이가 들어서도 내 자신의 꿈과 야망보다는 로맨틱한 관심사들을 생각하며 잠에 빠졌다. 아무리 형편없는 남자라도 말이다. 그들을 모르면 모를수록 망상은 쉬웠다. 나의 '취미'라는 건 늘 우선순위에서 밀려났다. 내 시간과 정신적 에너지는 그 지난 주 목요일 저녁, 와인 한 병을 앞에 두고 10점 만점에 7점짜리 키스를 하던 웨스트 햄스테드West Hampstead 출신의 32살 잭에게 가 있었기 때문이다. 요컨대, 낭만적인 애정이 너무 논리적이지 않았으므로 나의 진실하고 가장 지속적인 취미에 시간을 할애하지 않을 수 없었다. 그게 바로 글쓰기였다. 두 번의 긴 연애에서, 내 시간 관리는 그다지 나아지지 않았다. 낮에는 메신저 앱을 사용하고 잠자기 전에 몇 시간 동안 전화 통화를 했다. 나는 또한 연애 중이든 그렇지 않든 거의 모든 여가 시간을 친구들을 만나면서 보내고 싶었고, 소셜 미디어에서 보낸 모든 시간은 말할 것도 없고, 주말 내내 연속 커피, 브런치, 칵테일 등으로 채웠다. 그렇다면, 왜 나는 내가 사랑하는 것에 많은 사랑을 보여주지 못했을까?

혼자 있는 시간의 소중함

──────── 사실상, 내가 일을 하지 못했던 가장 중요한 이유는 바로 혼자 있는 시간이 거의 없다는 것이었다. 하지만 그것은 의식적인 결정이었다. 내가 직장 밖에서 여러 가지 절박한 현실적 의무가 있는 것은 아니다. 나는 확실히 사교모임을 줄이면서도 여전히 가까운 친구들과 가족을 챙길 여유가 있었다. 소셜 미디어를 통해 많은 시간을 소비하지 않고 데이트도 할 수 있을 것 같았다. 그 모든 것의 밑바탕에는 '바쁘다'는 상태의 두려움에서 비롯된 것이라고 생각한다. 글쓰기에 전념한다는 것은 혼자만의 시간을 보내는 것을 의미하는데, 내겐 그것이 생소했던 것이다. 그것은 나와 단둘이 함께 하기 위해 나의 한 주 동안의 시간을 적극적으로 조각하는 것을 의미했다. 또

한 내 자신의 불편함을 직시하는 것을 의미했다. 2장에서 언급 했듯이, 그 성가신 내면의 비평가를 포함해서 말이다. 하지만 궁극적으로는 꿈을 이루기 위해 사회 중심적인 생활에서 한 발 짝 물러나서 이번에는 홀로 두려움과 의심을 극복하고, 자신에 게 투자하고 기술을 연마해야 했다.

  '홀로살기'는 더 큰 목적과 의미에 투자하고, 그 과정에서 '행위'에 의해 정의되지 않는 '내 취미'의 핵심을 구축할 수 있 다. 인스타그램의 '#월요일_동기부여' 게시물을 좋아하고, 기업 가 정신에 대한 영감을 주는 테드 토크를 보는 등, 내면의 성장 에 대한 아이디어에 대해 대충이라도 노력하는 척을 할 순 있 겠지만 인생에 여유를 만들기 전까지 그런 일은 일어나지 않을 것이다. 정신과 의사 앤서니 스토Anthony Storr 역시 비슷한 논지 를 주장했다. 그는 자신의 저서《고독의 위로》에서 "인간은 자 신의 가장 깊은 욕구와 감정에서 쉽게 멀어진다. 배움, 생각, 혁 신 그리고 자신의 내면세계와의 접촉을 유지하는 것은 모두 고 독에 의해 촉진된다"고 했다. 매슬로우 역시 사생활과 자율성 을 혼자 시간을 보낼 수 있는 능력을 스스로 실현하는 사람들 의 자질에 포함시켰다.[3] 이 두 전문가에게 있어, 자신의 열정을 찾고 실천하는 데는 시간적 여유가 필수적이다.

락다운은 우리들 중 많은 사람들이 우리의 취미와 흥미를 더 심각하게 받아들이도록 강요했다. 해외에서 머물며 일을 하거나 친구와 가족을 만나는 것이 금지되는 것 사이에서, 우리의 직업과 사회생활은 갑자기 더 이상 우리의 존재의 중심에 있지 않게 되었고, 우리의 여가 시간에 더 많은 창의력을 갖도록 강요했다. 행복하게도, 제 주변에 있는 많은 사람들이 자신만의 취미를 발견하는 것을 목격하게 된 것도 이 시기였다. 옷 만들기, 불렛저널 일기 쓰기, 메이크업 배우기, 정원 가꾸기, 롤러스케이트 타기 등이다. 30세의 크리스는 이 기회로 디제잉을 혼자 연습하고, 그리고 '줌'을 통해 친구들에게 음악을 들려주는 일에 열정을 불태우며 락다운을 견뎠다. "나는 디제잉이 창의적인 활동이라 즐긴다. 내 음악은 내가 많이 활용하지 않는 뇌의 영역이다"라고 말하며 다음을 덧붙였다. "음악은 기존의 나와는 전혀 다르고 치유 받는 기분이 들게 한다. 항상 믹싱이 될 만한 노래에 대해 생각하고 테스트를 해보며 즐겁고 편안한 시간을 보낸다." 크리스는 라이브와 온라인 공연으로 디제잉이 갖는 사회적 속성을 좋아한다. 이처럼 다른 이들도 휴대폰이나 타인에게서 벗어나 온전히 자신에게 몰입할 수 있는 시간을 가져야 한다. 음악가인 그는 노래 한 곡과 다음 곡을 매끄럽게 믹싱 하는데서 오는 만족감을 좋아한다.

여러분의 취미는 종종 '내적 동기'라고 알려진 심리학 용어와 연관될 수 있다. 간단히 말해서, 이것은 여러분이 개인적으로 어떤 일을 하려고 할 때 일어나는 심리적 상태이다. 예를 들어, 네덜란드어를 배우는 것의 외적인 동기는 직업을 위해 암스테르담으로 이사를 가야 하기 때문이며 듣기엔 그럴싸하고 개인적으로도 보람 있는 일을 하고 있는 것처럼 보인다. 하지만 내적인 동기가 혼자 있을 때 내면에서 일어날 수 있다는 것을 의미하지는 않는다. 내적 동기의 취미는 다른 사람들과 함께 실천될 수도 있다. 중요한 건 내가 스스로에게 동기를 부여하고 있다는 점이다. 카밀라 설로는 폭발물 처리 전문가로 일하며 내적 동기부여의 가치를 깨달았다고 했다. 그녀는 "항상 내 주변 세상에 나를 증명할 방법을 찾으며 학업을 마쳤다. 내 능력이 돋보일 법한 평가나 피드백을 얻기 위해 프로젝트를 진행했다." 그러나 그녀가 〈할로 트러스트The HALO Trust〉(미국, 영국에 등록된 자선 비영리 단체. 전쟁 이후 땅속에 매설되어 있는 지뢰를 제거하여 민간인 부상자가 생기지 않도록 하는 자선 단체 – 역주)에서 근무한 건 더 이상 누군가에게 무언가를 증명하려는 것이 아니라, 그 자체로 의미가 있었기 때문이었다.

　　여러분이 '자신만의 무언가를' 할 때 항상 육체적으로 혼자 있지 않을 수도 있으나, 그 진가는 나만이 경험할 수 있다.

○ 바로 지금 내가 있어야 할 곳에 있다는 안전하고 안심되는 느낌

○ 가령 음악을 완벽하게 연주하거나 아름다운 무언가를 창조할 때 끼치는 소름

○ 열정적으로 생각하는 '무엇'에 대해 말할 때 몸을 통해 흐르는 강렬한 흥분

○ 갑자기 터져나오는 창의력의 폭발, 전혀 떠오르지 않았던 영감이 무의식 중에 폭발할 때의 기분

우선순위 지정

———— 항상 '오, 나도 ○○○ 하고 싶어'라고 하면서도 연달아 사회활동으로 달력을 채우는 사람이 있다. 그러나 그런 사람이 되지 마라. 당신의 '무언가'를 찾는 것은 간단히 말해서, 여러분이 그것을 찾을 시간을 할당하는 경우다. 마찬가지로, 만약 여러분이 이미 어떤 것에 열정이나 관심이 있다면, 여러분은 그것을 추구하는데 시간을 바쳐야 한다. 만약 친구나 파트너가 당신과 함께 좋은 시간을 보내지 않는다면 당신은 상처받을 것이다. 하지만 당신의 열정에 대해서도 이런 무관심을

보이지 말자. 우리는 이것이 혼자 두어 시간을 보내서 갑자기 꿈이 이루어지듯 결과물이 도출되는 것이 아니라는 걸 알고 있다. '홀로살기'의 시간은 여러분이 자신의 '무언가'를 확인하고 그것을 시작하기 위한 조치를 적극적으로 취할 때다. 우리가 이미 확립한 바와 같이, 시간은 여러분에게 바치는 시간이고, 더 나아가 여러분이 아직 무엇인지 모르는 여러분의 일에 바쳐져야 한다. 좋은 출발점은 당신의 인생에서 그것을 위한 공간을 과감히 만드는 것이다.

실용적인 차원에서, 혼자 있는 것에 편안해지는 것은 새로운 열정을 시험하는 데 유용하다. 만약 여러분이, 예를 들어, 낯선 사람들이 있는 방에 혼자 들어갈 자신이 없다면 그곳이 복싱 체육관이든 발레 교실이든 잠재적으로는 '나만의 무언가'가 될 수 있는 많은 활동을 하는 것을 놓칠 가능성이 있다. 6년 전 복싱에 푹 빠졌던 친구 에이미는 일주일에 두 번 열리는 단체 훈련 시간을 '절대 타협할 수 없는 시간'이라고 여긴다. 혼자만의 '타협 불가능한' 시간을 만들어내는 것은 마치 내겐 실제로 글을 쓰지 않던 끝없던 순환고리에서 벗어나 진짜 글을 쓰는 시간을 만들어냈던 것과 같다. 혼자 더 많은 시간을 보내겠다는 새해 결심 덕분에, 나는 결국 편집팀에서의 업무 외적으로 글을 쓰는 시간이 훨씬 더 많아졌다. 토요일 아침에, 잠자기 전 몇 시간 동안, 그리고 잘 모르는 사람들과 만남을 거부한 주중에, 어떻게든 글을 쓸 시간을 찾았다.

그리고 그 결과는 바로 '랜덤 노트' 100쪽 분량의 이 책의 초고가 되었다.

아무것도 없으면 어쩌지?

———— 어떤 사람들에게는 '나만의 무언가'가 직관적이다. 다른 사람들에게는 여러분이 가장 즐기는 것을 찾는 것이 평생의 가치 있는 탐구가 될 수도 있다. 시작하기에 좋은 출발점으로는 작가 엘리자베스 길버트가 말하는 '창의적인 삶'이 있다. 길버트는 그녀의 책《빅매직》에서 단순히 '공포보다 호기심에 의해 더 강하게 움직이는 삶'을 묘사하고 있다.

호기심과 삶에 대한 열정이 전염되는 모델이자 활동가인 제이다 세제르Jada Sezer와 인터뷰를 하는 사이 바로 길버트의 창의적인 삶이 떠올랐다. 팟캐스트를 위해 그녀를 인터뷰하던 시기, 그녀는 갓 오토바이 면허를 땄다고 했다. "바람을 머리에 이고 타는 것에는 뭔가 특별한 게 있다……. 믿을 수 없을 정도로 집중된다." 그녀는 또한 핫요가를 연습하고 '스스로에게 시간을 주자'는 생각에 여념이 없었고 자기 스스로 무언가를 길러낸다는 생각에 더욱 혼자만의 시간을 소중하게 여길 수 있었다고 했다. 창의적인 삶을 위한 다른 예가 다음에 있다.

- 직소 퍼즐 맞추기
- 악기 연주하기
- 나만의 보드 게시판 꾸미기
- 춤추기
- 소설책 읽기
- 무술 배우기
- 정원 가꾸기
- 뜨개질 또는 바느질
- 꽃꽂이
- 컴퓨터 코딩하기
- 즉석 코미디 그룹 가입하기
- 디제잉 하기
- 그림 그리기
- 잼 만들기

여러분의 생각을 하는 또 다른 유용한 방법은 긍정적인 심리학자 미하이 칙센트미하이_{Mihaly Cskszentmihalyi}의 개념인 '흐름'을 통해서이다. 이는 여러분이 어떤 일에 완전히 몰입하고, 그것을 하면서 즐거움, 집중력, 에너지를 느끼는 상태를 말한다. 효과적으로, 이러한 목적의식과 '흐름'은 나만의 무언가를 식별하는 가장 쉬운 방법이다. 여러분이 단지 자신을 위해서, 관심을 갖고, 직업이나 관계에 의해 정의되지 않는 나만의 감각을 가져오는 모든 것을 뜻한다.

나만의 무언가는 종종 한 개인이 누구인지를 반영한다. 왜냐하면 그것은 여러분의 장점뿐만 아니라 무엇이 여러분의 영혼 깊숙한 곳에 동기를 부여하는지에 대한 반영이기 때문이다. 나는 최근에 동생과의 대화를 통해 깨달았다. 그 아이는 시스템의 복잡한 세부 사항들을 보는 것을 좋아한다. 내가 하는 대부분의 일은 동기부여를 하기 위해 일종의 인간적 요소를 필요로 하는 반면, 남동생은 개별적인 인간 심리학을 특별히 흥미롭게 생각하지 않다. 소비뇽 블랑을 두고 친구들과 몇 시간을 보내며 우리의 감정을 논의하는 것을 즐기는 반면, 남동생은 혼자서 자신의 아파트에 모든 이케아 가구를 만들고, 피아노로 모차르트를 배우고 스페인어를 배우는 것을 즐기는 이유다. 뭐 적어도 나는 그렇게 믿는다.

어쨌든, 우리는 모두 특별하고 독특하다. 그리고 그것이 '나만의 무언가'가 필요한 중요한 이유다. 우리는 우리의 독특함을 축하해야 한다. 그리고 나만의 무언가의 자유로운 점이 하나 있다. 바로 우리 자신을 다른 사람들과 비교하려는 너무 흔한 충동을 줄인다는 것이다. 왜냐하면 우리의 취미는 열등감이 아니라 우리 개성의 감각에 의해 동기 부여되기 때문이다. 일단 여러분이 자신의 것을 실천하기 시작하면, 그것은 여러분이 누구인지를 정의하는 중요한 방법이 된다. 다른 사람들과 관계되는 것이 아니라, 여러분 자신과의 관계에서 말이다.

당신만의 무언가가 인생을 바꿀 수 있다

———— 여러분의 취미가 반드시 대부분의 시간을 어떻게 보내느냐를 정의할 수는 없지만, 여러분의 일상 속에서 시간을 만들어 무언가를 한다는 것은 삶의 다른 부분에 긍정적인 영향을 미칠 것이다. 심지어 수명이 늘어날 수도 있다. 이키가이 개념이 시작된 일본 오키나와는 세계에서 100세 이상의 인구가 가장 많이 거주하고 있다지 않은가.[5]

자, 여기 당신의 삶에 긍정적인 영향을 미칠 몇 가지 방법을 소개하고자 한다.

다른 분야에서의 자기 성장

복싱은 에이미가 링 밖에서도 성장할 수 있게 해주었다. 복싱을 하기 전 에이미는 이전에 일과 우정 모두에 영향을 주었던 대립에 대한 두려움을 극복해야만 했다. "나는 내 감정에 대해 사람들과 소통하는 것이 나를 더 자신 있게 만들었다고 생각한다"라고 그녀는 설명한다. "내 인생에서 내가 행복하지 않다는 것을 알았지만 아무도 그 말을 꺼내지 않았기 때문에 혼자서만 간직하고 언급하지 않았던 때가 분명히 있었다. 하지만 복싱은 그것을 변화시켰다. 복싱은 사실 흑과 백처럼 간단하다. 그리고 나는 복싱의 직설적인 언어가 일상생활의 언어도 그처럼 바뀐다는 걸 느꼈다. 즉, 내가 원하는 것을 표현하는 것이 더 쉽다는 것을 의미했다. 또한 나는 겁 없는 사람이 되는 법을 배웠다. 왜냐하면 얼굴에 펀치를 한 대 맞았다면 나 역시 상대가 좋아하지 않는 무언가를 되받아칠 수 있게 되었기 때문이다. 나는 아직도 대립이 싫지만 요즘은 '맞닥뜨려도 살아남을 수 있을 거야'라고 생각한다."

취미로 시작해서 이제는 경력의 일부가 된 팟캐스트를 제작하고 진행하는 것은 내가 생각했던 것보다 훨씬 더 능력이 있다는 것을 보여주었다. 전통적인 저널리즘을 벗어나 전혀 다른 기술력을 개발했을 뿐만 아니라, 팟캐스트의 여정은 내게 귀중한 기술, 즉 도움을 요청하는 법을 가르쳐 주었다. 이상하게도, 한 번도 배운 적이 없는 교육을 받고, 팟캐스트 계의 신입이라는 것을 받아들이면서 나는 내가 몰랐던 것에 대해 내 자신을 비난하는 데 시간을 낭비하지 않고 앞으로 나아갈 수 있게 되었다. 나는 매일 '어떻게 파열음을 제거하는 편집을 할 수 있을까?'와 '어떻게 애플 사의 앱스토어에도 팟캐스트를 올릴 수 있을까?'와 같은 불가능한 질문을 고민하고 그 답을 찾아내야 하는 책임감 역시 내게 있다는 걸 깨달았으며 종내엔 답을 찾을 수 있었다. 시간이 흐르면서 내가 얼마나 멀리 왔는지를 인식하면서 자신감도 커졌다.

다른 사람들을 끌어당기기

'나만의 취미'를 가진다는 게 다른 사람들에게도 매력적으로 보일 수 있다. 나는 이 깨달음을 LBC 채널의 라디오 진행자이자 예리한 조류 관찰자인 매튜 스타들렌Matthew Stadlen과 함께 팟캐스트에서 논의했는데, 그는 열정을 갖는 것이 '중독'이 될 수 있다는 주장을 제안했다. 그는 "조류 관찰만큼 기이한 것일지라도 누군가가 정말로 어떤 것에 흥분했을 때 그것은 다른 사람들에게 도취적이다"라고 말했다. 그의 말도 일리는 있다. 약 1년 전에, 나는 정말로 '취미'에 푹 빠져들었다고 말하는 남자와 데이트를 한 적이 있다. 인정한다. 처음에는 내가 스스로 정신머리 스위치를 껐다. 서로 시시덕거리기 바쁜데 그 남자가 취미에 대한 이야기를 했다, 그러더니 자신의 진짜 취미에 대해서 말해주었다. 바차타Bachata라는 도미니카의 살사 댄스였다. 춤에 대한 열정은 정말 예상치 못한 것이었고 그가 말을 하고 핸드폰으로 춤을 추는 비디오를 보여주면서 나는 그에게 점점 더 끌리게 되었다. 그는 실제로 대형 컨설팅 회사의 고용주를 설득하여 바차타가 인기 있는 마드리드로 이주를 계획했고, 두 달 사이 영국을 떠날 예정이었다. 그게 바로 그 해 여름, 내가 마드리드로 가는 비행기에 탑승한 계기였다. 특히 내가 흥미로웠던 건 바차타라는 춤이 아니었다. 이 남자가 일을 넘어 친구들을 보는 것 이상의 다채로운 삶을 살았다는 사실이다. 정말 매력적이었다. 그가 시간과 열정을 쏟은 이 취미는 결과적으로 그를 더욱 매력적인 사람으로 만들었다.

다른 사람과의 연결고리 강화

여러분이 누군가에게 정말 사랑하는 것에 대해 물어보고, 상대의 취미를 격려하고 존중한다는 것은 상대의 영혼에 관심을 가지고 그들의 가장 깊은 존재를 축하한다는 것이다. 그렇게 우리는 상대의 '개인적인' 부분과 나와의 다른 점을 인정하고 더 나아가 연결고리를 만든다. 게다가 실용적인 차원에서 보자면 누군가 실제로 취미를 가지고 있을 때 사려 깊은 생일 선물 고르기도 훨씬 쉽다.

외적인 관심사를 갖는 것은 우리의 로맨틱한 관계에서 압박을 없애는 데 도움이 될 수 있다. 자신의 정체성과 의미를 유지하기 위해 파트너에게만 의존해서는 안 된다는 접근 방식은 앤드류 스토의 이론과도 부합한다. "모든 사람은 대인 관계뿐만 아니라 자신만의 흥밋거리가 필요하다. 관계뿐만 아니라 흥밋거리도 개인의 정체성을 정의하고 한 개인의 삶에 의미를 부여하는 데 중요한 역할을 한다"라고 자신의 저서 《고독의 위로》에서 쓰고 있다. 우리가 타인과의 다름을 중시하고, 또한 우리의 파트너들을 위한 가치로서 존중하는 것을 배울 수 있다면, 긍정적인 연결의 힘으로 작용할 수 있다. 예를 들어, 서로의 취미를 장려하거나, 각자의 열정을 추구하면서도 서로를 향한 마음을 더 키워나가 사랑을 할 수도 있다.

당신의 개성을 축하하라

앤드류 스토가 말했듯이, 활동에 시간과 에너지를 적극적으로 쏟는 것은 나 자신을 진정으로 돋보이게 하는 것이다. 우리는 자신의 취미를 통해 타인의 삶에 관심을 쏟는 게 아니라 나의 삶에 집중하는 모습을 발견하게 될 것이다. 데이지 뷰캐넌이 팟캐스트에 소개한 것처럼 소셜 미디어 때문에 "한 번 만났거나 거의 알지 못하는 수천 명의 사람들에 대한 추상적인 정보를 끊임없이 가지고 있다"고 말하며 이렇게 귀중한 시간을 허비하는 것은 쉽다고 지적한다. 그리고 이 정보는 우리를 압도하고 우리 자신의 삶을 이끌지 못하게 한다. 이러한 유혹을 피할 수 있는 사람들(그 대신 자신의 성장과 개인적 성취에 초점을 맞출 수 있는 사람들)은 군중들 사이에서 두드러져, 이해하기 어려운 진정성과 개성을 얻을 수 있다. 생각해 보자. 소셜 미디어에서 가장 영향력 있는 사람들은 오프라인에서 자신의 기술을 연마하기 때문에 사람들의 열광을 받는다. 이건 내 팟캐스트를 통해 영감을 주는 작가, 사상가, 그리고 미디어 인물의 라인업을 인터뷰함으로써 내가 스스로 깨우친 것이기도 하다. 나를 찾아온 모든 손님들은 그들이 열정을 쏟았던 혼자만의 시간 덕분에 성공을 거두었다.

그것은 또한 앞을 내다보고 열정을 추구함으로써 개인으로서 자신의 독특한 가치를 발견하게 되고, 그것은 엄청난 힘을 발휘할 수 있다. 수상 이력이 있는 작가 데릭 오우수Derek Owusu의 예를 들어보자. 그는 내 팟캐스트에서 유명 인사부터 20세기 철학자 버트랜드 러셀Bertrand Russell에 이르기까지 다른 사람들을 모방하기 위해 수년을 보냈다고 설명했다. 그가 데뷔작인 《떠오르다That Reminds Me》를 작업하면서 자신 내면의 목소리가 '이 정도면 충분해, 왜냐하면 이미 충분하기 때문이야'라고 속삭이는 소리를 들었다고 했다.

너무도 빈번하게도 우리의 관심사는 우선순위에서 벗어날 수 있다. 그러나 이러한 우선순위를 정하는 것은 우리를 독특하고 매력적인 사람으로 만들어 준다. 나만의 무언가는 매주 열리는 도자기 수업일 수도 있고, 폴댄스나 파워리프팅일 수도 있다. 색소폰 연주나 콤부차 끓이기일 수도 있다. 누군가는 자신의 시간을 그런 취미에 쓰지 않을 수도 있고, 심지어 파티에서 언급할 필요를 느끼지 않을 수도 있지만, 단순히 '무언가 나만의 것'을 하느라 시간을 쏟는 것만으로도 이미 당신의 '홀로 살기'는 가치 있어진다.

주변의 낯선 사람들의 감정을 좋아하든, 아니면 단순히

당신의 멋진 삶을 사는 것을 방해받고 싶지 않은 것이든 간에,

공공장소에서 혼자 있는 것을 배우면 보상을 받는다.

Part 6

자랑스러운
혼자

2장의 카페 사이코패스를

기억하는가? 고백할 게 있다. 사실 나 또한 사이코패스이다. 당

신은 종종 공공장소에서 눈에 띄게 혼자있는 나를 발견하게 될

것이다. 나는 테이트 모던Tate Modern(영국 런던의 현대 미술관 - 역

주) 전시회를 보고 호화로운 레스토랑에서 혼자 식사하며 내

커리어의 성공을 축하하거나 내 속도대로 방황하며 외부 세계

를 하나의 집단으로 받아들일 수 있다는 일반적 철학을 가지고

삶을 살아간다. 나도 친구들과 가족들을 만나 시간을 보내는

것을 좋아한다. 하지만 혼자 무언가를 하는 능력은 혁신적인

경험이었다. 사실, 우리들 중 많은 사람들은 식당에 혼자 앉아

있거나 영화관에 몰래 혼자 가는 것을 두려워하고 있다. 그러

니 이제 안전벨트를 매고 탐험을 떠나보자.

요즘은 '홀로살기'라는 플랫폼의 창시자로서 친구들이 맛있

는 트러플 파스타를 먹으면서 사진을 보내거나 칵테일 바에서

혼자 있는 마티니 칵테일 사진을 보내주는데 이런 외출 사진이

좀처럼 소셜 미디어에는 올라오지 않는다는 것을 알아채지 않

을 수 없다. 왜 그럴까? 더 큰 범위에서 볼 때, 타인의 외출에

대한 '타임아웃' 가이드는 없다. 에어비앤비에서 장소를 예약

하면, 작은 메시지 창이 뜬다. "활동은 친구들과 함께 하는 것이 더 좋습니다! 그들을 초대하려면 여기를 클릭하세요." 기업들은 정기적으로 영화관 티켓부터 피자 프랜차이즈의 2+1 행사에 이르기까지 하나를 사면 하나를 덤으로 주는 상품을 제공한다. 하지만 서로 나눠 먹으라고 만들어 놓은 작은 앞 접시나 커다란 플래터 메뉴와 같은 기업의 횡포를 잊지는 말자.

많은 사람들처럼, 나도 공공장소에서 혼자 일을 할 때면 불안해하는 사람으로 대부분의 삶을 보냈다. 내가 의식적으로 혼자 식사를 하거나 극장 관객들 속에 혼자 앉아 있는 것을 두려워한 것이 아니었다. 다만 나 혼자 실행 가능하리라고 생각조차 하지 않았다는 것이다. 그런데 새해를 맞이하고 결심을 세운 다음의 어느 토요일 아침, 나는 깨어났다. 밀레니얼 세대주의! 나는 아침 식사로 계란, 사워 도우 빵과 아보카도를 원했지만, 직접 요리하고 싶지는 않았다. 오전 8시 2분이었고, 그 시간의 주말, 누구도 그렇게 일찍 아침을 먹어줄 사람이 없었다. 게다가 토요일 아침은 혼자 있는 시간으로 지정했었다. 그때 무언가가 머릿속으로 깨달음의 종이 울려 퍼졌다. 과거에 다른 사람들과 외식을 한 적이 있다고 해서 지금 해야 하는 것은 아니었다. 나는 내가 내재화시킨 마케팅 메시지를 넘어서, 혼자 나갈 수 없는 이유가 없다는 것을 깨달았다.

영화관에 가거나 혼자 외식을 한다고 해서 다시는 친구를 원하지 않는다는 뜻은 아니다. 테이블을 하나 예약한다고 해서 자동으로 《위대한 유산》의 외톨이 하비샴이 되는 것은 아니다. 그러나 혼자만의 외출은 여러분이 일생 동안 해온 것들을 즐길 수 있는 완전히 다른 방법을 열어준다. 동석한 이의 반응에 대해 걱정하지 않고 영화나 연극을 볼 수도 있고, 국수 한 입 사이에 대화를 나누는 복잡함 없이 베트남 분짜를 맛있게 즐길 수 있다. 게다가, 모든 대외적 활동이 과연 사회화에 도움이 될까? '혼자 보는 영화나 여행의 매력에 대해 물었을 때, 솔직히 말해서 어두운 방에 묵묵히 앉아 있는 것이 사회적인 것이라는 생각은 전혀 들지 않았다'고 내 트위터 팔로워 중 한 명이 말했다.

만약 여러분이 혼자 모험하는 법을 배우지 않는다면, 여러분은 여러분의 즐거움을 촉진하기 위해 항상 다른 사람에게 의존하게 될 것이다. 이것은 여러분이 정말로 하고 싶은 활동을 놓치게 될 수도 있고, 그들이 관심을 덜 가질 수 없는 어떤 것에 친구를 끌어들이게 될 수도 있다는 것을 의미할 수도 있다. 일단 여러분이 동반자 없이 외출할 수 있는 선택권을 갖게 되면, 여러분은 두 사람이 함께 하는 것이 재미있을 수 있는 것에 더 집중하기 시작한다. 이기적이기는커녕, 혼자서도 활동에서 재미를 느낄 수 있는 능력을 가진 것은 여러분을 좀 더 사려 깊은 사람으로 만든다. 나는 멀티플렉스 영화관에 도착하자마자 다른 영화를 보고 싶어 한다는 것을 깨달은 친구의 부모님 이야기가 생각났다. 그래서 그들은 다음 두 시간 동안 헤어져서 각자 보고 싶은 영화를 보고 저녁을 먹기 위해 다시 만났다고 했다. 모두가 아주 만족스러웠다.

공공장소에서 혼자 있는 것에 대한 두려움을 극복함으로써 세상은 나의 것이 되었다. 지난 몇 년간 나는 혼자 영화관에 가서 입장이 얼마 남지 않은 반값 티켓의 맨 앞자리를 예매했고, 사우스뱅크Southbank 센터에서 열린 더글라스Douglas쇼의 내가 가장 좋아하는 코미디언 해나 개즈비Hannah Gadsby의 쇼를 보았다. 하지만 그보다 먼저 배울 것이 참 많았다.

고등학교 매점효과

───── 물론, 나 혼자 하는 것에 대해 오랫동안 두려워했던 유일한 사람은 아니다. 생각해 보자. 다음의 혼자 하는 행동 중 과연 어떤 것이 제일 편할까?

○ 영화 보러 가기

○ 카페에서 점심 먹기

○ 댄스 수업 듣기

○ 식당에서 저녁 먹기

○ 운동 클래스에 가기

○ 공연 보러 가기

○ 미술관 방문하기

예전의 나라면 이런 활동을 혼자하고 싶어 하지 않았으리라 자신한다. 집에 혼자 있는 것과는 결이 달랐다. 혼자 집에 있는 건 때론 불편하긴 해도 적어도 아무도 보지 않는 안전한 공간이었다. 그러나 커플이나 무리의 사람들을 위해 마련된 공간에서 혼자 저녁을 먹으러 간다는 생각은 완전히 이질적이고 약간은 벌칙처럼 느껴졌다. 그렇게 되면 발가벗고 노출되는 느낌이 들 것 같았다. 술집에서 친구를 기다리는 것조차도 나는 엄청나게 의식했다. 〈퀸카로 살아남는 법〉에서 주인공 캐이디Cady가 친구들이 없어 혼자 점심 식사를 들고 화장실 변기에 앉아 먹었던 장면이 있다. 마치 그게 친구들 앞에서 혼자 점심을 먹는 것보다 더 좋은 모습인 것처럼 말이다.

캘리포니아 대학교University of California의 심리학과 교수인 벨라 드파울루Bella DePaulo는 학생들에게 다소 특이한 과제를 내주었다. 혼자 식사를 하러 나가라는 것이다.[1] 학부 논문과 비교했을 때, 외식은 공원을 산책하는 것처럼 들릴 수 있지만, 드파울루의 '사회 속의 혼자'의 과정 일부를 구성하는 이 과제는 고독의 특성을 드러낸다. 한 학생이 자신의 친구들이 그 과제로 인해 얼마나 '무서워했는가'를 설명하는 부분이었다. 드파울루의 연구기간이 흐르면서 점점 대담해진 학생들도 나타났다. 누군가는 고급 레스토랑을 선택했고, 점심 보다는 저녁을 혼자 먹겠다고 주장했으며 책이나 다른 볼거리 없이 온전히 식사에만 집중하겠다고 하기도 했다.

　드파울루와 학생들이 알아낸 것은 우리들 대부분은 다른 사람들과 함께 공공장소에 있는 것이 편안하다고 느끼는 반면, 혼자 있는 것에 있어서는 더 혼란스러워진다는 것이다. 과제를 받은 학생들은 공공장소에 혼자 있을 때 우리 중 많은 사람들을 억압하는 복잡하고 무언의 규칙들이 있다는 점을 조명하였다. 즉, 다른 사람을 방정식에 포함시키면 완전히 사라지는 시스템이다. 그럼 포장을 해서 나가면? 동반자가 없을 때, 우리는 본능적으로 우리가 즐길 수 있는 모든 활동에서 얻는 기쁨을 부인한다. 그리고 이따금 우리는 그 이유를 제대로 설명하지 못 한다.

공공장소에서 혼자 있는 것에
대한 두려움을 떨쳐라

———— 공공장소에서 혼자 있는 것에 대한 괜찮은 몇 가지 시나리오를 생각해 볼 수 있을 것이다. 비록 그것이 슈퍼마켓이나 체육관에 가는 것일지라도, 여러분이 혼자 있는 것을 피

하는 다른 많은 시나리오들이 있을 것이다. 합리적인 이유가 없는데 피자를 먹으러 가거나 콘서트에 선뜻 혼자 가지 못 하는 이유는 과연 무엇일까? 그리고 다 같이 움직이던 외출이 끔찍할 정도로 어색한 혼자만의 외출이 된 계기는 무엇일까?

2015년 미국의 마케팅 교수인 레베카 라트너와 레베카 해밀턴은 '공동체 생활 참여 금지 Inhibited from Bowling Alone'2라는 제목의 연구 논문으로 이 문제를 다루었다. 논문은 '동반자가 없는 공개활동'에 초점을 맞춘 다섯 개의 연구로 구성되어 있다. 두 학자는 우리가 혼자 있을 때 공공장소에서 혼자 활동을 하지 않도록 하는 것이 무엇인지를 알아내려고 했다. 연구가 진행되던 당시 미국 소비자들은 1인 가구의 증가, 결혼 후 부부, 직장 밖 정식 조직과 클럽의 감소 등의 요인 덕분에 어느 때보다 더 많은 시간을 혼자 보내고 있었다.

이는 아마도 그들이 하고 싶은 일에 '같이 할 파트너가 부족하다'는 것을 의미할 것이다. 즉, 파트너가 늦게까지 일하면 스시를 먹으러 갈 사람이 없거나, 일요일 아침 도시 외딴 지역에 혼자 살면 자발적으로 브런치를 먹을 사람이 없는 것과 같은 것이다. 그러나 소비자들은 만약 그것들을 공유할 사람이 없다면 종종 특정한 활동을 완전히 피하는 경향이 있다. 그렇다면 무엇이 단독 활동을 좋아하지 않게 만들었을까? 조사 결과에 따르면, 공개 석상에서 혼자 시간을 보내는 소비자들의 태도에 영향을 미치는 세 가지 주요 요인이 있다.

1. 당신은 사람들이 당신을 외톨이라고 생각할 거라고 믿는 것

2. 혼자서는 재미가 없을 것이라고 짐작하는 것

3. 그리고 이상하지만, 남의 눈에 진짜 즐거워 보일까 봐 걱정함

그럼 이제 이 공포를 하나씩 파헤쳐 보자.

외톨이처럼 보이는 것에 대한 두려움

————— 당신이 늦게까지 일하고 난 후 퇴근을 하고 있다고 가정해 보자. 당신은 이번 주에 세 번째로 M&S의(영국의 프랜차이즈 식료품점, 막스 앤 스펜서 - 역주) 에그 마요네즈 샌드위치를 사려다가 갑자기 약간 개운치 않은 느낌이 든다. 막 문을 연 새로운 프랑스 레스토랑을 지나가면서 라타투이의 향기를 맡으니, 나 자신에게 보상이 필요하다는 생각이 든다. 이제 당신의 경험은 두 가지로 나뉠 수 있다. 호기롭게 식당에 들어간 당신. 웨이터와 잡담을 하며 닭고기와 야채에 포도주를 넣어 조린 프

랑스 요리, 코코뱅을 음미하고 디저트로 크렘브릴레까지 먹을
수도 있다. 아니면, 여러분은 자의식의 희생양이 되어 공공장
소에서 혼자 식사를 하기로 스스로의 결정을 주저할 수도 있다.
혹시 웨이터가 물었을 때, "한 명이요"라고 대답해서 이상하게
바라본 게 아니었을까? 저쪽 테이블의 커플이 내가 바람을 맞
았다고 생각해 비웃진 않을까? 그리고 문득 공공장소에서 혼
자 있기로 한 당신의 결정이 당신에 대해 무엇을 말할지 모른
다는 계속되는 걱정 때문에 당신의 모든 식사가 엉망이 된다.

 '공동체 생활 참여 금지Inhibited from Bowling Alone' 연구는 우리
중 많은 사람들이 인기 없는 것처럼 보이는 것을 걱정한다는
것을 밝혀냈지만, 연구원들은 이중 잣대를 알아냈다. 소비자들
이 실제로 목적에 맞는 '실용성을 중시한 행동'을 할 때, 단독
으로 활동을 하는 것에 대한 제약이 훨씬 적었다는 것이다. 즉
순전히 쾌락을 위해 행해진 행동들에 대한 자의식이 서서히 나
타났다. 그렇다면, 왜 공공의 쾌락주의가 더 문제가 되는 것일
까? 이는 레스토랑에서 식사를 하는 것과 같은 재미있는 활동
은 항상 다른 사람들과 더 즐겁다는(따라서 여러분 혼자 하는 것을
선택하지 않을 것이라는) 널리 퍼져 있는 사회적 인식에 기인한다.
그래서 드라이클리닝한 옷을 찾아오거나 샌드위치를 뒤적이
는 것만으로 자의식을 느끼게 하지는 않을지 모르지만, 프랑스

식당에서 코스 요리를 먹거나 웨스트엔드West End에서 열리는 〈맘마미아!〉의 싱어롱singalong에 혼자 가는 건, 어쩐지 내 의도와 다르게 누군가에게 바람을 맞았다는 취급을 당할까봐 걱정이 앞서는 것이다.

스포트라이트 효과

———— 드파울루는 솔로 식사에 대한 선입견을 측정하기 위한 연구[3]를 수행했다. 그녀는 한 그룹에게 한 쌍으로 식사를 하는 사람들의 이미지 세트를 보여주었고, 다른 그룹에게도 피실험자들이 혼자 식사를 하는 것처럼 보이게 하기 위해 포토샵으로 한 사람을 지운 이미지들을 보여주었다. 그리고 나서, 그녀는 참가자들에게 저녁 식사에 대해 어떻게 생각하는지 의견을 말해달라고 부탁했다. 예상했겠지만 '그는 외롭다', '우울해 보인다', '친구가 많지 않을 것 같다' 등 1인 손님에 대한 부정적인 의견도 있었다. 그러나 '평온한 순간을 즐기고 있다', '그냥 혼자 식사를 하고 싶었던 것 같다', '저녁을 즐기고 있는 것 같다' 등 긍정적인 의견도 많았다. 두 명이 함께 동행한 저녁 식사에 대해서는 어땠을까? 일부 실험자들은 이 남성이 '아내

와 즐거운 저녁 식사를 하고 있다', '아주 친해 보인다'. '함께
보내는 시간을 즐겼을 것'이라고 관측했다. 그러나 부정적인
의견도 있었다. '이 커플은 관계 개선을 위한 대화를 나누려고
식당에 간 것 같다'라는 의견도 있었고 '여자가 화가 나 보인
다'라고 대답한 실험자도 있었다. 이 연구는 부정적인 인식과
긍정적인 인식의 비율이 혼자 식사를 하는 사람이나 동행이 있
는 식사나 거의 차이가 없다는 것을 발견했다. 이 연구의 요지
는 우리는 종종 다른 사람들을 판단하고 그에 대한 이야기를
꾸며낼 것이지만, 사실은 혼자 식사를 하면 더 가혹하게 평가
받는다는 건 속설에 불과하다는 것이다.

우리는 또한 심리학자 토머스 길로비치Thomas Gilovich가 만든
'스포트라이트 효과'라고 불리는 것에 시달리고 있다. 간단히
말해서, 이것은 우리가 혼자든 그렇지 않든 간에, 다른 사람들
이 우리를 얼마나 많이 보고 있는지 과대평가하는 경향이 있다
는 것을 의미한다. 2000년 연구 조사에서[4], 길로비치는 많은
학생들을 그룹으로 나누고 각 그룹에서 한 명씩 무작위로 배우
배리 매닐로우Barry Manilow의 얼굴이 새겨진 티셔츠를 입도록
할당했다. 못생긴 티셔츠를 입은 사람들에게 과연 얼마나 많은
사람들이 자신을 알아볼까 예측해 달라고 했고, 약 50%가 알

아보리라 대답했다. 그러나 현실은 25%에 가까웠다. 공공장소에서 혼자 있는 것은 여러 가지 이유로 인해 취약한 경험처럼 느껴질 수 있고, 남들 앞에서 입기 창피한 옷을 걸친 것 같은 부끄러움이 느껴질 수도 있지만 현실은, 아무도 눈치 채지 못했을 가능성이 더 높다.

　혼자서는 즐겁지 않을 것이라는 생각은 앞서 제시한 증거대로 자의식에 따른 어불성설일 뿐이다. 그러므로 혼자 보내는 시간을 자의식에 굴복해버리면 생각한 대로 예언이 현실이 될 뿐이다. 따라서 이제는 이러한 두려움을 떨쳐 버리고 공공장소에서 혼자 있는 시간이 이러한 경험을 다른 사람들과 공유하는 것만큼 즐겁고 풍요로울 수 있다는 자유로운 현실에 직면해야 할 때다. 이것을 뒷받침할 연구가 있다. '공동체 생활 참여 금지Inhibited from Bowling Alone' 연구 논문에서 라트너와 해밀턴은 각 두 그룹으로 나뉘어 미술관을 방문할 것을 지시했다. 여기서 한 그룹은 개인으로, 다른 그룹은 짝을 지어 갔다. 쌍쌍에 비해 개인으로 참여한 쪽이 미술관에 대한 기대감은 적었지만, 방문 후에 결과는 달랐다. 두 그룹 모두 비슷한 수준의 만족감을 응답했다.

혼자 즐거운 시간을 보내는 걸
사람들이 보게 될까 봐 두려워하는 거다?

──────── 이건 좀 더 복잡하다. 바로 두려움이다. 여러분이 루저처럼 보이거나 혼자서 즐거운 시간을 보내고 있지 않다는 것이 아니라, 사람들이 여러분이 실제로 사회 공간에서 즐기는 것을 보게 될 것이다. 마치 여러분이 사람들 앞에서 자위행위를 하는 것처럼 말이다. 이러한 수치심은 여러분이 더 많은 사람들이 여러분을 지켜보고 있다고 생각할수록 더 강해지므로, 여러분이 다른 많은 사람들에게 관찰되고 있다고 생각하지 않는다면, 여러분은 혼자 나가서 즐거운 시간을 보낼 가능성이 더 높다. 다시 말해, '관찰 가능성'이 커지면, 우리는 더 많은 공공 활동을 혼자 하는 것을 꺼리게 된다.

'공동체 생활 참여 금지Inhibited from Bowling Alone' 연구의 또 다른 연구에서 참가자들은 토요일 밤, 즉 피크타임과 일요일 밤, 오프피크타임 중 언제 영화를 보고 싶은지 물었다. 보통 대부분의 사람들은 영화를 토요일 밤에 보는 것을 선호하지만 응답자들이 혼자 극장을 방문해야 한다고 제시하자 대부분은 선택지를 바꿔 일요일 밤 상영작을 선택했다. 솔직히 인정하자면 나조차도 이 부분엔 면역력이 떨어진다. 토요일 밤에 혼자 영화관에 가는 것은 내가 개인적으로 아직 넘어야 할 산이다. 나도 덜 붐비는 오프피크 시간의 영화를 선택할 것 같다. 그럼에도 불구하고, 괜찮다. 때때로 우리는 여전히 혼자 있는 것에 대한 두려움을 극복한다. 일단 여러분이 그러한 두려움들이 무엇인지 확인하고 합리화한다면 직면하는 것도 더 쉬워진다. 스포트라이트 효과에 대해 알게 되자 베이커리 카페에 들러 혼자 케이크를 한 조각 먹을 수 있는 힘을 느낄 수도 있다. 비록 여러분이 안으로 걸어 들어갈 때 본능적으로 여전히 자의식을 느낀다고 할지라도 말이다. 아니면 혼자서도 활동을 즐길 수 있다는 연구 결과대로 사진 전시회를 방문할 지도 모른다. 어쨌거나 이제 두려움을 극복하고 티켓을 구입해볼 시간이다.

사람들로부터 눈에 띄다

──── 31세의 내 친구 리암은 틀을 깨고 있다. 내가 그를 알고 있는 한, 그는 혼자 하고 싶은 일을 하는 본능적인 재주가 있었다. 아이스 스케이팅에서 공연까지, 그는 무엇을 상상하든 해낸다. 그에게 다른 사람은 필요 없다. 리암이 반사회적이라는 것은 아니다. 사실, 그는 그 반대이다. 그에게는 그가 생각해

낸 어떤 말도 안 되는 계획에도 함께 뛰어드는 친구들이 많다. 심야 영화 중 가장 평이 나쁜 영화를 골라 보거나, 런던 북부에 있는 이른바 지옥의 달걀요리라 불리는 샥슈카를 먹으러 나서는 길이라 해도. 하지만 아무도 따라 나서지 않는다 해도 괜찮다. 리암은 단호하게 자신의 계획을 밀고 나간다. "10대 후반부터 나는 내가 항상 열정을 가지고 있는 것들을 하나씩 헤치워 나가는 것에 자신감을 느꼈다"고 그는 말했다. 또 "가끔은 나도 다른 사람이 함께 했으면 좋겠다. 예를 들어, 내가 공연을 보러 간다면, 좋은 친구와 기쁨을 나누는 것도 좋다. 하지만 아무도 관심이 없다면 혼자서도 충분하다. 내가 만약 무언가를 시도해보고 싶다면 같이 갈 사람이 없다고 해서 시도를 멈추진 않을 것이다"라고도 털어놓았다.

리암은 가수 비스티 보이즈Beastie Boys에서 농구에 이르기까지 폭넓은 친구들과 틈새 문화에 무한한 호기심을 가지고 있다. 그리고 혼자 하는 활동에 대한 두려움이 없다는 것은 마치 영국 우주 비행사 팀 피크Tim Peake가 런던에서 독점 연설을 하는 것을 들었을 때처럼 그의 열정을 따르는 것을 놓치지 않는다는 것을 의미한다. "찰나의 순간들을 포착하는 것에 관한 것이다"라고 그가 말했다. "친구들이 가입하고 싶어하지 않고, 비용이 큰 방해가 되지 않는다면, 나는 혼자 갈 것이다. 대부분의 경우 기회가 다시 생기지 않을 수도 있기 때문에 기꺼이 혼자 하면 된다." 몇 년 전, 리암의 접근법은 나를 당황하게 했다. 다 함께 화요일 밤에 트램펄링을 하러 가자는 리암의 즉흥적인 제안을 거절하면서도 대체 이게 무슨 뚱딴지 같은 소리인가 생각했던 기억이 난다. 그러나 리암은 그때도 혼자 갔다. 그때만 해도 혼자 하는 일에 이질감을 느껴 나는 온 몸에 닭살이 돋았다. 하지만 혼자만의 시간에 대한 나만의 경계가 생기자 나도 더 이상 당황하지 않고 새로운 존경과 감탄으로 리암을 떠올렸다.

최근 혼자 활동하는 법을 배우기로 결심한 후 리암처럼 적극적으로 움직이기 시작한 친구 28세의 야스민과도 이야기를 나누었다. 무리 중 유일한 싱글인 그녀는 이따금 약속 바로 전 취소당하는 일을 겪었다. "이것은 계획이 세워지고 깨지고, 그러면 내가 계획했던 일, 방문, 또는 식사 같은 일은 일어나지 않을 것이라는 것을 의미했다"고 그녀는 말한다. 약속을 자주 어기는 친구들에 의존하는 게 싫증이 난 그녀는 스스로 문제를 해결하기로 결심했다. "영화를 보러 가거나 플랫 화이트 커피를 마시거나 전시회를 보러 가는 일에 꼭 동행이 필요한 건 아니라는 걸 깨달았어"라고 그녀는 말했다. 대신 야스민은 그 뒤로 주말마다 런던 주변의 카페, 레스토랑 등을 방문하기로 결심했고 점점 다른 문화 활동이 이어졌다. 처음에는 야스민이 친구들의 변덕에 희생되는 것을 피하기 위해 택했던 시간이었지만, 그녀는 곧 필요악과는 거리가 멀고, 어떤 면에서는 다른 사람들과 함께 보내는 시간보다 훨씬 더 보람 있는 시간으로 나타날 수 있다는 것을 알게 되었다. "다른 사람과 함께 있을 때는 상대가 정말 즐거워하고 있는지를 걱정하던 마음에서 벗어나 자유로워졌다." 그리고 또 간접적으로나마, 혼자만의 시간을 통해 동거까지 진행된 진지한 만남도 생겼다. "어느 주말 브런치를 먹으려고 버몬지의 미술관에 갔다가 잘생긴 남자와 대화를 나누게 되었다. 외향적이긴 했지만 혼자 시간을 보내는 법을 배우기 전까진 미술관에서 처음 만난 잘생긴 남자에게 말을 먼저 걸 용기는 없었을 것이다"라고 말해주었다.

리암은 결코 사람들 앞에서 혼자 있는 것에 방해받지 않는다고 느끼지 않았지만, 야스민은 그동안 더 많은 어려움을 겪었다. "처음엔 좀 어색했다. 사람들과 함께하던 게 너무 익숙했다"고 그녀는 말했다. 함께 나눠 먹는 앞 접시에 대한 유행이나 식당에서 나쁜 테이블을 줄까봐 걱정했던 일도 있었지만, 그녀는 곧 장점이 단점보다 많다는 걸 깨달았다. 그리고 리암과 야스민은 둘 다 같은 결론에 도달했다. 공공장소를 혼자 차지하는 데에서 오는 즐거움과 예상치 못한 로맨스까지 얻을 수 있었다는 것이다. 이날까지도 리암은 자신의 타고난 호기심을 충족시키며 가장 화려하게 순간을 포착하고, 야스민은 마지막 순간의 취소문자에 좌우되기보다는 혼자만의 시간을 사랑하며 주말을 적극적으로 이용한다.

눈에 띄는 홀로살기

——— 리암과 야스민이 발견한 것처럼, 여러분과 함께할 사람이 아무도 없다면, 혼자서 활동을 하는 것은 좋은 백업 계획이 될 수 있다. 하지만 때로는 공공장소에서 홀로 시간을 보내는 것은 친구나 파트너와 함께 할 수 있는 경험을 단순히 복제하는 것 이상이다. 때로는 이런 공공장소에서의 혼자 하는 데이트가 본질적인 가치를 지닐 수도 있다. 무리가 없어서라기보다 경험을 확실하고 정확하게 즐길 수 있다는 걸 의미한다.

내가 공공장소에서 혼자 시간을 보내는 방법 중에 대해 좋아하는 것은 바로 다른 사람들 곁에서 혼자 있는 것이다. 완전히 역설적으로 들린다는 것도 잘 안다. 하지만 '혼자 있는 함께'에서 재미까지 불러오기엔 시간이 좀 걸렸다. 예를 들어, 동네 카페에서 혼자 아침을 먹는 나의 토요일 의식을 예로 들어 보자. 영국식 다실을 연상시키지만 아트 데코 바닥과 이탈리아

고전 영화의 액자 포스터로 장식된 허름하고 정신없는 아늑한 곳이 있다. 지나치게 멋들어진 카페가 즐비한 곳에서 조금 떨어진 곳에 위치한 이곳은 항상 자리가 많아 언제든 앉을 수 있다. 게다가 해가 잘 들어오는 곳엔 1인 좌석도 있다. 토요일 아침 의식을 시작하던 시기, 나는 혼자 하는 것을 배우는 단계였고 이곳에서 나는 예상치 못한 깨달음을 얻었다. 낯선 사람들 사이에서 아침을 같이 먹는 행위가 주는 아주 중요한 경험을 하게 된 것이다.

2020년 처음 락다운 되고 나서야 그 의미를 이해했다. 나는 매일 토요일 아침, 배달로 사워 도우 빵에 수란을 주문해 먹으며 규칙적인 아침 의식을 계속 이어 나갔다. 게다가 식탁에는 음식과 읽을거리가 갖추어졌다. 촛불을 켜고, 냅킨을 꺼내서, 전부 다 똑같았다. 그러나 예전 같지 않았다. 평소 주말 의식의 모든 요소들이 그곳에 있는 동안, 내가 몹시 그리워했던 것은 곁에서 대기하는 직원들과의 부드러운 잡담, 주변의 가족, 연인들, 그리고 다른 1인 손님들의 웅성거림이었다. 나의 토요일 아침을 훨씬 더 즐겁게 만든 것은 낯선 사람들의 존재가 불러오는 무언가였을까?

2014년, 예일대학교 연구원들은 케케묵은 가정법 하나를 조사하기 위한 연구를 수행했다[5]. 경험들이 다른 사람들과 더 손

쉽게 공유된다는 것이다. 참가자들은 두 가지 다른 종류의 초콜릿을 먹도록 지시받았다. (하나는 달고 맛있는 초콜릿이었고 다른 하나는 쓰고 불쾌한 초콜릿이었다.) 어떤 참가자들은 다른 사람과 함께 초콜릿을 먹은 반면, 다른 참가자들은 혼자 초콜릿을 먹었다. 경험을 공유하는 사람들은 달콤한 초콜릿에 반응하여 더 즐거운 감정을 보고했고, 이것은 우리가 다른 사람들과 함께 더 긍정적인 경험을 즐긴다는 믿음을 강화시켜주는 것 같았다. 하지만 여기 흥미로운 부분이 있다. 이 연구의 '다른 사람'은 인물은 실제로 실험하는 동안 침묵을 지킨 연구원 중 한 명이었다. 사회심리학자이자 수석연구원인 에리카 부스비는 "사람들이 공유된 경험을 생각할 때, 보통 친구나 가족과 같이 가까운 다른 사람들과 함께 있고 그들과 대화하는 것이 생각난다"고 말했다. 또한 "우리는 우리가 알지 못하고 심지어 소통조차 하지 않는 주변 사람들에게서 영향을 받는 정도를 깨닫지 못한다"고 말했다. 그래서 경험들이 더 잘 공유될 수 있지만, 여러분은 그것들을 공유하는 사람들을 개인적으로 알거나 그들과 상호작용을 할 필요는 없다.

과학이 말해주듯 내게도 그런 촉이 있었나보다. 카페의 손님들과 직원들이 토요일 아침의 승패를 좌우하는 부분이라고는 생각해 본 적이 없지만, 그 경험의 공동체성에는 내가 그것을 더욱 즐길 수 있게 해준 무언가가 있었다. 심지어 매주 열리는 이 외출의 모든 다른 요소들을 내 집의 안락함에서 재현할 수 있을 때조차, 내가 그리워하는 것은 다른 사람들 곁에 있었다. 내 의견은 28세의 그레이스가 제대로 이해하고 있었다. 여행자인 그레이스는 전 세계에서 혼자 식사하는 것에 익숙해지고, 동료의 부재를 느끼기보다는 적극적으로 식사를 즐기게 되었다. "혼자 떠나는 여행은 사람들로 붐비는 카페에서 시간을 보내는 즐거움을 알게 된 계기였고, 그것은 내가 일상에 가져왔던 것이다. 나는 특히 여러분이 정신적인 공간과 평온함을 가지면서도 사람들의 따뜻한 웅성거림에 둘러싸인 느낌을 잘 포착하는 것을 좋아한다"고 그녀는 말했다.

바로 그것이다. 토요일 아침, 즉 나의 성스러운 아침은 내가 일주일간의 인터뷰와 사교 활동을 한 후 스트레스를 풀고 에너지를 되찾기 위한 장소였다. 하지만 나는 여전히 다른 사람들의 '따뜻한 소음'을 즐기고 있다. 성격의 외향적이고 내성적인 면이 완벽하게 조화를 이루는 것 같았다. 아마도 이런 지점이 반향을 불러일으키고 또한 여러분은 기차나 콘서트나 예배 장소에서 집단적인 일체감을 느꼈을 것이다. 혼자이지만 동시에 다른 타인과 함께 있다는 편안한 느낌. 어쩌면 내가 카페 구석에 숨어 있는 것을 좋아하는 완전 괴짜처럼 당신과 마주쳤을 수도 있다. 어느 쪽이든, 여러분이 주변의 낯선 사람들의 감정을 좋아하든, 아니면 단순히 당신의 멋진 삶을 사는 것을 방해받고 싶지 않은 것이든 간에, 공공장소에서 혼자 있는 것을 배우면 보상을 받는다. 그럼, 어떻게 시작할 수 있을까?

'혼자 하기' 초급 레벨: 영화보러 가기

─────── 혼자 무언가를 하기에 최적화 된 공간이 있다면 바로 영화관일 것이다. 전화기를 보거나 대화가 기본적으로 금지된, 화려한 사운드트랙이 있는 어두운 장소이며, 당신이 보고 있는 것 이외의 모든 감각 자극이 빼앗긴 공간이다. 영화와 당신 오직 둘 뿐인 공간이다. 쇼케이스 시네마Showcase Cinemas 조사에 따르면[6], 우리 모두가 아직은 혼자서 영화관에 갈 수 없지만 그럼에도 소수의 사람들이 있다. 4분의 1(24%) 가량의 소비자들이 일 년에 세 번 혹은 그 이상 혼자 영화를 본다고 한다. 더구나 조사 대상자의 3분의 1이 넘는 36%가 "누군가와 함께 가는 것보다 혼자 가는 것을 더 좋아 한다"고 답했다.

트위터 팔로워들을 상대로 그들이 가장 편하게 혼자 방문하는 공공장소에서 설문조사를 했을 때, 영화관에 가는 것은 미술관을 방문하거나 혼자 식사를 하거나 심지어 연습 수업에 참석하는 것보다 훨씬 더 높은 점수를 받았다. 혼자 영화를 보는 것을 좋아하는 사람들이 정말 열렬한 환대를 해주었다. 38세의 낸시는 영화관에 간 자신의 여행을 '보물 아니면 쓰레기를 보는 나 자신과의 데이트'라고 묘사했다. "호화로운 영화관 좌석에 앉아 있든 월요일 반값 티켓을 사든, 혼자 보는 영화 여행은 어둠속에서 웅장한 사운드에 맞춰 무언가를 보는 행위 자체로도 이미 행복이다"라고 했다.

　"혼자 보는 영화는 내가 세상에서 제일 좋아하는 일 중 하나예요. 보고 싶은 영화를 맘껏 볼 수 있고, 조용한 대낮에 가서 내가 좋아하는 간식을 사고 아무하고도 이야기를 하지 않아도 되니까요"라고 35세, 캣도 덧붙였다.

　41세의 샘은 기분이 좋지 않은 날 방문하는 영화관에 대한 이야기를 해 주었다. "환경이 주는 몰입도가 나를 괴롭히는 어떤 것이든 내 마음을 빼앗는다. 나는 항상 기분이 좋아진다." 내가 그에게 혼자 가는 것이 좋겠느냐, 아니면 다른 사람과 가는 것이 좋겠느냐고 물었을 때, 그는 이렇게 대답했다. "솔직히 말해 아마도 혼자 갈 것이다. 물론 함께 영화를 보러 가는 사람들은 모두들 좋은 사람들이지만 누군가와 함께 영화를 보면 끝나고 꼭 대화를 나눠야 할 것만 같은 압박감이 있다. 반면, 나는 방금 본 것을 처리하기 위해 약간의 묵상하는 것을 선호한다."

'공동체 생활 참여 금지Inhibited from Bowling Alone' 연구가 시사하듯, 우리는 너무 많은 사람들이 공공장소에서 우리를 관찰하고 있다는 느낌을 좋아하지 않는 경향이 있다. 그렇기 때문에 혼자만의 시간을 보내는 것이 익숙하지 않다면, 영화관은 시작하기에 좋은 장소이다. 왜냐하면 '타인의 시선'을 덜 느끼기 때문이다.

습관은 고치기 어려울 수 있다. 아무리 혼자라는 것에 대해 이론적으로 생각해도, 사회적으로 아직은 만연하진 않아 처음엔 부담스러울 수도 있다. 내가 화장실에 가는 동안 내 팝콘은 누가 들고 있어야 하지? 살사를 배워보고 싶어도 누구와 짝을 이뤄 춤을 춰야 하지? 세션이 시작되기 전까지 누구와 대화를 나눠야 하지? 등의 고민이 있을 수 있다. 하지만 중요한 건, 이 모든 우려들은 여러분이 일단 공공장소에서 일을 하는 것의 기쁨과 힘을 경험하게 되면 무의미하게 사라지게 된다는 것이다. 일단 여러분이 혼자 장소에 가는 도전을 받아들인다면, 여러분은 여러분이 하고 있는 일에 내재된 만족감을 느끼기 시작할 것이다. 하지만 모든 사회적 상황이 당신 혼자만의 삶을 공개하는 데 있어 평등한 것은 아니다.

'혼자 하기' 프로 레벨: 혼자 식사하기

─────── 혼자 식사를 하는 것은 최고의 사치일 수 있다. 요리 기고가 펠리시티 클로크Felicity Cloake와 팟캐스트에서 인터뷰를 한 적이 있다. 그녀는 혼자 식사를 한다는 생각은 '열정적인' 행위라고 생각한다며, "나는 항상 혼자 식사하는 사람이라는 것이 매력적이라고 생각했다. 왜냐하면 그것은 당신이 가서 그것을 할 수 있는 자신감을 가지고 있고, 당신 자신의 회사에서 행복하다는 것을 의미하기 때문이다"라고 했다. 그녀가 옳다. 나는 많은 사람들이 용기가 없는 세상에서 혼자 식사를 하는 것은 매우 나쁘다고 생각한다. 33세의 라지는 "혼자 있는 것 자체로도 발산되는 신비로운 공기를 적극적으로 즐긴다"고 말하며 동의한다. 그는 런던에서 혼자 한 달에 평균 두 번 정도는 혼자 저녁을 먹는데 때로는 책을 읽으며 기분 전환을 하거나, 늦게까지 일한 나에게 보상을 주고 싶어서라고 그 이유를 밝혔다. 런던에 머물던 사이, 그는 스포츠 경기를 틀어놓은 곳에서

느긋하게 쉬었고 오히려 여행으로 방문했을 땐 조금 더 고급스러운 레스토랑을 선택했다. "혼자 식사를 하며 와인 페어링까지 모든 것을 갖춘 호화로운 레스토랑에 몸을 맡겼다"라고 덧붙였다.

어떤 사람들은 느긋하게 혼자 식사를 할 수 있지만, 우리가 생각하는 가장 자신만만한 사람들조차도 어려움을 겪을 수 있다. 만약 당신에겐 조금 불안한 일이라고 해도 괜찮다. 당신만 그런 것은 아니다. 가령 1958년 10월부터 1963년 타계할 때까지 가톨릭 교회의 수장이었던 교황 요한 23세는 수세기 동안 홀로 식사를 해야 하던 교황의 관습이 너무 싫다며 공식적으로 중단했다. "일주일이나 혼자 시도를 해 봤지만 정말 불편했습니다"라고 그는 말했다. "성경을 뒤적거리며 왜 혼자 먹어야 하는지에 대한 이유를 찾아봤지만 아무 근거도 찾지 못했다. 포기하고 나니 훨씬 낫다."[7]

내가 처음으로 사랑하는 토요일 아침 의식을 시작했을 때, 나는 마음속에 장벽을 만들곤 했다. 내가 아는 사람들이 카페에 나타나서 거기서 나를 볼 수 있는 가상의 시나리오를 고안해 냈다. 나 혼자 밥을 먹는데 아는 사람이 나를 발견하는 건, 과연 충격과 공포였다. 몇 주가 지난 후, 나는 무서운 생각을 멈출 수 있었다. 공공장소에서 혼자 식사를 하는 것은 나의 오래된 억압을 정복하는 것을 의미했다. 토요일 밤에 집에 머무는 것을 배우는 것이 혼자 시간을 보내는 나의 첫 관문이었다면, 이전에는 다른 사람들과 함께 지냈을 공간에서 혼자만의 약속을 공공연하게 만드는 것이 일종의 돌파구였다. 카페에 들어가 "한 사람이요"라고 말할 수 있다는 데에서 스릴과 공포가 뒤섞였다. 이상하게도 혼자 밥을 먹을 권리가 있다고 느끼면 늘 어딘가 자유로운 기분이 들었다.

내가 이 책을 쓰기 시작했을 때, 나는 내가 넘지 못한 선이 있다는 것을 깨달았다. 바로 혼자 고급 레스토랑에 가는 것이다. 그래서 베를린 여행 중에, 나는 시도 해보기로 결심했다. 나는 하얀 리넨 원피스에 굽이 있는 샌들을 신고 빨간 립스틱을 바르고 슈트라우스베르거 광장Strausberger Platz이 내려다보이는 고급 레스토랑에서 혼자 데이트를 했다.

물론 식사만 한 건 아니다. 돌처럼 조용히 휴대폰만 보면서 식사를 하던 부부도 관찰했다. 낭만이 없다고 말하려는 것은 아니다. 그게 아니라 행복한 커플들을 보는 것이 재미있고, 바람둥이 같은 저녁 데이트도 좋아한다. 하지만 나 자신과의 데이트가 슬프고 외로운 식당의 진부한 분위기를 탈피했고, 반면 커플의 저녁 식사 역시 꼭 이상적인 로맨틱한 것으로 묘사되는 것은 아니라는 점에서 안심하기도 했다.

몬테풀치아노Montepulciano 와인 한 잔, 피스타치오 티라미수 한 조각, 그리고 읽고 있던 에세이집을 다 읽고 나니 저녁이 끝나기를 바라지 않았다. 이렇게 좋은 식사를 하기까지 왜 그렇게 오래 걸렸을까? 일단 혼자 식사하는 기술을 배우면, 평생의 연애를 시작하는 것과 같다. 당신 외에는 아무도 의지하지 않는 자신을 탐닉하는 방법이다. 왜냐하면, 솔직히, 여러분은 그럴 가치가 있고, 여러분 자신에게 그것을 증명하는 데서 오는 자존감을 능가하는 것은 아무것도 없기 때문이다.

고객으로서의 만족감을 유지하기

──────── 이 특별한 베를린 레스토랑의 서비스가 훌륭했다는 것은 언급할 가치가 있다. 내가 처음으로 혼자 근사한 저녁을 먹는 것에 대해 훨씬 더 편안함을 느끼게 해주었다. 혼자 외식한 사람이라면 누구나 알겠지만, 이것이 여러분이 그 경험을 즐길 수 있는 가부를 위한 정말 중요한 요소이다.

직원들이 항상 독신자들에게 친절하게 대해주길 바라겠지만, 실제로는 항상 그렇지는 않으며, 혼자 있는 고객을 괴롭히는 어떤 가게들도 분명 있다. 일 때문에 여행을 자주 다니시는 아버지께서는 이런 태도에 대해 몇 가지 좋지 않은 경험을 하셨다. 한번은, 그가 빈 레스토랑에 들어가 테이블을 요청하니, 모든 테이블이 예약되었다고 했단다. 또 한 번은 웨이터가 혼자 식사하는 것을 보고 "정말 용감하군요"라고 애처롭게 말을 건넸다고. 이런 경험 때문에, 아버지는 혼자 식사하는 것에 대한 두려움을 완전히 버릴 수 없었다고 하셨다.

혼자 식사를 할 때 우려되는 또 다른 문제는 눈에 띄는 자리에 앉는 일 아닐까. 특히 레스토랑에 1인석이 없을 경우 (즉, 카운터 좌석이 없어 2인용 테이블에 혼자 앉아야 하는 경우를 뜻한다.) 나는 개인적으로 이것에 대한 두 가지 접근법이 있다고 생각한다. 하나는, 이렇게 생각해보는 것이다. '좋다. 자영업을 한다는 게 어려운 일이니까. 1인 손님용 카운터 좌석이 있는 레스토랑을 선택하거나 오프피크타임에 가자.' 하지만 우리는 슬금슬금 다가오는 '나 홀로'를 경계할 필요가 있다. 지금은 여러분의 혼자만의 시간이고 본능적으로 모든 것을 타협하기에는 충분히 그럴 필요 없는 가치가 있다.

이것은 사색의 양식이다. 1인 다이닝이 보급됨에 따라 (식당 예약 애플리케이션 '오픈테이블OpenTable'에 따르면 2014~2018년 사이 1인 테이블 레스토랑 예약이 160% 급증했다)[8] 고객은 훨씬 더 혁신적이 되어야 할 책임과 부담감이 있다. 그다지 어려운 일도 아니다. 세계 어느 곳에서든 선례가 세워져 있다. 예를 들어, 일본 여행 중에 나는 '낮은 상호 작용의 식사'라는 개념을 바탕으로 한 이치란 라멘Ichiran Ramen의 오사카 지점에서 식사를 즐겼다. 이치란 라멘은 혼자 부스에서 식사를 하고, 면은 앞에 있는 출입구에서 제공받는다. 다른 곳에서는 음식에 대한 강한 문화적 감상이 있는데, 이곳에서는 개인적으로 나쁜 식사와 타협하는 것에 대한 모욕을 굳이 고객이 감당하지 않아도 된다. 펠리시티 클로크는 한 프랑스 웨이터가 '1인 테이블'을 요청하며 새어나온 그녀의 미안한 어조를 꾸짖었던 기억을 회상한다. "그는 사실 그것에 대해 상당히 화가 나 있었다. 특히 프랑스에서 좋은 것은 혼자 먹는 것이 전혀 이상할 일이 아니다. 프랑스에서는 음식을 잘 먹는 게 매우 중요한 문화이므로 1인 손님이나 혼자였던 적이 없었다. 거기서 편안함이 느껴졌다."

당신이 어디에 있든, 당신이 1인 손님으로서 완벽한 대접을 받지 못하더라도, 당신은 여전히 그곳에 있을 권리가 있다는 것을 기억하라. 당신을 가로막는 유일한 것은 두려움이다. "난 보통 내가 실제로 앉기 전까지는 약간 긴장하는 편이다. 더 자주 경험할수록 혼자하는 식사는 쉬워진다"라고 34세의 로지는 제안했다.

우리는 레스토랑에 가는 것을 전형적인 '나 혼자만의' 활동으로 생각하지 않을 수도 있지만, 혼자 하는 식사는 가장 순수한 형태의 레스토랑을 경험할 수 있게 해주며, 기다리는 직원들의 친절함, 음식 발표, 배경음악을 완전히 음미할 수 있다. 1년에 두세 번 정도만 한다고 해도, 나는 여러분의 지식만을 위해서라도, 다른 사람에게 모험을 의존하지 말고 직접 경험해 볼 것을 여러분에게 권한다.

혼자서 이러한 경험을 즐길 수 있다는 것은 완전한 힘이 된다. 여러분 자신이나 다른 사람들에게 여러분이 이 흥미로운 공간을 차지하기에 충분하다는 것을 알리는 신호다. 더 많은 사람들이 '단순히 식사를 하거나 혼자 여행하기' 때문에, '긍정적인 순간'을 만들어 낸다고 드파울루는 추측한다. "이런 행동을 혼자 하는 사람들을 발견하는 누군가 역시 같은 행위를 홀로 하는 데에 거부감이 줄어든다"고 했다.

혼자 식사하는 경험을 즐기는 방법

———— 대기 중인 직원들이 얼마나 큰 영향을 미치는지 고

려하면, 사전에 조사를 해 볼 가치가 있다. 물론 어쩔 수 없이 어쩔 수 없는 경우도 있지만, 가능하면 혼자 식사를 하는 것으로 유명한 식당을 찾아보자. 빠른 구글 검색을 통해 과거에 그곳을 방문해 혼자 식사해 본 경험자로부터 추천이나 도움을 받을 수 있다. 소품으로 읽을거리도 권하고 싶다. 이상한 조언처럼 들릴지 모르지만, 여러분이 거의 읽지 않더라도, 무언가를 그곳에 가지고 있는 것은 부적처럼 느껴질 것이다. 그렇긴 하지만, 나는 휴대폰을 꺼내지 말라고 강력히 권한다. 휴대폰을 보면 사실상 어떤 경험도 흡수하지 못할 것이기 때문이다. 책, 잡지, 신문 등을 보느라 절반의 시간을 보내고, 나머지 시간은 음식을 음미하며 보내거나 뻔뻔스럽게 남의 첫 데이트를 구경하는 데 시간을 허비할 가능성이 높기 때문이다.

펠리시티 클로크가 주는 또 다른 조언이 있다. 만약 여러분이 혼자 식사를 한다면, 여러분은 화장실 옆이나 외딴 곳에 있는 최악의 좌석을 제공받을 가능성이 매우 높다. 개인적으로 언짢게 받아들이면 안 되지만, 다른 사람에게 부탁하는 것을 두려워 하거나 절대 사과하지 말자. 펠리시티가 런던의 유명 스테이크 레스토랑에 리뷰를 위해 방문했을 때 일이다. 대기석에 자리를 안내 받은 그녀는 "그들을 노려보며 2인용 테이블을 달라고 요청했어요. 사람들이 나를 빤히 바라보는 게 느껴졌지만 생각했죠. '맞아, 난 내 권리를 다 누리며 즐기고 디저트까지 먹을 거야'라고 말이에요."

　그런 정신으로 즐겨보자. 또한, 만약 여러분이 혼자 식사를 할 수 있는 위치에 있다면, 그것은 사치이고, 여러분이 평생 동안 반드시 받을 수 있는 것은 아니라는 것을 기억하자. 언젠가, 여러분은 뒤돌아보며 '왜 내가 할 수 있을 때 혼자 외식을 하지 않았는가?'라고 후회할 수도 있다. 그러지 말고 지금 행동하자. 순간을 음미하고 디저트까지 주문하자.

"나는 정말로 혼자 떠나는 여행이

개인적인 발전을 불러온다고 믿는다.

나는 혼자 여행할 때 항상 수많은 메모를 휴대폰에 남겨온다.

또 내가 무슨 일이든 헤쳐 나갈 배짱과

능력이 있다는 자신감도 얻었다."

Part 7

혼자만의 여행

몇 년 전 여름, 나는 내 친구 레이첼로부터 셀카를 받았다. 사진 속 그녀는 스페인 풍 옥상에 서서 선글라스를 끼고 몸을 기대고 있었다. 말레이시아 계로 모두가 부러워할 만한 피부톤을 가진 그녀는 화장도 하지 않은 빛나는 얼굴로 30도가 넘는 햇살이 그녀 뒤로 드리워져 후광을 발하고 있었다. 페로니 와인 병을 들어 카메라를 향해 건배를 건네는 그녀의 모습은 정말이지 아름답고, 근심 걱정도 없어보였으며 근사하기 이루 말할 수가 없었다. 몇 주 동안, 7년간의 연애에 종지부를 찍고 가족 중 한 명을 하늘나라로 보낸 후 레이첼은 처음 가져보는 혼자만의 휴일을 위해 세비야를 방문하는 것을 고려하고 있었다. 그녀는 건축학 석사 과정을 마친 후부터 보고 싶었던 건물들을 읽고, 쉬고, 확인하고 싶었다. 그녀가 보내준 사진은 자발적으로 한 발 더 나아간 친구의 모습을 확인시켜 주었다. 그리고 나는 더 자랑스러울 수 없었다.

혼자만의 여행은 지구 반대편에서 배회할 수도 있다. 호주에서는 한 달 동안 배낭여행을 하고, 차를 빌려 타고 다니며 호스텔에 머무르기도 한다. 아니면 현지 체류나 파리의 주말

휴식 같은 집에서 더 가까워질 수도 있다. 스테파니 로젠블룸Stephanie Rosenbloom이 혼자 떠난 여행 회고록《누구나 혼자만의 시간이 필요하다: 사계절 네 도시에서 누리는 고독의 즐거움》에서 말한 것처럼 내가 사는 곳을 마치 '외국의 도시'처럼, 그리고 '들이마실 시간이 너무도 충분한 것처럼' 여길 수도 있다.

최근 몇 년간 혼자 떠나는 여행이 급증하고 있다. 2019년 영국 일반인 1,000명을 대상으로 한 설문조사에서 13%가 그 어느 때보다 혼자 떠나는 여행을 많이 수용했다고 답했고, 절반 가까이(48%)는 과거 혼자 휴가를 떠난 적이 있다고 답했다.[1] 한편, '플래시 팩Flash Pack'과 같은 전문 업체는 혼자 떠나는 여행자를 위한 맞춤 여행을 제공한다. 집필 당시에는 코로나19가 이 분야에 어떤 영향을 미칠지는 아직 알려지지 않아서 혼자 떠나는 여행의 성격이 약간 바뀔 수도 있지만, 그 가치는 그대로 유지될 것이다. 이 장의 목적에 따라 당신의 '여행지'는 중요하지 않다. 모험과 '홀로살기'의 정신이 중요하다.

그래서, 혼자 여행하고 싶다고?

──────── 6일간의 해변 휴일이든, 6개월간의 안식휴가가든, 여행은 우리의 가장 소중한 여가시간 중 하나이다. 여러분의 인스타그램이나 소셜 미디어의 프로필을 일 년 내내 장식할 사진을 찍을 수 있는 가장 좋은 시기일 수도 있지만, 궁극적으로 보면 그런 것들은 여러분이 귀중한 휴가를 예약할 때 마음먹은 동기와는 거리가 멀다. 여행의 목표는 긴장을 풀고, 일정을 허용하는 것 그리고 어쩌면 조금 성장하는 것일지도 모른다. 문제는, 그러기 위해 여행 동반자가 필요하냐는 것이다. 우리 중 많은 사람들이 친구나 가족과 함께 휴가를 가는 기쁨을 알고 있지만, 나는 어떻게 하면 혼자서도 휴가를 보낼 수 있을 만큼 용감해질 수 있을까에 대해 이야기하고 싶다. 하나의 경험을 다른 것과 비교하기 위한 것이 아니라, 혼자 여행하는 것의 독

특한 보상을 인식하고 축하하기 위함이다.

혼자 떠나는 여행 결정은 최후의 수단으로 이뤄지는 경우가 많지만, '인트레피드 트레블Intrepid Travel'의 고객 중 50%는 혼자 가입하고, 결정을 후회하는 일은 거의 없다. 레베카 샤피로Rebecca Shapiro, 수석 담당자는 내게 다음과 같이 말했다. "많은 사람들이 결국 혼자 여행을 하게 됩니다. 왜냐하면 사랑하는 사람들이 같은 우선순위나 열정을 가지고 있지 않기 때문이죠. 하지만 대부분은 그들이 가지고 있던 것보다 더 많은 내면의 힘과 새로운 삶의 여유를 발견하게 됩니다. 가장 큰 반향을 불러일으키는 주제는 혼자 떠나는 여행이 얼마나 혁신적이냐는 것입니다. 만약 여러분이 그곳에 기꺼이 떠나려고 한다면, 혼자 떠나는 여행은 당신을 실망시키지 않을 겁니다."

그리고 나는 트위터 팔로워들에게 혼자 떠났던 여행에서 배운 것이 있는지에 대해 질문해 보았다. 답변은 다음과 같다.

솔직히 혼자 떠나는 여행은 내가 가장 좋아하는 것이다. 그것은 나에게 많은 자신감과 자유를 주었고 대부분의 상황을 유연하게 다룰 수 있을 만큼 나 스스로에게 많은 믿음을 주었다. 나는 스무 살 때부터 유럽과 아시아를 혼자 여행했다. 모든 사람들이 적어도 한 번은 꼭 시도해보기를 권한다!

_조지, 26세

. . .

큰 일을 혼자 하는 것은 사실 여러분이 생각하는 것보다 훨씬 쉽다. 낯설게 느껴질 수도 있지만, 모두 할 수 있다.

_프란체스, 32세

. . .

나는 내가 계획을 세우는 타입이라는 것을 깨달았고 혼자 여행을 하며 보다 충동적인 사람이 될 수 있었다. 혼자 여행하는 것에 대한 선입견이 내게도 존재했다는 걸 깨달았으며 나혼자서도 충분히 즐겁게 놀 수 있다는 걸 깨달았다.

_루시, 42세

. . .

당신이 무언가를 천천히 하기 위해 얼마나 많은 시간이 필요한가? 특히 당신이 말도 안 되게 복잡한 런던에서 도망치기만 하면 긴장을 풀 수 있는 끝없는 날들이 (그리고 독서를 할 수 있는 여유로움이) 무한히 생긴다. _알렉산드라, 27세

* * *

혼자 남겨지자, 내 삶은 더 극단적이고 생생한 경험이 되었다. 여행을 할 때 나는 새로운 것에 개방적이었고 내 주변의 상황에 적응했다. _이디스, 42세

그럼에도 불구하고, 미개척자들에게 혼자 떠나는 여행은 생각보다 만만치 않아 보일지도 모른다. 해결책은 많은 혼자만의 감정과 마찬가지로 단순히 두려움을 느끼고 어쨌든 돌파하는 것이다. 작은 보폭이어도 괜찮다. 지난 10년 동안 매년 혼자 여행을 떠나온 36세의 노련한 여행자인 클레어는 우선 하루나 이틀 밤을 보내라고 충고한다. 그녀는 특히 초보자라면 혼자 밤에 걸어 다니면서 안전하다고 느낄 만한 장소에서 호텔을 찾는 것이 우선이라고 조언한다. (구글 맵의 거리뷰에서 추천항목을 이용하는 것도 좋다.) 혼자만의 여행을 위해 욕조가 있는 장소를 찾아보는 것도 좋다. 클레어처럼 목적지에 밤에 도착하는 게 휴식을 취하기 좋다. 첫날밤은 혼자 여행하는 사람으로서 더 힘들 수 있지만, 느긋한 시작이 낯선 상황의 도전을 헤쳐나가는 데 도움이 될 것이며, 기분전환을 하고 여행을 시작할 준비가

될 것이다. 혼자 여행을 시작할 때는 편안함이 핵심이며, 이러한 실용적인 세부 사항은 여러분이 반복하고 싶은 긍정적인 경험을 만드는 데 차이를 만들 수 있다.

안전이 우선이다

─────── 여러분이 뛰어들기 전에 생각해야 할 한 가지는 안전이다. 많은 여성들이 여행하지 못하게 한 것이 있다면, 바로 이런 것이다. 드물고 끔찍한 뉴스 헤드라인은 왜 혼자서 여행을 가면 안 되는지에 대한 경고성 이야기가 되기도 한다. 여성들이 스스로 여행하는 것을 막는 또 다른 이유는 바로 수세기 동안 여성 혼자만의 여행이 허용되지 않았다는 점 때문이다. 로젠블룸이 책에서 지적한 바와 같이, 여성은 홀로 여행은커녕, 무엇이든 독립적으로 하는 것 자체가 '권리'를 행사하기 힘든 조건이라는 것이다. 그녀는 외식을 예로 들며 뉴욕에서는 20세기 초까지 남성 없이 식사를 하는 것이 과연 허용되어야 하는지에 대한 입법 법안을 논의했다고 썼다. 여성으로서 나는 개인적으로 혼자 여행해야 할 의무를 느낀다. 여성으로서 홀로 여행이 가능한 해방 1세대이기 때문이다. 혼자 사는 것, 혼자

식사하는 것 등 수많은 개인적인 행위가 있지만 내가 할 수 있는 일이라는 단순한 이유로, 혼자 하는 여행도 좋아한다.

2008년 29세의 나이로 영국의 벨파스트의 국립공원을 혼자 하이킹하다가 성폭행을 당한 작가 위니 리의 이야기에서도 큰 영감을 받았다. 10년 후, 위니는 〈스타일리스트〉지에 '여자는 혼자 여행해서는 안 된다고 감히 말하는 모든 사람들에게 보내는 메시지'라는 글을 기고하며 자신의 경험을 털어 놓았다.[2] 이 글은 영국 관광객 그레이스 밀레인의 살인사건을 계기로 출간되었으며 위니 리가 그 사건이 있고 1년 반 후, 다시 여행을 시작하게 된 계기가 서술되어 있다.

"나를 폭행한 강간범은 이미 내게서 너무 많은 것을 빼앗아 갔기 때문에, 나는 나머지마저 빼앗기지 않으려 했다…… 그레이스 밀레인에게 일어난 일 때문에, 지금 여행을 못하게 될 젊은 여성들이 있다는 것을 생각하면 나는 슬퍼집니다. 우리는 '무슨 일이 일어날지 모른다'라는 망령에 사로잡혀 두려움 속에서 우리의 삶을 살 운명이 아니다."

그렇다. 많은 일들이 일어날 수 있고, 대부분은 좋은 일이다.

2016년 아르헨티나 여성 배낭족 2명이 에콰도르를 여행하던 중 성폭행을 당해 숨지는 사건이 일어났을 때도 비슷한 기조의 반응이 있었다. 온라인 댓글은 여성이 혼자 여행하는 것에 대해 비난하는 것에 초점을 맞췄다. 이에 여성 여행자들은 '#ViajoSolo(비아조 솔로, 혼자 여행하다라는 뜻의 스페인어 - 역주)'라는 해시태그와 함께 전 세계를 누빈 자신의 사진을 게재했다. 내 몸은 내가 책임져야 한다. 하지만 두려움이 당신의 혼자 떠나는 여행에 방해가 되지 않도록 해야 한다.

혼자 떠나는 여행의 몇 가지 장점

———— 이 챕터를 살펴보면서 혼자 떠나는 여행자들과 나눈 많은 대화에서, 너무 많은 이점들이 인용되는 것을 들었다. 여기에 모두 열거하기에는 너무 많지만, 다음과 같은 장점들이 눈에 띄었다.

"당신이 하고 싶은 걸 다 해볼 수 있어요."
"지금 이 순간을 즐길 수 있어요."
"여행을 통해 나 자신을 찾을 수 있어요."
"버킷리스트를 하나 이룰 수 있어요."

이 중 몇 가지를 자세히 살펴보겠다.

하고 싶은 것 다 해보기

──────── 여러분이 휴가를 즐길 준비가 되었을 때, 세상이 열리고 시간이 눈 앞에 펼쳐진다. 그리고 어떤 곳을 여행지로 결정했다면 신날 기회가 부족하지는 않을 것이다. 단체로 떠나는 여행이 때론 지친다는 걸 경험해본 사람이라면 누구나 알겠지만, 라오스를 배회하든 현지 해변을 탐험하든 바르셀로나의 호텔 수영장을 하루 종일 떠나지 않든, 함께 떠나는 여행은 절충이 필요하다.

그러나 혼자 떠나는 여행은 자신의 상상력과 다른 작은 것들에 의해 이끌리게 된다. 지난여름 파리에서 주말을 보낸 동안 나는 문학 투어, 페미니스트 스트리트의 아트 쇼케이스 방문하고, 몽마르트에서 빈티지 쇼핑을 했으며, 카페 드 플로르에서 두 가지 코스 요리로 점심을 먹고, 그리고 심지어 호텔에서 엘레나 페란테의 책을 읽으며 와인을 마시는 게으른 저녁 시간을 보낼 수 있었다. 제이다 세제르는 도쿄 여행에서 그녀가 가장 좋아하는 모든 것에 빠져들 기회를 잡았다. 그녀의 호기심과 〈블레이드 러너〉에 대한 열정 때문에, 그녀는 신주쿠의 유명한 로봇 쇼에서 사무라이 박물관으로, 그리고 주력 상품인 닛산 전시장으로 옮겨 다녔다. "나는 이 커다란 거품이 로봇에 의해 자동차 모양으로 조각되어 있는 것을 보며 '정말 멋져!'하고 소리를 질렀던 기억이 난다"고 그녀는 말했다.

혼자 여행하는 것은 여러분이 완전히 자기중심적일 수 있다는 것을 의미한다. 마지막 순간에 계획을 바꾸고 싶어도 문제없다. 이보다 더 잘 어울리는 '홀로살기'는 없으니까.

지금 이 순간을 즐겨라

———— 혼자만의 여행을 많이 하는 것과 마찬가지로 혼자 여행하는 것은 다른 사람들의 소음에서 벗어나 무엇을 하고 있는지, 무엇을 보고 있는지, 무엇을 경험하고 있는지를 염두에 둘 수 있는 능력을 높여준다. 내가 베를린에서 식사한 경험으로 알게 되었듯이, 여행과 혼자 식사를 하는 것은 여러분이 가까운 환경에 훨씬 더 깊이 관여하고 있다는 것을 의미한다. 나는 빅 홉이 요가 수련회를 위해 말레이시아로 떠났던 여행을 팟캐스트에서 묘사해준 것이 너무도 마음에 들었다. "나는 쿠

알라룸푸르에 도착해 비행기에서 내려 처음 맞이한 공기, 그리고 새로운 나라에서 처음 보는 것들로 가득했던 그 기억이 아직도 생생하다"라고 그녀는 말했다. 빅에게 가장 중요한 것은 자신이 혼자라는 점이었다. "그것은 열성과 흥분으로 가득 찬 당신의 내부에서 타오르기 시작하는 불길과 같으며, 스스로 목소리를 내거나 어떤 것을 분명하게 표현할 필요가 없기 때문에 더 고조된다."

　이것은 여러분이 다른 누군가와 함께 믿을 수 없고 몰입할 수 없는 경험을 할 수 없다는 것을 말하는 것이 아니다. 하지만 다른 사람들과 함께 떠나는 여행에서 여러분의 경험은 그들의 눈을 통해서도 필연적으로 걸러진다는 것이다. 도쿄로의 첫 여행 후, 제이다는 친한 친구와 함께 다시 한 번 일본으로 여행을 갔다. "여전히 재미있었다. 그런데 뭔가 좀 달랐다. 여행을 다른 사람의 눈으로 즐기고 있었다. 여전히 흥미롭긴 했지만 모든 부분에 열광적이진 않았다"라며 나중에 그녀는 "혼자 떠나는 여행만큼 좋은 건 없었다"라고 덧붙였다.

'나'를 찾아서

────── 우리 모두는 아마도 홀스티 선언문에 익숙할 것이다. "여행은 자주 한다. 길을 잃는 것은 자신을 찾는 데 도움이 될 것이다"라는 게시문 형식의 선언문 말이다. 여행을 통해 '자신을 발견한다'는 진부한 표현이 실은 상당히 정확하며 또 동시에 해롭기도 하다. 당신은 '나 자신을 찾기 위해 지구의 반을 여행한다'는 표현에 냉소를 터트릴지도 모른다. 그리고 삐딱한 시선으로 바라보게 된다.

클리셰는 차치하고, 여러분이 24시간 내내 호스텔에서 머물거나 단체 여행에서 벗어나 혼자만의 시간을 허락하는 한, 혼자 여행하는 것은 분명 자기 지식의 훌륭한 원천이 될 수 있다. 어떤 면에서, 혼자 여행하고 스스로에게 의지해야 하는 것은 단순히 자신과 자신의 성격에 대한 특권적인 통찰과 같은 혼자만의 혜택의 많은 부분을 증가시킨다. 28세의 루크는 "나는 내 성격에 대해 많은 것을 배웠다"고 말한다. "나는 내가 생각했던 것보다 위기 상황에서 훨씬 더 능력 있고 더 나은 사람이었다. 때때로 내가 무리에 속해 있는 경우에 나는 결정을 회피하고 다른 사람들에게 조언을 구하는 경향이 있었다." 위기에 처한 것은 즐거운 경험이 아니다. 하지만 루크는 자신이 '많이 성장했다'고 생각한다. "특히 함께 다니던 그룹이 아예 없었던 인도에서의 힘든 경험처럼 말이다. 그 시기엔 정말 외로웠다. 누군가와 말다툼을 하고 눈물이 터졌는데, 왜 내가 화가 났는지도 모르겠다. 모든 것을 스스로 일을 해결해야만 했다."

그것은 또한 자기 성장을 위한 시간이 될 수 있다. 29세의 케이티는 뉴질랜드에 도착한 후, 폭풍으로 인해 치밀하게 계획된 모든 일정이 바뀌어야 한다는 것을 알게 되었다. 그리고 자신의 평상시의 자신이 얼마나 철저한 성격이었는지를 깨달았다고 했다. 케에티는 이 경험을 통해 조금은 유연해도 괜찮다는 사실을 배웠다. "나는 항상 계획이 필요한 사람이었다. 하지만 이제 나는 더 이상 매시간에 계획이 있어야 한다고 생각하지 않는다. 그래서 나는 시간을 내서 모퉁이 주변의 것들을 탐험하고 더 많은 호기심을 가질 것이다." 이 말에 샤피로 역시 동의한다. "나는 정말로 혼자 떠나는 여행이 개인적인 발전을 불러온다고 믿는다. 혼자 시간을 보내는 것과 장면의 변화가 가져오는 결합은 훨씬 더 많은 발견, 계시, 깨달음을 가져다준다. 나는 혼자 여행할 때 항상 수많은 메모를 휴대폰에 남겨온다. 또 내가 무슨 일이든 헤쳐 나갈 배짱과 능력이 있다는 자신감도 얻었다."

일부 혼자 떠나는 여행자들은 특정한 것을 처리할 목적으로 여행을 떠난다. 여기서 여러분이 가지고 가는 짐은 바로 감정이다. 휴가 기간 동안 따로 계산할 필요가 없는 시간은 '생각을 위한 시간'으로 특히나 유용하다. 예를 들어, 빅 홉은 오랜 시간 끈질기게 일을 한 끝에 요가 여행을 떠날 수 있었다. 그리고 그 노력은 곧 번아웃 증후군을 불러왔다. 어머니와의 대화 끝에 그녀는 자신의 과로가 결별 후 혼자 남았다는 두려움에서 비롯되었다는 것을 깨달았다고 했다. "혼자 있을 때 아무 생각도 하지 않으려고 더 혹사시켰어요. 그리고 시간을 낭비한 거죠. 그날 엄마의 품에 안겨 누워있었던 게 기억나요. '얘, 내 생각에 넌 혼자였던 적이 한 번도 없어서 힘든 거 같아'라고 엄마는 말했죠." 그 후로 빅은 멕시코, 모로코, 이비자 등을 연속해서 혼자 다니며 혼자만의 여행이 '즐거움과 평화'의 원천이 될 수 있다는 깨달음을 얻으며 인생의 전환점을 맞이했다. "나는 단지 혼자 있는 것의 즐거움과 평화를 느끼고 싶어 이 모든 여행을 했을 뿐이다. 그리고 그걸 어떻게 사용하는지도 깨달을 수 있었다." 그는 말했다.

비슷하게, 레이첼은 그녀의 바쁜 일상생활에서 벗어나 성찰이 필요하다는 것을 알았던 시기에 세비야로 떠났다. 케이티는 뉴질랜드 여행을 통해 가까운 가족 중 두 명이 정신적 어려움을 겪었던 것을 지켜보아야 했던 힘든 한 해를 잘 마무리할 수 있었다. "휴식을 하며 혼자서 긴 드라이브를 하다 보니 지난 1년 반 동안 느꼈던 힘들었던 감정을 처리할 수 있었다. 그리고 산을 넘으며 음악도 없이 긴 산책도 했다. 그곳이 가장 좋았던 곳이었다. 완전한 평화를 느꼈다." 그녀는 말했다.

버킷리스트를 이루다

─────── 혼자 여행하는 가장 좋은 이유 중 하나는 단순히 다른 사람의 '시간이 빌 때까지' 기다리지 않고 꿈을 추구할 수 있게 해주기 때문이다. 이것이 바로 케이티의 동기가 되었다.

"나는 항상 뉴질랜드에 가고 싶었다. 그리고 내게는 이번이 아니면 몇 달간 기대하지 휴가를 쓸 기회가 없었다. 꼭 예약을 해야겠다고 마음먹었던 기억이 난다. 결국 여행을 미뤘던 건 함께 갈 남자친구를 새로 사귀고 싶은 마음이었다는 걸 깨달았다. 내 자신이 너무 우스워 여행을 떠나기 힘들 정도로 화가 났다."

'지금이 아니면 언제?'의 철학은 5년 전, 50대 중반이었던 나의 엄마가 호주행 여행을 계획하며 다짐했던 동기였다. 호주에서 이모와 사촌을 만나긴 했지만 엄마는 혼자서 그레이트 오션

로드Great Ocean Road를 여행하느라 닷새를 보냈다. 솔직히 말해서 그때처럼 엄마가 멋있던 적이 없었다. 왜냐하면 정말 상상할 수 없었던 일이기 때문이다. 로젠블룸은 혼자만의 시간을 '초대이자 내가 하고 싶었던 것들을 할 수 있는 기회'라고 했다. 당신이 항상 궁금했던 장소로 혼자 여행할 수 있는 기회가 생겼을 때, 그 초대를 받아들일지, 아니면 계속 미룰지는 결국 온전히 당신의 선택이다.

혼자 떠나는 여행자를 위한 꿀팁

──────── 짐을 싸기 전에, 노련한 1인 여행자들에게서 얻은 가장 좋은 조언이 있다.

○ 저렴한 미니 삼각대(타이머를 맞춰놓고 사진을 찍을 용도), 병따개를 챙기는 것을 잊지 말자.

○ 호스텔의 1인 객실은 대개 합리적인 가격으로 제공되므로 '더블룸을 혼자 쓸 때 청구되는 싱글 특별요금'을 피할 수 있다. 즉, 객실을 공유하는 대신 혼자 여행하는데 드는 추가 요금을 피할 수 있다.

○ 기념품으로 향수나 향초를 구입한다. 함께 여행을 추억할 동반자는 없지만 향은 오래 남아 좋은 기억을 되살려준다.

○ 동료 여행객에게 추천을 요청한다. 이것은 대화를 시작할 수 있는 좋은 방법이며, 이는 여러분이 '트립 어드바이저'에 지나치게 의존하지 않는다는 것을 의미한다.

○ 도보여행은 도시를 알아가고, 잠시 동안 일정을 함께 할 동료 여행자들을 만날 수 있는 안전한 방법이기도 하다.

○ 항상 책이나 e-북 리더기를 휴대하자. 읽지 못할 수도 있지만 들고 다니기에는 가볍고 대중교통이나 식당에서 즐길 수 있는 오락거리가 있다는 것을 알게 되어 좋다.

○ 혹시 모를 저녁 식사에 맞춰 의상 한 벌을 준비하자. 깨끗하고 단정한 옷은 당신을 더 자신감 있게 해줄 것이고 혼자만의 식사를 온전히 느낄 수 있을 것이다.

○ 비행기가 착륙하기 전에 공항에서 숙소까지 이동 경로를 미리 계획하자.

○ 휴대폰을 충전 상태로 유지하고 보조배터리를 완전히 충전했는지 확인한다. 전화기를 숙소에 두고 디지털 디톡스를 한다는 생각은 괜찮으나, 도움이 필요하거나 길을 잃었을 경우를 대비해 항상 휴대하는 게 좋다.

'여자에게는 돈과 자기만의 방이 필요하다.'

– 버지니아 울프 Virginia Woolf

'네 할아버지는 혼자 쓸 헛간이 필요하시단다.'

– 나의 할머니, 진 Jean

Part 8

홀로살기를 위한
공간 만들기

그 보잘것없는 헛간은 오래전부터 있던 건물이었다. 자라면서, 나는 제 할아버지가 잔디밭 끝에 있는 그의 헛간으로 사라졌던 것을 기억한다. 그 곳은 작은 도구와 퍼팅 기계로 가득차 있었다. 벽에는 원예 장비가 줄지어 있고, 가운데에는 목공예 벤치가 세워져 있었다. 할아버지가 그곳에 계시는 모습을 떠올릴 때면 톱밥 구름 속에서 이런저런 일들을 하고 계시는 할아버지의 모습이 보이는 것 같다.

어디서, 언제 '홀로살기'를 실천해야 할지에 대한 실용성에 대해 생각하기 시작했을 때 나는 할아버지의 헛간에 대해 생각하지 않을 수 없었다. 그곳은 그를 정의하는 공간이자 존경과 사생활을 명령하는 공간이라고 기억한다. 할아버지가 그곳에서 시간을 보내기 위해 사라졌을 때는 누구도 할아버지의 의도를 의심하지 않았고, 때때로 나와 사촌들을 위해 만든 인형의 집과 같은 마술이 나타났지만, 그 락다운된 문 뒤에서 일어나는 일은 대개 미스터리였다. 10년 전 뇌졸중으로 심각한 쇼크를 받은 후에도, 우리 할아버지는 당신의 일부로 남아 있는 곳인 헛간에서 몇 시간을 계속 보내셨다. 오늘날까지, '할아버지는 혼자 쓸 헛간이 필요하다'는 주장으로 할머니는 집 축소 공사에 반대하신다.

'창고로 간다'는 말조차 혼자만의 시간을 갖는 속기 역할을 한다는 생각이 들었다. 그것은 결혼한 부부 세대들이 서로에게 공간을 얻기 위해 매끄럽게 작용해 온 자기 정당화 문구이며, 헛간의 이익은 그것의 기능적 목적을 훨씬 넘어선다. 헛간을 애용하는 여느 사람들이라면 모두가 알겠지만, 헛간은 항상 무언의 정신적인 목적도 제공해왔다. 그것은 공동의 집에서 떨어져 있는 평온함과 고독의 장소이다. 이 통계는 다음과 같은 설득력 있는 내용을 담고 있다. [1]

○ 영국의 1400만 가구에는 창고가 있다.

○ 74%의 사람들이 창고에서 삶을 즐길 때 더 편안함을 느낀다고 주장한다.

○ 12%의 사람들이 창고에서 시간을 보낼 때 가장 행복하다고 답했다.

○ 5명 중 1명은 파트너를 피하기 위해 정원 창고를 방문한다.

할아버지의 헛간은 옛날 목수들이 쓰는 곳처럼 생긴 반면, 요즘에는 창고가 집무실이나 창조적인 공간으로 사용되는 경

우가 흔치 않다. 내가 가장 좋아하는 음악가 중 한 명인 조 스
틸고에Joe Stilgoe는 '스틸고에 인 더 셰드Stilgoe in the Shed'라고 불
리는 그의 아지트에서 매일 점심시간 라이브 공연을 했다. 하
지만 헛간의 정확한 기능은 별로 중요하지 않다. 헛간일 필요
도 없다. 고전적인 헛간의 모습은 아마도 약간 축축하고 먼지
로 가득 차 있을 공간이겠지만 보다 중요한 것은 그 공간이 가
져오는 분리성이며, 그리고 본질은 다른 모든 사람들, 여러분
자신으로부터 떨어져 있는, 문이 잠겨 있는 공간으로 정의했다
는 것이다. 진정한 목적은 항상 혼자만의 시간을 그곳에서 잘
쓰는데 있다.

남자의 동굴 vs 여자의 헛간

─────── 혼자만의 공간이라는 개념은 종종 수년간 성적인 용어로 정의되어 왔다. 이 보잘것없는 헛간은 1990년대 후반, 자기계발서인《화성에서 온 남자, 금성에서 온 여자》에 소개된 '남자의 동굴'이라는 개념과 함께 새로 태어났다. '남자는 동굴에 가고 여자는 말을 한다'라고 작가 존 그레이_{John Gray}는 썼다. 물론 작가는 '진짜 남자'라면 도움을 청하기보다 자신의 감정을 혼자 처리하고 싶어한다는 오랜 고정관념을 영구화 시킨데에 불과하지만 그럼에도 불구하고, 그의 글은 스포츠를 보거나 비디오 게임을 할 수 있는 신체적, 남성 전용 공간을 묘사하는 데 사용되는 인기 있는 용어인 '남자의 동굴'이란 개념을 촉발시켰다. 남자의 동굴을 지지하는 사람들은 그 의미를 매우 심각하게 받아들인다. 여기 한 사이트에서 발췌한 문장을 소개한

다. "우리는 모든 사람이 자신의 것을 부를 공간을 가져야 하는 기본적인, 원시적이고 본능적인 욕구를 가지고 있다고 믿는다. 그건 그의 영역이다. 게다가, 우리는 공간이 그가 좋아하는 활동을 즐기기 위해 사용되어야 한다고 믿는다."[2]

하지만 여성은 어떠할까? 여성 중심의 '나의 공간' 또는 '자기만의 방'이라는 개념은 작가 버지니아 울프가 같은 제목의 에세이를 통해 소개하였다. 울프는 여성이 소설을 쓰기 위해서는 지적 자유와 경제적 수단을 갖는 것이 필수적이라고 주장했는데, 이는 곧 '돈과 개인의 방'으로 요약된다. 보잘것없는 헛간과는 대조적으로, 여성 공간에 대한 울프의 상상력은 훨씬 더 고상한 목적을 위한 것이었다. 그 후 이 문구는 혼자 앉아서 생각하고 창조할 수 있는 공간에 대한 여성의 요구를 간략하게 설명하는 말이 되었고, 페미니스트 서점에서 여성들끼리 함께 일하는 공간에 이르기까지 모든 것을 명명하는 데 영감을 주었다. 저널리스트 빅토리아 리처즈Victoria Richards가 〈허프포스트〉지에 기고한 글에 따르면 '여성의 동굴' 또는 '엄마의 동굴'도 있다. "내가 그 방에 있을 때, 나는 숨을 제대로 쉴 수 있을 것 같은 기분이 든다."라며 이렇게 덧붙였다. "진짜 어려운 일이라고? 나는 애초에 우리가 그 공간을 가질 자격이 있다고 믿는다."[3]

자기만의 헛간

———— 내가 제안하는 것은 이렇다. 21세기를 사는 우리는 성별의 구분 없는 나만의 공간이 필요하다. 자기만의 방이라는 개념은 신비로운 창조성을 위한 공간으로서, 페미니스트의 이상을 제정하는 공간으로서, 또는 남성성의 수행을 위한 공간으로 수년에 걸쳐 꾸며져 왔다. 이런 아이디어들을 생각해보는 것은 우리에게 도움이 될 것이다. 왜냐하면 외딴 오두막에서 사람 동굴, 자신의 방, 혼자만의 우산 아래에 이르기까지 말이다. '홀로살기'는 비밀이든 아니든 간에, 가치 있는 것이기 때문이다.

할아버지의 사랑받는 헛간은, 특히 공유된 공간에서, 일상적 존재의 구조에 어떻게 '홀로살기'의 공간이 되는지를 보여주는 하나의 예에 불과하다. '창고로 가는 것'은 죄책감 없이, 타인의 시선 없이, 나만의 시간을 갖는 것을 정당화 시켜준다. 왜 그 좋은 원리를 여러분 주위의 공간에 적용하지 않는가? 그 곳에서 우리도 《댈러웨이 부인》을 쓰거나 심지어 자전거 타이어를 갈 수도 있다. 집을 약간만 고쳐 '나만의 공간'을 만들기만 하면 된다. 그리고 우리가 이제 해야 할 일은 세 가지 기본적인 진실을 받아들이는 것이다.

○ 홀로살기는 그 자체로 가치이다.

○ 당신은 혼자만의 시간을 가질 자격이 있다.

○ 혼자만의 공간이 나의 발전을 도울 것이다.

락다운과 그에 따른 '재택근무'는 문화적으로 자리를 잡고 우리는 이제 그 어느 때보다 더 분리된 공간이 필요해졌다. 굳게 닫힌 문은 신체적 경계를 형성한다. 부엌 식탁에서 일을 하면서는 '방해하지 마'라는 문언의 압박이 불가능하다. 내가 이 챕터에 대해 생각하는 동안, 우연히 엄마와의 통화를 통해 이 아이디어를 얻어냈다. 우리 대화의 시작은 이러했다. "미안해, 애. 네 아빠 서재에서 전화를 받았더니 아빠의 생각을 내가 방해하고 있네."

나만의 공간에 대한 아이디어는 이론적으로 잘 작동하며, 만약 당신이 부유하고 유명하다면 더 이상 생각할 필요가 없다. 그래서 한때는 인기 커플이었던 배우 헬레나 본햄 카터Helena Bonham Carter와 감독 팀 버튼Tim Burton, 또는 배우 기네스 팰트로Gwyneth Paltrow와 프로듀서 브래드 팰척Brad Falchuk이 별채처럼 분리된 집을 선택한다는 이야기가 종종 들릴 때마다 우리는 "어, 어쩌면?"하고 상상하게 되는 것이다. 마찬가지로 오랜 연애를 한다면, 분리된 침실을 갖는 것은 신의 선물이 될 수 있다. 2018년 설문조사 전문 업체 '유고브YouGov' 조사에서는 비용과 공간이 문제되지 않는다면 7쌍 중 1쌍이 별도의 침실에서 자는 것을 선호한다는 결과가 나왔고,[4] 캐서린 제타 존스Catherine Zeta-Jones 역시 결혼이 유지되는 비결은 각자 쓰는 욕실이라고 말한 적이 있다. 바로 그거다!

여기서 힘든 건, 나만의 공간을 나누는 것이다. 시작점은 '홀로살기'와 마찬가지로 애당초 공간의 필요성을 정당화 하는 것이다. 만약 여러분이 집안 내에서 나만의 공간을 꾸밀 이유만 확보한다면, 하우스메이트, 아이, 남편, 심지어 혼자 살든 간에 상관없이 일단은 절반의 싸움에서 이긴 것이다.

크기와 비용에 대한 고려는 우리들 중 일부는 다른 사람들보다 우리 자신의 공간을 위해 더 많이 싸워야 한다는 것을 의미하지만, 나만의 공간은 물리적 공간만큼이나 심리적인 공간일 수 있다. 구석에 있는 안락의자든 연예인이 사는 것 같은 커다란 저택이든 내 공간을 의도적으로 만들고자 하는 의지가 모든 차이를 만들어 낸다.

맨션에서 협소 주택까지, 홀로 사는 공간

─────── 이상적으로 우리들 중 많은 사람들은 자신의 방을 하나 또는 두 개 이상 갖기를 원할 것이다. 55세의 샤론과 70세의 남편 스튜어트는 상당히 부러운 상황을 겪고 있다. 18세의 딸과 함께 이 부부는 링컨서에 있는 400년 된 문화재 등록 건물에 살고 있으며, 이 건물은 좀 더 독립적인 생활방식을 수용하기 위해 개조되었다. 샤론은 이렇게 말한다. "스튜어트는 자신만의 옷방, 욕실, 침실을 가지고 있다. 만약 그가 일어나서 축구를 보고 싶다면, 그는 그의 공간으로 갈 것이고, 그것은 우리에게 도움이 될 것이다. 반면 나는 침대에서 혼자 자는 것을 좋아한다." 샤론은 화장실이 있고 혼자만의 공간을 가지고 있고 안방에서 잠을 자는 반면, 가끔은 책을 들고 '수영장·온수욕조'가 갖추어진 '수영장'을 또 이용하기도 한다. 유명 리얼리티 TV 쇼 〈셀링 선셋〉의 '홀로살기' 편이 있다면 샤론과 스튜어트의 집이 소개될 것이다. 하지만 안타깝게도 이건 우리 모두에게 현실적인 해결책이 될 수는 없다.

코미디언 존 로빈스John Robins는 팟캐스트에서 이 도전을 인정했다. 그는 말한다. "우리 집은 두 사람이 살기에는 너무 작다. 적당하게 큰 집을 얻을 수 있을 때까지 목놓아 기다릴 뿐이다"라고 말이다. 그는 또한 "많은 커플들이 아마도 자신의 공간을 만들 수 있을 만큼 충분한 집을 갖고 있으리라 생각하지만, 락다운 기간이 지속되면서 불편한 상황을 맞닥뜨리지 않았을까 싶다. 나 혼자 머물 곳이 없어서 소파에 앉아 멍하니 벽만 바라보는 그런 상황 말이다."

그렇다면 이미 파트너나 가족과 함께 살고 있거나, 가정 친구들과 함께 살고 있다면, 여러분은 도대체 어디에서 이 공간을 얻을 수 있을까? 우리는 분명히 창의력을 가질 필요가 있다. 이를 위해 공간이 작기로 악명 높은 홍콩에 거주 중인 두 커플을 인터뷰했다. 먼저 홍콩에 약 5평 남짓의 스튜디오 원룸에 거주 중인 28세 동갑 커플 켈리와 톰의 이야기를 들어보았다. (참고로 영국의 기본 침실이 약 13평이다.)⁵ 협소한 공간의 집에서 두 사람 중 한 사람이 텔레비전을 보는 경우, 다른 한 사람은 소음 방지 헤드폰을 끼고 앉아 있는 시간이 많다고 그들은 대답했다.

또한 홍콩 기준으로 약 10평의 궁전 같은 원룸을 함께 쓰고 있는 31살 동갑 커플 제시와 그녀의 남자친구 리디언도 이야기를 나눴다. 그녀는 "우리는 이 공간을 나름 '스마트'하게 사용하고 있으며, 컨버터블 커피 테이블과 TV가 아닌 프로젝터를 갖추고 있지만, 내 공간을 쉽게 만들기 위해서는 종종 밖으로 나간다"라고 말한다. "홍콩에는 사람들이 가지고 있는 공간이 한정되어 있기 때문에 내가 런던에서 본 것보다 식당이나 카페 같은 공공 공간의 활용도가 훨씬 더 높다"고 제시는 덧붙인다. 이 커플은 또한 서로 다른 관심사를 가지고 있어 그럴 때면 집을 혼자 쓰는 편안한 공간으로 만든다고 한다. "리디안은 수요일마다 시내 반대편으로 가서 밴드 연습을 해요. 그럼 저는 집에 와서 엄마와 전화 통화를 하거나 얼굴에 마스트팩을 붙이고 여성 취향의 영화를 마음껏 볼 수 있죠, 그가 연습하러 가는 날만 기다려요. 이 커플의 해결책은 내가 인터뷰해 본 결과 대다수의 커플이 사용하는 흔한 해결책이었다. 파트너에게 집을 떠나라고 부탁하는 것이 싸움을 불러올 수도 있지만 두 사람 모두 배려한다면, 일정에 맞춰 이루어질 수도 있는 셈이다.

새로운 솔루션 찾기

───── 작은 공간을 함께 공유하는 사람이라면 아무도 쓰지 않는 공간을 차지하여 '나만의 공간'으로 만들고 영역을 표시할 수 있을지 모른다. 가령 해리 포터는 계단 아래 벽장에 머물렀으니 머리를 잘 굴려보자. 다락방, 창가, 옷방으로 쓰는 작

은 방, 계단참, 지정된 의자, 심지어 빈백쇼파도 괜찮다. 무엇이든지 간에, 자신만의 공간을 갖는 것은 변화를 가져올 수 있다.

28세의 카라는 특히 코로나 바이러스로 인해 재택근무를 하게 되며 세 명과 함께 쓰는 집안에서 자신의 공간을 얻기 위해 애썼다. "친구들 방은 일하기에 충분히 넓어서 다행이지만, 내 방은 너무 작았어요." 카라는 자신의 집 친구들과의 합의에 따라 거실의 튀어나온 창문가 공간을 갖게 되었고, 거실은 인스타그램에 올라올 법한 분홍색 의자와, 커다란 몬스테라 화분, 스탠딩 데스크가 있는 안식처로 탈바꿈했다.

예술가이자 치료사인 33세의 스테파니는 처음에는 자기 집 친구들과 함께 살던 아파트에서 남자친구 아파트로 이사하는 것에 대해 걱정했다고 말했다. "나만의 공간을 갖는 것은 나에게 중요하고 나도 늘 갈망했다. 그리고 나는 항상 매우 독립적이었기 때문에 함께 공간을 공유하는 것은 매우 당황스러웠고, 거기다가 락다운 공포증까지 생겼다. 전에 살던 아파트에는 엄청 큰 침실을 써서 피아노와 책상을 놓고 요가까지 할 수 있는 충분한 공간을 가지고 있었기 때문에 말 그대로 제 자신을 공간에 가두고 다른 누군가를 생각할 필요가 없었다." 하지만 고민을 털어놓은 뒤 누가 봐도 참 좋은 사람인 것 같은 그녀의 남자친구가 거실 한구석에 책상을 차리는 것을 도와줬고, 이후 그곳이 그녀의 공간이 됐다.

"책상은 지붕에 설치한 창으로 향하고 있고 피아노는 그 근처에 있다. 나는 내 작은 세상에 있을 수 있도록 모든 것에 헤드폰을 사용한다." 스테파니는 그 모든 중요한 나만의 공간을 갖게 되면서, 그녀의 파트너와 함께 사는 것에 대한 그녀의 거부감을 극복할 수 있게 되었다. "이제 피아노와 캔버스, 미술 자료들이 이곳에 있기 때문에, 나는 말 그대로 저녁시간이 되었든 하루 종일이 되었든, 그가 영화를 보거나 그의 물건들을 가지고 다니는 동안 헤드폰을 끼고 모든 것을 차단하는 시간을 갖게 되었다"고 전했다.

때로는 나만의 공간이 영구적이지 않을 수도 있지만, 나만의 공간을 구성하는 것은 낮 동안 자신을 위한 상징적인 공간을 만드는 것을 의미한다. 교사이자 소설가인 46세의 닐Neil은 일상의 중요한 부분을 이루는 '구석'을 가지고 있다. 그는 편안해 보이는 겨자색 안락의자와 접이식 책상, 그리고 그 자리를 지키고 있는 커다란 고양이까지 찍힌 사진을 내게 보내주었다. 침실이 하나뿐인 집에서 안락의자는 거의 하루 종일 두 사람이 번갈아가면서 쓰지만, 적어도 오전 6시에서 8시 사이에는 '자신만의 전용공간'이라고 말한다. 공간과 정해진 시간, 그리고 이를 존중해주는 파트너만 갖춘다면 닐은 '직장'에 가기 전에 매일 천 단어 정도는 집필할 수 있다.

어떤 경우에는 별도의 공간을 확보할 방법이 전혀 없다. 천문학적으로 높은 부동산 가치와 임대료를 받는 도시에 살고 있다면 특히 그렇다. 만약 공간에 지불해야 할 비용이 너무 높다면, 더 작은 공간을 얻는 게 훨씬 나을 지도 모른다. 그때 조금 더 현명해져보자. 가령 빔 프로젝트 같은 시청 도구가 좋다. 나만의 방이 없어도 있는 것 같은 착각에 사로잡히는 매우 유용한 방법이 될 수 있다. 개방형 사무실을 사용하는 직장인에게 추천하는 《초집중: 집중력을 지배하고 원하는 인생을 사는 비결Indistractable》의 저자 니르 이얄Nir Eyal 은 저서에서, 데스크톱 바탕화면에 '지금 집중 중이니 나중에 다시 불러주세요'라는 문구를 적어보라고 조언했다. 니르 이얄의 아내이자 공동 저자 줄리 리Julie Li 역시 집에서 집중적인 일을 할 때, 그녀의 남편과 딸이 그녀를 방해할 것에 대해 두 번 생각할 수 있도록 아마존에서 몇 파운드 주고 구입한 가벼운 '집중 왕관'을 쓰고 있다. 이와 같은 신호와 신호는 대립할 필요 없이 집중할 수 있는 공간을 만들 수 있다.

당신의 공간은 당신만의 왕국

──────── 선택권이 있는 경우, 여분의 방은 혼자만의 공간을 제공하는 구세주가 될 수 있다. 특히 파트너와 침실을 함께 쓰는 경우라면 말이다. 빅토리아 리처즈는 두 어린 아이의 엄마이며, 자신의 공간이 말 그대로 가정생활을 변화시켰으며, 특히 소음과 떠들썩함에서 벗어날 수 있었다고 말한다. 그녀는 "내 동굴에서 나는 글을 쓰고, 음악을 듣고, 읽고, 일반적으로 그 공간은 완전히 내 것이라는 순수하고 아찔한 인식 속에 잠긴다. 내 방으로 탈출하면 고요하고 공간이 평온하게 느껴지며 정신없이 뛰거나 서두르거나 불안하지 않아 숨을 내쉴 수 있다. 심지어 벽의 색깔도 엄청나게 차분하다." 그녀의 자녀들도 이 공간을 존중하는 법을 배웠다. "엄마를 방해하면 안 된다! 그건 규칙이다. 아이들도 요청하지 않으면 들어올 수 없고, 장난감을 가져올 수 없으며, 일단 노크를 해야 한다." 그녀는 이렇게 말한다고 한다.

크기에 따라 공간은 악기 연습, 독서, 운동 등 혼자만의 신전으로 안락한 안락의자, 디제이 데크 세트, 요가 매트 등으로 완성될 수 있다. 만약 공간이 부족하다면 침대를 완전히 없애고 싶을지도 모른다. 올해의 집주인 상을 타지 못할 수도 있지만,

매일 사용하는 시간 대비 공간과 잠을 자는 시간의 가치를 따져볼 때 아주 나쁜 선택이 아니다. 손님들을 수용할 수 있는 다른 해결책으로는 보통 편안한 소파 역할을 하는 작은 소파 침대, 보관할 수 있는 통풍 매트리스, 또는 트위터 팔로워 중 한 명이 제안했듯이 벽으로 접어놓을 수 있는 머피 침대 등이 있다. 바로 그렇게 안 쓰는 공간을 활용하여 90%의 순수한 나만의 공간으로 탈바꿈할 수도 있다.

빅 홉은 남는 방을 지정된 학습 공간으로 바꾸어 얻은 영향에 대해 이야기했다. 이 덕분에 그녀는 일과 여가에 대한 경계를 만들 수 있었다. 그녀는 이렇게 말했다. "전에는 남는 방을 서재로 써본 적이 없다. 하지만 문을 닫고 나니 나는 부엌에서 일하는 대신에 경계를 만들어야 한다는 것을 알았다. 그래서 나는 책상을 만들고 모든 것을 정리했다. 내가 이 문을 닫으면 하루가 끝났고 부엌은 내가 집에 있는 것처럼 느껴질 것이다."

혼자 사는 것은 고독하지만 세련됨이 있다

────── 이 챕터의 대부분 동안, 나는 주로 다른 사람들의 경험에 대해 그렸다. 하지만 혼자 사는 것에 관한 한, 나의 경

험도 꼭 소개하고 싶다. 혼자 사는 것은 인생의 어느 시점에선 가 특권이 될 수 있다. 다른 사람들의 소음에서 벗어나 여러분 은 자신만의 생활리듬과 루틴을 정립하기 시작한다. 자신만의 삶의 리듬을 얻고 나만의 안락의자에 앉아 '티타임'을 가지며 스스로를 위로하는 시간을 가질 수도 있다.

당신의 집 전체가 당신의 헛간이다. 그리고 나라는 사람이 온 전히 반영된다. 다 같이 쓰는 거실 중앙에 영구히 세워져 있는 다른 친구의 빨래나 독일 전자 음악을 참아낼 필요가 없다. 말 도 안 되는 장식이나 지저분함, 또는 소음도 더 이상 견디지 않 아도 된다. 물론 이렇게 하기엔 일정 부분의 책임이 필요하다.

나는 혼자 사는 삶의 기술을 익히는 데 시간이 좀 걸렸다. 혼 자 사는 것은 나에게 '홀로살기'의 방식이 아니었다. 혼자 사는 첫 해 동안 전 남자친구와 거의 반은 같이 살다시피 했다. 그래 서 정말 혼자 남은 상황이 견디기 힘들기도 했다. 나는 솔직히 혼자 있고 싶지 않았다. 이 공간에서 1년을 보내며 늘 누군가 같이 있는 상황을 생각해야 했기 때문이다. 혼자 살기 위해서 는 혼자 있는 것을 소중하게 여기고, 자신의 공간을 사랑하는 사람과 공유한다는 생각으로 시작해야 한다. 이 가치를 심각하 게 받아들이지 않는다면 또 나 홀로의 생각이 머릿속에 영원히 자리 잡는다. 결국은 나의 공간을 어수선하게 어지르고 이불을 정리하지 않고 토스트 부스러기를 아무데나 흘리며 성역이라기 보다는 지옥으로 만들게 된다는 뜻이다.

작년 내 생일을 맞아, 친한 친구가 〈보그〉 전 부편집장 마조리 힐리스Marjorie Hillis가 1936년에 쓴 책《홀로 사는 즐거움》을 선물로 사줬다. 비록 한 세기 전의 홀로 살기에 대한 이야기지만 중요한 메시지는 여전히 우리의 경종을 울린다. 힐리스는 '고독한 정화'에 대해 말하며 '혼자 성공적으로 사는' 기술이 있다고 주장한다. 그녀의 조언 중 일부는 그 시대에 맞는 내용이지만 원칙은 하나다. 혼자 사는 동안 나는 나 자신에게 존경과 존엄, 보살핌을 보여주어야 한다는 것이다. 마조리 힐리스의 유령은 결코 부엌 조리대에 서서 시리얼을 퍼먹거나 배달음식을 시켜먹는 당신을 용서하지 않을 것이다.

힐리스의 강경한 조언 몇 가지를 나도 받아들여 보았다. 2020년 몇 달 동안 락다운 이후로 내 집에 들어온 사람은 단 한 명도 없었지만, 저녁에는 깨끗하게 치운 집과 책, 노트북 충전기, 공책, 각종 장치들이 잘 정돈된 부엌 식탁을 보며 내 기분이 얼마나 나아졌는지 알게 되었다. 심리적인 영역 설정도 해봤는데, 책 읽는 데만 쓰는 의자가 따로 있고, 식사는 오직 일하는 의자 반대편에서만 먹는다.

혼자 사는 사람이라면 알겠지만, 특히 나처럼 혼자 해내는 것에 유독 부족한 면이 있거나 할 줄 아는 요리가 제한적일 수도 있다. 그래도 괜찮다. 혹시 이제 막 혼자 살기 시작했는가? 나는 트위터를 통해 갓 혼자 독립한 사람들에게 해줄 법한 충고나 조언을 물어보았다.

때로는 혼자 울어야 할 때도 있겠지만, 그게 당신을 더 강하게 만들어 줄 것이다. 나는 끔찍한 관계 후에 정말로 혼자였고 혼자 우는 것에 익숙해져야 한다는 것을 처음 깨달았던 날을 기억한다. 사실 믿을 수 없을 정도로 자유로웠다. 이제 나는 대처 방법을 개발했고 내 감정과 단둘이 있는 것을 선호한다. 정말 롤러코스터가 따로 없는 감정선이지만.
_로즈, 32세

. . .

홀로 남았다는 생각이 들기 전에 일단 밖으로 나가서 산책을 해볼 것. _엘리, 27세

. . .

만약 시간을 돌릴 수 있다면, 나는 내 손으로 요리를 하고 싶

다. '나만 먹으면 된다'는 생각으로 돈을 아끼지 않고 형편없는 편의점 음식 따위로 끼니를 떼우는 버릇이 생겼다. 어떻게 요리를 하는지 조자 까먹었다. _엘라, 29세

. . .

지금 눈에 보이는 벌레를 죽이지 않으면 그 벌레가 나중엔 침대 속으로 들어온다. _타샤, 30세

. . .

특히 혼자 사는 초창기와 몇 주 동안, 한밤중이 되면 지구상에서 가장 외로운 사람처럼 느껴지는 시기가 있다. 근데 이 또한 금방 지나간다. _기얼스틴, 30세

. . .

혼자 살면 문득 이상한 소리가 정말 많이 들린다. 그리고 대체 그게 어디서 나는 소린지 궁금해진다. _톰, 29세

. . .

실용성에도 단계가 생긴다. 예를 들어 키가 작다면 작은 계단식 사다리를 살 것. _프랜시스, 32세

> • • •
>
> 일상이 중요하다. 소파에서 일어나는 것을 귀찮아하지 않고
> 다른 사람과 함께 요리를 하거나 식사를 하는 것이 아니기
> 때문에 저녁 10시에 저녁을 먹게 되는 것이 매우 쉬워지니
> 조심할 것. _엘렌, 38세

일단 여러분이 혼자 사는 것에 익숙해지면, 장점도 생기고 가치를 두는 법도 배울 수 있다. 이 시간이 당신에게는 매우 귀중한 시간이 될 것이다.

모든 가정에는 내 공간이 필요하다

───── 홀로 사는 것은 무엇보다도 가치이다. 하지만 그것은 또한 우리가 우리의 삶의 구조, 우리의 스케줄과 우리의 물리적 집에 건설해야 하는 것이다.

나만의 공간을 꾸린다는 건 혼자 살면서도 방구석에 옷이 쌓여있거나 쓰레기장처럼 변하는 것과 무관하다. 막 살림을 합

친 커플이나 네 식구가 같이 사는 것처럼 시간을 보내지 않을 수도 있다. 하지만 혼자 산다는 건 다른 사람들의 요구로부터 벗어나는 나만의 안식처를 얻는 것이다. 만약 당신이 집 안에서, 혹은 사용하지 않던 공간이나 소음을 없애주는 헤드폰을 이용해서라도 나만의 공간을 만들 수 있다면 매일 그 곳이 주는 혜택을 누릴 수 있을 것이다.

제이다 세제르의 경험으로 볼 때, 싱글이 되는 것은

'미안한 마음 없이 나와 사랑에 빠지는 것'이며

그녀의 표현에 따라 '나와의 일'을 수행할 수 있는 좋은 시기이다.

Part 9

싱글 그리고 혼자

6일째 되는 날, 하느님은 아담을 만들었다. 그는 탄생과 동시에 꽤 괜찮은 조건으로 삶을 시작했다. 오늘날의 독신남이라면 15평 이상의 쉐어하우스 빈 방에 서 있는 자신을 발견할지도 모르겠다. 반면 아담은 에덴동산이라는 귀중한 부동산을 얻고 새롭게 창조된 천지를 혼자 누릴 수 있었다. 그러나 몇 시간 만에 신은 약간의 실수가 있었음을 깨달았다. "남자가 혼자 있는 것은 좋지 않다"는 깨달음이었다. 그리고 선언한다. "그를 도와줄 파트너를 만들어 주어야겠구나." 그래서 신은 이브를 만들었다.

우리가 싱글이라고 생각하면 우리는 종종 '혼자'라고 부정적인 이미지를 연상시킨다. 싱글이자 혼자인 상태, 그 말은 곧 성스럽지 않은 미혼의 상태를 의미이기도 하다. 누군가는 연애가 깨져가는 사이에도 '나는 혼자이고 싶지 않다'고 생각할 것이다. 이제는 세계적으로 유명한 싱글의 대명사, 브리짓 존스Bridget Jones 역시 자신의 아파트에서 파자마를 입은 채로 '올 바이 마이셀프All By Myself(오로지 나 홀로라는 뜻이다.)'를 고통스럽게 열창하지 않던가. 그러나 사실 싱글과 혼자라는 단어는 서로 전혀 관계가 없다.

우선, 모든 싱글과 솔로는 가까운 사람들, 가족과 친구에서 부수적인 사회적 관계에 이르기까지 여러분의 삶에 중요한 다른 많은 관계들이 있다는 사실을 간과하고 있다. 우리가 '싱글이며 혼자'라고 말할 때, 우리는 연애정상성Amatonormativity(일부일처제의 긴 로맨스 관계를 가장 좋은 것으로 간주하는 것 – 역주)의 함정에 빠진다. 이것은 철학과 교수인 엘리자베스 브레이크Elizabeth Brake가 만든 용어로, 다른 무엇보다도 낭만적인 이성애의 관계가 중요하다는 문화적 사고방식을 뜻한다. 연애정상성은 서구 사회를 계속해서 지배하고 있으며, '나의 반쪽'이나 '내 진정한 짝'과 같은 용어로 탈바꿔 사용된다. 마치 다른 관계들은 나의 정체성의 일부를 구성하지 않거나, 삶의 다른 사람들은 중요한 것이 아닌 것처럼 말이다. 누군가 인생의 동반자를 만난 후에야 정착한다는 가정이 우리에게 내재되어 있다.

싱글과 혼자 사이의 만연한 연관성이 이 책을 쓰는 동안 내 옆구리에 가시가 되어 나를 찔러댔다. 여전히 '홀로살기'를 외로운 사람들의 모임으로 잘못 해석한다. 하지만 그 오해는 그렇게 나쁜 것은 아닐지도 모른다. 왜냐하면 한 가지는 확실하기 때문이다. 싱글이라는 것은 혼자가 되기 위해 견뎌야 하는 찬란한 시간이기 때문이다.

싱글로 혼자 사는 것

─────── 혼자만의 시간을 보내는 것은 정말 좋은 일이 될 수 있다. 하지만, 전형적으로 우리가 우리 자신을 싱글이며 혼자라고 설명할 때, 중립적인 방식으로 이해를 바라기는 힘들다. 즉, 우리가 '외롭다'라고 여겨지는 셈이다. 가수 더 폴리스The Police는 이별을 그린 곡을 수백 번쯤 불러댔다. 80년대 초 가수 에이콘Akon 역시 '외로워, 나는 미스터 론리Lonely. 나에겐 아무도 없어'라고 울부짖었다. 과연, 누가 옳은 것일까?

물론, 싱글이 지구상에서 가장 외로운 사람처럼 느낄 수 있는 중요한 시간들이 있다. 나는 이러한 감정들이 타당하고 진실하기 때문에 부정하고 싶지 않다. 그리고 헤어짐의 여파보다 더 극심하게 외로움을 느끼게 할 수 있는 것은 거의 없다. 하지만 더 외로운 것은 여러분이 무너지는 관계의 뒤편에 서 있을 때, 특히 여러분이 다른 사람들에게 그것을 인정하지 않으려고 할 때, 여러분은 파트너 이외에는 의지할 사람이 때, 더더욱 그렇다. "진짜 외로움이란 여러 단계로 사랑하지만 영원한 내 사람이 아니라는 것을 깨달은 채로 누군가와 침대에 누워 있는 것이에요." 공동 작가 소피아 머니-쿳츠Sophia Money-Coutts는 팟캐스트에 출연해 이렇게 말했다. "외로움은 세상에서 가장 나쁜 감정이다. 가끔 나는 그런 감정을 피하기 위해 영원히 싱글로 사는 게 행복하지 않을까, 라고 농담도 한다."

외로움은 소속감이 부족하거나 여러분의 정서적 요구가 여러분의 파트너에 의해 충족되지 않을 때 느낄 수 있다. "내가 가장 외로웠던 것은 20대 초반의 연애 기간이었는데, 그때 내 남자친구는 우리의 계획을 끊임없이 취소하곤 했다"라고 28세의 리아나가 말했다. 흥미롭게도, 펠리시티 클로크는 팟캐스트에서 비슷한 말을 하면서, 가장 외로웠던 시기는 바로 연애가 끝을 향해 달려가던 시기라고 했다. 우리는 심지어 행복한 연애를 할 때 외로움을 느낄지도 모른다. 내 친구 중 하나는 내게 3년이라는 길고 만족스러운 연애에도 친한 친구들과 관계가 소원해질까봐 두렵다고 했다. 연인 관계나 사람들로 가득 찬 방에 있다고 해서 반드시 외로움을 면할 수 있는 것은 아니다.

우리들 대부분은 다른 사람들이 우리를 사회적으로 연결되었다고 느끼게 하는 중요한 역할을 하고, 싱글 역시 더 많이는 아니더라도 공동체의 일부라는 섯에 동의할 것이다. 사회학자이자 팟캐스트의 또 다른 게스트였던 에릭 클라이넨버그Eric Klinenberg가 자신의 저서 《고잉 솔로 싱글턴이 온다Going Solo》의 집필을 시작하며, 자신은 미혼이고 혼자 사는 상태가 '놀랄 정도로 사교적'이었음을 보여주기 위해 노력했다. 그는 2012년 〈스미스소니언〉지에 "사실 혼자 사는 사람들은 결혼한 사람들보다 친구나 이웃과 교제하는데 더 많은 시간을 보내는 경향이 있다"고 말했다.[1]

그런 이유로 싱글인 것과 혼자인 것을 혼동하는 것은 정말 말이 되지 않다. 특히 성가신 진실이 하나 있다. 우리는 근본적으로, 혼자이다. 물론, 여러분 주변의 커플들이 같은 생각으로 서로의 대화를 끝맺는 걸 목격한다면 그렇게 느껴지지 않을 지도 모른다. 하지만 정말 그럴까? 모든 사람은 결국 섬과 같고, 그곳이 황량한 황무지이든 목가적인 곳이든, 너른 백사장이든 선택은 여러분의 몫이다. 이번 장에서는 싱글 혹은 독신으로 지내는 것이 혼자만의 멋진 시간이라는 점에 초점을 맞추고 싶다. 헤어진 후, 애인이 내 삶을 떠날 때 느끼는 그 구멍은 그냥 내버려두면 기회의 창이 될 수 있다. 혼자만의 맥락에서, 싱글과 독신은 훨씬 더 긍정적인 의미를 띠기 시작한다. 그것은 여러분 자신과 다른 사람들과 함께 시간을 보내는 방법에 대한 더 적은 의무와 더 많은 선택을 의미한다. 혼자로서의 생활은 냉장고에 붙어 있는 월간 합동 계획표를 점검할 필요가 없다. 에든버러에서 보내는 주말을 선택하면 벌써 여행길의 시작이다. 결국 싱글은 이러하다.

- 주말에는 혼자만의 시간이 더 많다.
- 결국은 혼자 살거나 친구, 가족 또는 하우스메이트와 독립적인 형태로 살게 된다.
- 혼자 식사하거나 요리할 수 있다.
- 계획 없이 훌쩍 여행을 떠나거나 즐거운 일을 할 수 있다.
- '친구 커플'이나 예비 시부모와 시간을 보낼 필요가 없다.
- 별로 참석하고 싶지 않은 행사에 '동행'이 될 필요가 없다.
- 밤에 혼자 자게 된다.
- 여행을 가거나 집이나 직장을 옮길 때 고려해야 할 사람이 단 한 명이다.

혼자 자는 것의 소중함

———— 항상 침대를 같이 쓰는 것을 좋아했던 사람으로서 일단 남자친구가 떠나자 몇 주간 잠을 설쳤다. 나는 우리가 자는 방식을 낭만적으로 생각했다. 어둠 속에서 그 사람이 나를 꼭 안아주고, 팔이 내 어깨를 감싸 안았던 기억 등이다. 밤이 늦어지면 그의 품이 떠오르곤 했다. 내가 사랑하는 사람의 따뜻한 몸을 바라며 누워 내 뇌 속에서 빙빙 도는 생각을 달래주길 바랬다. 하지만 낮이 되고, 나의 이성과 마음은 진실을 알고 있었다. 그 고요함이 우리 관계의 전부가 아니라는 것을 말이다. 나는 사랑 때문에 내가 타협했던 모든 것, 예를 들어 그가 밤에 켜놓은 텔레비전의 소음, 내 얼굴에서 번쩍이는 밝은 빛과 같은 것들을 기억한다. 적어도 일주일에 한 번은 서로 밤샘을 하며, 침대에 벌렁 드러누워 앉아, 기억의 고요한 잠을 미루는 길고도 눈물겨운 논쟁들이 있었다. 왜냐하면 우리는 풀리지 않은 문제들을 서로 따지고 있었기 때문이다. 사랑하는 사람 옆에서 잠을 자거나, 어둠 속에서 비밀을 나누거나, 서로의 곁에서 책을 읽는 것은 모두 잘된 일이고 좋은 일이며 천국이지만, 그 끔찍한 밤보다 더 비참한 일은 없고, 더 외로운 일은 없다.

나는 그 기억을 과소평가하지 않을 것이다. 헤어지고 난 후

초기에는 침대가 너무 크게 느껴질 것이고 더 이상 아침에 함께 일어날 사람이 없다. 이 단계에서는 종이 한 장을 침대 밑에 두고 전 애인과의 지저분했던 기억들을 적어두는 게 도움이 될 수도 있다. 몇 주만 지나도 혼자 자는 데 훨씬 도움이 된다는 걸 깨닫게 될 것이다. 연애를 하는 동안에는 수면이 정신 건강, 창의력에 소중한 시간이라는 것을 잊기 쉽다. 그리고 종종 다른 사람이 그곳에 있으면 수면에 엄청난 방해가 될 수 있다. 잠자리에 들기 전 시간은 홀로 지낼 수 있는 가능성의 세계를 열어주고 그것을 되찾는 것이 강력할 수 있다. 시간이 흐를수록, 이것은 취침 시간 자기관리 루틴을 확립할 수 있는 기회가 될 수 있다. 이제 나는 혼자 푹 잔다. 침대 옆 탁자에 책들이 쌓여 있고 '텔레비전은 금지'라는 규칙이 있다. 잠들기 전에는 꼭 이중 세안을 하고 작가 홀리 본Holly Bourne의 베스트셀러를 읽거나 일기를 쓰는 등, 나에게 소중한 혼자만의 시간이 되었다. 나는 이기적인 행복의 상태에서 잠들기까지의 흘러가는 시간을 즐긴다. 언젠가 내 인생에서 일과를 병합할 다른 사람이 생길지도 모르지만, 나는 이미 사랑하는 사람, 즉 나 자신과 잠자리를 같이 한다는 것을 알면서도 별로 절박함을 느끼지 않는다.

혼자 자는 것을 배우고 혼자 자는 게 좋아지면, 외로움을 달래는 데 상당 부분 적용된다. 특히 헤어지고 나서 곧 바로 편안함을 느끼지 못할 수도 있지만, 일단 잠자리의 습관만 다시 만들고 나면 금방 소중한 시간이 된다. 가장 좋은 것은 여러분이 누구인지 무엇이 여러분을 행복하게 하는지, 무엇이 여러분을 최고의 육체적, 감정적 상태로 유지시키고, 여러분의 인생이 어디로 가기를 원하는지를 알아낼 수 있는 공간이다. 이 모든 것에도 불구하고, 행복한 싱글이라는 생각은 어려운 과제로 남을 수도 있다. 특히 당신이 새로이 싱글이 된 경우에는 더욱 그렇다.

이별하는 것은 어렵다

──── 모든 이벤트를 다 담아내고 있다고 주장하는 감사카드 업계의 상품도, 진지한 관계가 끝나고 싱글이 되는 걸 축하하는 카드는 현실성이 떨어진다. 그러나 여러분이 해야 할 가장 용감하고 힘든 인생 결정 중 하나를 내렸다는 것에 개의치 말고, 여러분이 할 수 있는 최선을 다해 노력해보자. '축하해요!', '애착 관계가 없이 혼자서 더 많은 시간을 보낼 수 있다!'라고 쓰인 감사카드는 찾기 어려울 테니까. 그런 의미에서 현재 스크리블러 Scribbler 사에서 이혼 축하 카드를 두 종류 만들

었다는 걸 언급해야 할 필요는 있어 보인다. 내가 좋아하는 카드는 이것이다. '그 루저를 드디어 버렸다니 축하해!'

고맙게도, 전 남자친구와 헤어진 날, 내게는 나를 환영해 준 친구 조와 커다란 진 토닉 칵테일이 있었다. 조는 성인이 되고 1년 반 정도만 연애를 쉬었던 사람으로, 따라서 싱글 생활에 큰 일가견이 있는 친구는 아니었다. 그런 친구에게 나를 떠넘긴 것이다. 하지만 친구는 싱글로서의 시간을 꽤 유용하게 썼다. 싱글이었던 짧은 기간 동안, 그녀는 파리에서 어학연수를 했고, 남아메리카를 배낭여행했으며, 다시 재회해 오래 사귄 남자친구이자 이제는 약혼자가 된 크리스와 함께 유럽을 여행했다. 결과로 보면, 그녀는 항상 동전의 양면과 그 가치를 잘 파악했다.

그녀의 반응은 정말 멋있었다. 내 싱글생활이 해결될 문제가 아니라는 점이라고 했다. 많은 친구들이 이별 후 서로를 잊지 못해 하룻밤을 보내거나 '새로운 사람을 찾기'에 대해 꽤 의미 있는 이야기를 해주었지만, 조는 내가 새로 찾은 외로움을 본질적으로 가치 있게 받아들여야 한다고 했다. 두어 시간 가량 조의 낙관론을 공유했지만 11월 저녁의 흩뿌리던 빗줄기에 오후부터 마신 술기운은 사라지고 나는 76번 버스에 앉아 머릿속으로 그녀의 말을 되뇌였다. 그녀의 명언이 마치 풍선처럼 머릿속을 둥실둥실 떠다녔다. 독신으로 즐거움을 느낀다는 게 마치 외국 문화처럼 생소했고, 나는 내 생각과 단둘이 남겨지는 걸 피하기 위해 매일 밤 외출을 하거나 친구 집 쇼파를 전전하며 그 후 일주일을 보냈다.

나는 싱글이 되는 것이 하나도 기쁘지 않았다. 왜냐하면 나는 불필요하게 킹사이즈 침대 한쪽에서 몸을 웅크리고 잠을 잤고, 공유 설정을 끊으며 구글 캘린더에서 6개월치의 일정을 삭제했기 때문이다. 전 애인과 함께 암스테르담으로 가는 여행을 위해 예약한 연차 휴가를 취소해야 했고, 크리스마스에는 할머니에게 왜 그 남자를 데려오지 않았는지 설명해야 했다. 특히 예상하지 못했던 이별의 고통스러움은 나에게 심각한 무력감과 고통을 주었고, 여러분 역시 통제가 어려운 아픔을 느낄 수도 있다.

이것은 우리가 혼자 보내는 시간에 대해 느끼는 것에 큰 영향을 미친다. 버지니아 토머스 박사에 따르면 혼자 있는 시간을 가치 있게 평가하지 않는 것은 큰 문제라고 말한다. 이 책을 쓰던 중 그녀를 만나서, 2019년에 발표한 그녀의 연구논문[2]에 대한 설명을 들었다. 박사는 한 무리의 청소년들에게 혼자 시간을 보내는 동기를 조사했다. 토머스는 자신의 연구를 한 마디로 "혼자만의 시간이 이로워지기 위해서는, 고독이 자유로운 선택의 과정이 되어야 한다. 다시 말해서, 사회적 불안이나 동료들에게 거부감을 느끼는 것에 대한 반응으로 선택되어서는 안 된다"고 설명했다. 간단히 말해서, 여러분이 혼자 있지만 여러분이 그것을 통제할 수 없다고 느끼는 상황들은 끔찍하게 느껴질 수 있다. 그렇기 때문에 여러분의 친구들 대부분이 '반쪽'과 함께 저녁을 먹는 금요일 밤에 머무르는 것이 특히 최근에 차인 경우, 즐기기 힘든 시간이 될 수 있다. 자, 이 이야기를 어떻게 다시 쓸까?

연인과 헤어진 것을 후회하는가?

─────── 가수 닐 세다카Neil Sedaka의 표현이 옳았다. 헤어지는 것은 어려운 일이다. 진지한 열애의 결말은 가장 힘들고, 상실감과 함께 나를 불완전하고 매우 외롭게 만든다. 침대의 차가운 면, 전화할 수 없는 기억나는 전화번호, 당신의 삶에 숨어 있는 전 애인의 끊임없는 기억, 그리고 함께 했던 삶을 해체하는 것까지도.

'헤어짐'은 지저분한 과정이지만 힘들다. 매듀 스타들렌은 팟캐스트에서 "만약 당신이 누군가와 헤어지기로 결정해도 힘든 건 똑같다. 왜냐하면 그 사람에 대한 많은 것들, 그 사람과 함께했던 경험이 생각나기 때문이다. 더 이상 누군가에게 헌신하지 않겠다는 그 마음과 타인에게 받을 수 있는 위로를 모두 포기하는 것이니까"라고 말했다. 결국, 나는 관계를 끝내기로 결심했지만, 몇 달 동안 그것을 위해 싸우려고 노력한 후에야 결정을 내렸다. 그래서 조가 내게 '혼자인 상태를 포용하라'고 격려했을 때, 불가능하다고 생각했다. 물론 그녀가 옳았지만. 그녀는 경영 컨설턴트이고, 사람들은 그녀에게 컨설팅을 댓가로 돈도 준다. 하지만 내가 그녀의 말을 들었을까? 당연히 듣지 않았다. 아니 적어도, 처음에는 그랬다.

여러분도 나와 마찬가지로 다음과 같은 비극적인 영화 시리즈에 출연할 수 있다.

○ 월요일 저녁에 혼자 술을 마시는 여성

○ 함께 춤출 사람이 아무도 없는 결혼식 하객

○ 손이 닿지 않는 블라인드를 닫으려고 애쓰는 싱글 여성

○ 더블베드 시트를 바꾸려고 애쓰는 팔이 짧은 사람

감사하게도 사회는 고통과 고통에 대한 해결책인 숭고한 반등을 예고했다. 이 용어는 1830년대에 마셜 러셀 미트포드Mary

Russell Mitford에 의해 처음 만들어졌는데, 그는 다음과 같이 썼다.

"이별 후 후회의 과정에서 상대를 붙잡는 것만큼 쉬운 일은 없다." 대표적으로, 이별의 고통과 감정적인 혼란으로부터 산만해지는 시기, 즉 관계가 끝난 직후 미련이 시작된다. 우리는 관계를 끝낼 때, 상실의 고통으로부터 나를 구해줄 다른 누군가를 빨리 찾으려고 애쓴다. 때로는 짧은 불장난으로 끝나기도 하고, 때로는 완전한 관계가 되기도 한다. 바로 여기서 '연애의 공백을 못 참는 사람Serial monogamist(우리나라에서는 환승 연애로 씀 – 역주)'이라는 용어가 탄생했다. 계속해서 연애를 반복하며 상실의 감정을 아예 차단해버리는 것이다. 10년 사이 여섯 번의 아내를 맞이했던 일부일처제의 헨리 8세처럼 말이다.

헤어지고 나서 곧바로 다른 상대를 찾는 일은 종종 친구들, 그것도 현재 연애 중인 친구들이 부추기는 경우가 많다. 트위터에서 크라우드로 모은 실제 답변이 아래에 있다.

○ 그 사람한테 돌아가. 아니면 평생 솔로야.

○ 고양이 키우는 할머니로 늙으면 어떡해.

○ 괜찮아. 다른 사람 금방 만날 거야.

○ 재결합을 할 수도 있지.

○ 그 사람보다 더 좋은 사람을 만날 수 있어.

○ 온라인으로 데이트 상대를 만나보는 건 어때?

  절친한 친구들이 모두 연애 중이던 그 때 5년간 사귀던 남자친구와 헤어진 29세의 앤젤리카는 내게 이렇게 말했다.

  "내 친구들 중 아무도 이게 좋은 기회라고 말하지 않았던 것 같아요. 애들은 '괜찮아. 곧 다른 사람을 만날 거야'라고만 말했죠. 전 마음속에 엄청난 공백이 있다고 말했는데, 친구들은 새로운 남자친구를 만나면 그 공백이 메워질 거라고 했어요."

  이 답변이 내 심금을 울렸다. 내 관계가 끝났을 때, 나도 같은 공허함을 느꼈던 것이 기억이 났기 때문이다. 전 남친이 한때 누워있던 침대가 차가웠다. 우리가 쓸데없는 잡생각을 공유하거나 며칠, 몇 주, 평생을 함께 계획했던 것들이 생각났다. 헤어지고 나니 상실감이 무지근한 통증처럼 나를 갉아먹었다. 그 당시 나는 혼자 있는 게 가장 두려웠다. 그리고 나 역시도 외로움을 피할 수 있는 유일한 방법은 다른 관계를 빨리 맺는 것이라고 결심했다.

  헤어진 직후, 나는 금요일 밤 소셜미디어를 스크롤하면서 전 남친이 찍어준 사진을 프로필로 쓰는 비도덕을 애써 눈감았다. 앤젤리카가 나에게 '데이팅 앱을 다운 받는 건 해결책이 아니라 상처에 반창고나 붙이는 일'이라고 인정했던 것처럼 나도 어느 정도는 알고 있었다. 근데 솔직히 말하면? 과연 대안을 어떻게 찾아야 할지 확신이 서지 않았다.

모든 것을 바꾼 최악의 데이트

─────── 심각한 이별 후 3주 만에 보석 디자이너와 데이트를 했다. 그가 소호에서 친구들과 약속이 있어 일찍 자리를 마무리하자고 하기 전까지는 모든 것이 잘 되어가고 있었다. 그는 자기가 돌아올 때까지 그 근처 자기 아파트에서 기다리라고 했다. 그렇게 로맨스가 죽어버렸다.

솔직히 말하자면, 과거의 나라면 더 나쁜 취급도 참았을 것이다. 하지만 이번에는 무언가가 달랐다. 어쩌면 내가 서로를 존중하던 긴 연애에서 막 벗어났기 때문일지도 모른다. 어쨌든 나는 이 정도의 무례함을 견딜 수가 없었다. 그날 저녁 혼자 침대로 돌아가는 것보다 훨씬 더 나쁜 상황이 있다는 걸 마침내 깨달았기 때문일지도 모르겠다. 고작 이런 남자에게 고개를 숙이고 싶지 않았다. 그 남자는 대담한 것 외엔 별 볼일이 없었다. 내가 화가 난 건, 그 남자의 그런 행동이 아니라 무의식중에 남아있던 혼자 남는 것에 대한 나의 두려움에 대한 대가를 치러야 한다는 생각이었다. 외로움이 패닉으로 이어지는 상황이라면 내게 문제가 있는 것이었다. 나는 기준을 좀 높이고 두려움에 직면해야겠다고 다짐했다.

전 남자친구와의 관계가 끝날 무렵, 나도 비슷한 사실을 알게 되었다. 우리는 숨이 막힐 정도로 서로에게 의존적이었고, 점점 우리가 양립할 수 없다는 것이 분명해지자, 나는 그에게 의지하는 법을 배웠다는 확신을 가지고 그에게 매달렸다. 결코 건강하지 않은 연애였다. 나는 혼자 있는 것에 대한 두려움이 단지 사교적이고 사랑스런 성격 때문만은 아니라는 것을 깨닫기 시작했다. 의존적인 자세는 행복을 손상시킬 수 있는 것이었고, 다른 대안이 너무 두려웠기 때문에 잘못된 관계를 유지하고 있던 것이다. 친구들이 오래 사귄 남자친구와 함께 살기로 결정할 때마다 나는 뒤처진 것 같았다. 하지만 무언가가 바뀌었다. 나는 더 이상 나의 장기적인 행복이 독신에 대한 두려움에 부수적인 것이 되도록 내버려 둘 수 없었다. 나는 더 이상 덜 만족하려고 준비하지 않았다. 결혼 아니면 이별 밖에 없는 동거의 환상 속에 내가 속았다는 걸 깨달았기 때문이다.

그로부터 한 달 뒤인 2019년 1월 말쯤 개인 블로그에 글을 올려 혼자 보내는 시간을 배우고 좋아한다는 뒤늦은 새해 결심을 알렸다. 이것은 일부 사람들이 잘못 해석한 것처럼 독신주의 서약이나 심지어 데이트 공백도 아니었다. 그것은 사실 내 연애와는 아무 상관이 없었지만, 그 최악의 데이트가 기폭제가 되었던 것은 맞다. '혼자만의 시간을 보내기로 선택한다는 건 마치 내 머릿속의 온갖 고민을 끌어안고 압력밥솥에 들어가는 벌을 받는 것과 비슷하다'라고 썼다. '그래도 내 새해 결심은 혼자가 되는 법을 배우고 그걸 즐겨보는 것이다.' 이 게시글의 제목은 물론, '홀로살기'였다.

관계에 대한 강박관념의 위험성

──────   당신은 '이혼했구나!', '헤어진 걸 축하해' 또는 '홈 스위트 홈!(나 혼자)'이라고 적힌 카드를 찾기가 어려울 것이다. 압도적으로 사회적 승인을 가장 많이 받는 인생의 결정들은 낭만적인 결정들이다. 그리고 정말 미친 짓이다. 가령 내가 그 끔찍한 보석 디자이너를 용서했다고 치자. 캣 스트랫포드Kat Stratford가 나오는 〈내가 너를 사랑할 수 없는 10가지 이유〉를 떠올려 보면 무슨 장면인지 알 수 있을 것이다. 그래서 속물 근성의 그 남자의 개소리를 꾹 참아낸 내게 그가 반해버렸고, '이게 사랑이었군!'하며 나에게 청혼을 했다 치자. 이 이야기라면 내 친

구들은 물론이요, 사회적으로 수많은 사람들에게 박수갈채를 받을 만한 일이 된다는 것이다.

이런 관측을 한 게 내가 처음이 아니다. 작가 캐서린 그레이Catherine Gray는 《싱글로 느끼는 기쁨The Unexpected Joy of Being Single》에서 "싱글이 누구에게도 손을 안 벌리고 집을 산다 해도 누군가의 약혼 소식만큼 박수를 받지는 못할 것이다"라고 했다. 팟캐스트 게스트였던 소피아 머니-쿠츠 역시 자신의 책 《위시리스트The Wish List》에서 "그녀가 싫다잖아!"라고 쓴 인사 카드는 팔지 않는다고 했다. 이런 맥락에서 볼 때, 한 관계의 이별은 마치 실패처럼 느껴진다. 즉 사회적으로 용인되는 성취의 기준을 지키지 못한 것이다. "5년 동안 지속된 관계가 깨졌을 때 내가 느낀 가장 강한 감정은 당혹감이었다. 나는 그것이 시대적인 것이라고 생각한다. 독신이라는 것은 벗어나야 하는 것이라고 우리는 배우며 자란 셈이다"라고 앤젤리카는 말했다.

로맨틱한 관계는 인사말 카드에서부터 결혼에 이르기까지, 그리고 물론 인류의 영속성에 이르는 모든 산업을 지탱하는 받침대 위에 놓여 있다. 왜 이것이 축하할 만한 가치가 있다고 여겨지는지 이해하기 어렵지 않다. 게다가, 모든 사람들은 사랑 이야기를 즐긴다. 하지만 만약 여러분이 '연애가 더 낫다'는 신화를 떨치고 싶다면, 신혼 단계를 넘어간 친구들에게 물어보

자. "맞아, 행복해. 하지만 나는 집에서 혼자 주말을 보내는 것에 대해 계속해서 상상해. 혼자 사는 아파트 소파에 누워 드라마를 정주행하며 로제와인을 마시는 상상말이야"라고 결혼한 33세의 소피는 생후 한 달 된 아들을 달래며 말했다.

결혼식이 재미있고 아기들도 귀엽고 노부부가 길을 걸을 때 손을 잡는 모습은 아무리 굳어진 마음이라도 녹일 것 같은 게 사실이다. 하지만 우리가 로맨틱한 관계를 다른 무엇보다도, 특히 우리 자신과 맺고 있는 관계보다도 중요하게 여긴다는 것은 꽤 씁쓸하다. 사회는 우리에게 당신의 가족이나 훌륭한 친구들과 친밀한 관계를 맺는 것만으로는 충분치 않다고 말한다. 자기 자신을 사랑하기에 충분하지 않다고. 이것은 내가 앞서 열애에 대한 사회의 집착을 묘사하기 위해 사용했던 용어인 연애정상성이다. 결과적으로, 여러분 자신의 행복과 삶의 만족을 희생하면서 깨지거나 건강하지 못한 관계를 영구화하려는 유혹이 있다.

이는 데이트를 할까 말까 고민하는 독신자들에게만 영향을 미치는 것은 아니다. 그것은 또한 부부에게도 영향을 미친다. 연애정상성은 일상적인 개념으로, 부부들의 독립성, 개성, 부부 간의 외적 관계에 대한 요구를 약화시킬 수 있다. "여자친구는 어땠어? 우리 언제 더블 데이트 할 수 있어? 아, 아직 같이 안

사세요?" 등등의 질문처럼 더 불길한 방법으로 드러날 수도 있고, 불행한 관계에 있는 사람들이 독신이라는 두려움 때문에 그것을 끝내는 것을 연기하게 만들 수도 있다. 연애정상성은 당신의 귀에 대고 속삭이는 학대하는 상대와 같다. '내가 없으면 넌 아무것도 아니야.' 그리고 이것은 독신이고 혼자라는 것에 대한 두려움을 강화시키는 데 도움이 될 뿐이다.

헤어지지 못하는 가장 나쁜 이유

——— 언젠가 '거짓말은 다른 사람의 현실을 조종한다'라는 말을 읽은 적이 있다. 독신이라는 두려움에서 다른 사람과 함께하는 건 이와 비슷하다. 연애를 하는 데는 수천 가지의 훌륭한 이유가 있다. 공유하는 가치, 상호 간의 친절, 가정을 꾸리고 싶은 마음, 다시 없을 섹스, 2인용 지하철 카드까지. 그러나 독신이고 혼자라는 두려움은 연애의 이유가 되어선 안 된다. 그렇게 되지 않으려면 다음의 중요성을 깨달아야 한다.

1. 자신의 마음과 대화(일기를 통해서든, 신뢰하는 사람에게 비밀을 털어놓는 것이든 등)

이렇게 하지 않으면, 혼자라는 두려움은 불가피하게 여러분의 로맨틱한 삶을 통제하게 될 것이고, 아마도 여러분의 가장 깊은 욕구, 욕망 또는 본능보다 더 크게 말할 것이다. 제이다 세제르가 팟캐스트에서 말했듯이, "결정은 두려움에 이끌려서는 안 된다." 그러니 스스로에게 물어보자. 특히 연애의 초기 단계에서 '나는 이 사람과 함께하고 싶은가?' 아니면 '내가 혼자 있는 게 두려워 이 사람을 만나고 있는 걸까?' 만약 답이 후자라면, 당신은 두 사람 모두에게 해를 끼치고 있는 것이다.

긍정적 싱글 되기

─────── 연애정상성에 대한 대안이 있다. 그것은 싱글 긍정 운동이다. 그것은 싱글이 되는 경험을 중심으로 점점 더 많은 대화를 하고 그것이 어떻게 긍정적이고 성취감을 줄 수 있는지를 널리 퍼트리자. 그 유명인의 옹호자 중에는 가수 리조Lizzo, 아리아나 그란데Ariana Grande, 그리고 '셀프 파트너'의 선구자, 배우 엠마 왓슨Emma Watson 같은 사람들이 있다. 그란데는 피트

데이비슨과 약혼이 끝난 지 몇 달 후인 2019 빌보드 어워즈에서 이런 말을 했다. "과거 내가 남성들에게 경박하게 나눠준 사랑에 대해 나 스스로 용서하는 법을 배우고 싶다." 그리고 싱글 앨범 'Thank u, Next'를 통해 'Plus, I met someone else(참고로 나 다른 사람 만났어.)' / '······this one gon' last(하지만 이번이 마지막이야.)' / 'Cause her name is Ari(왜냐하면 그 여자 이름이 '아리'거든.)'와 같은 가사로 긍정적인 에너지를 전파했다.

영국에서 긍정적인 싱글 운동의 대화를 주도하는 주요 목소리 중 하나는 영국에 기반을 둔 뉴스레터 〈싱글 서플먼트The Single Supplement〉의 창시자인 니콜라 슬로슨Nicola Slawson이다. 팟캐스트를 통해 대화를 하며 니콜라는 이렇게 말했다. "둘(싱글 그리고 나 혼자)이서 함께 갈 수 있을지 모르겠다. 나는 정규직에, 정기적으로 친구들도 만나면서 일주일에 서너 번 데이트까지 하는 싱글들을 알고 있다. 결코 혼자가 아니다." 이 말은 특히 혼자가 되는 것을 두려워하는 사람에게는 현실처럼 다가온다. 20대 초반의 싱글이었던 나는 결코 혼자가 아니었다. 왜냐하면 나는 다른 사람들과 함께 있는 모든 종류의 창의적인 방법들을 생각해냈기 때문이다. 연속 데이트, 네 명의 다른 평범한 친구들과 함께 시끄러운 아파트로 이사하는 것, 그리고 주말에 우연히 자유로운 밤을 보낸다면 사교적인 행사에 매달리는 것까지. 솔직히 말해서 다른 선택의 여지가 있다는 생각은 전혀 들지 않았다. 왜냐하면 내가 가장 최악의 것이 될 것이기 때문이다. 독신이고 혼자일 것이기 때문이다.

내 팟캐스트에서 나는 브루클린 출신 작가이자 싱글을 위한 긍정 팟캐스트인 〈싱글 서빙 A Single Serving〉의 진행자인 샤니 실버 Shani Silver와 인터뷰를 하는 기쁨을 누렸다. 샤니는 전 세계 싱글 여성들과 인터뷰를 한다. 그녀는 "싱글과 혼자라는 상태 모두 사회적으로 부정적인 형태로 그리고 거의 독점적으로 사용되었다"는데 동의하며, 니콜라와 마찬가지로, 데이트의 형태가 해결책이 아니라는 걸 싱글 여성들에게 더 많이 알려야 할 필요성에 영감을 얻었다고 했다. "우리는 평생 커플이 되어야 한다고 세뇌당하며 산다. 그들의 이야기와 메시지, 커플과 가족이 있는 사람들에게 가는 칭찬이 있다. 나는 독신이라는 게, 고쳐야 할 문제가 아닌 즐거운 삶의 방식이라는 걸 인정하고 거기에서 오는 스트레스와 압박을 완화시키고 싶다"고 했다.

샤니는 만약 적당한 누군가가 함께 온다면, "나 자신도 관계를 원하고 언젠가 올지도 모를 관계를 기대한다"고 말하는 반면, 그동안 자신의 삶을 '잘못 쓰게' 내버려두기를 거부한다. "만약 당신이 미혼이고 누군가를 찾기 위해 모든 시간을 보낸다면, 당신은 가능한 한 빨리 싱글인 상태에서 벗어나려고 할 것이다. 나는 우리가 단지 완전히 편안하고 이기적일 뿐이고 우리가 원하는 것은 무엇이든 해야 하는 모든 순간을 소중히 여겨야 한다고 생각한다. 그것은 즐겁고 나는 그것을 인정하는 것이 부끄럽지 않다. 언젠가는 연애를 하게 되겠지만, 그 관계에서 깨어나서 혼자만의 시간을 잘못 보냈다고 생각하고 싶지는 않다"고 덧붙였다.

'홀로살기'와 긍정적인 싱글 운동 사이에는 분명한 유사점이 있는데, 이는 그들이 역사적으로 연민의 근원이었던 싱글의 상태에 새로운 의미를 부여하기 때문만은 아니다. 니콜라나 샤니처럼, 나 역시 싱글이 되는 것이 브랜드화되어야 한다고 느끼며, 싱글이 되는 것과 관련된 '혼자만의 시간'이 외로움으로 가득찬 것이 아니라 새로운 기회를 여는 밝은 창으로 여겨지길 기대한다.

행복한 싱글을 선택하다

———— 긍정적인 싱글 운동은 '행복한 싱글'이라는 생각을 장려한다. 영구히 독신이거나 심지어 장기간 독신인 것과는 결이 다르다. 여러분의 남은 삶을 위한 대기실로 여기기보다는

여러분의 싱글 상태에서 만족과 의미를 찾는 것을 배우는 것이다. 팟캐스트에 출연한 샤니의 표현이 정말 정확했다. "만약 여러분이 혼자 있는 것을 두려워한다면, 여러분은 가장 먼저 다가오는 관계를 선택할 겁니다. 왜냐하면 독신인 것보다 더 낫다고 생각하니까요. 그런데 나는 그렇게 생각하지 않아요. 나는 올바른 관계가 더 낫다고 생각해요. 일단 독신으로 지내는 것의 이점을 경험하게 되면, 나는 여러분이 여러분에게 맞지 않는 관계를 맺을 가능성이 훨씬 더 적다고 믿어요"라고 말이다.

혼자만의 시간을 잘 보내는 것이 무엇인지 알고 나면, 나쁜 관계를 맺는 것보다 혼자 있는 시간을 더 쉽게 선택할 수 있고, 혼자 있는 시간을 더 늘릴 수 있기 때문에, 혼자 있는 것을 연습하는 것은 긍정적인 싱글 운동의 큰 부분을 차지한다. 팟캐스트에서 플로렌스 기븐은 다른 사람이 해 줄 것을 기대하기보다는 자신의 필요를 채워준다는 뜻으로 '당신만의 케이크를 만드는 것'이라는 비유를 사용했다. "혼자 시간을 보낼 필요가 있습니다. 당신은 만나지 않을 것처럼 삶을 살아야 합니다"라고 그녀는 말했다. "당신은 당신만의 케이크를 만들 수 있다는 것을 배워야 해요." 따라서 이 은유를 확장시켜보면, 긍정적인 관계는 단순히 케이크 꼭대기에 올라온 체리에 지나지 않는다.

32세의 프랜시스는 이별을 앞두고 6개월 동안 어떻게 자신을 재발견하기 시작했는지, 블로그 글을 쓰고, 자신의 감정을 헤쳐 나가기 위해 쓴 일기를 공유했다. 사전에 그녀는 이러한 자기 개선적인 습관들을 무시해왔고, 함께 집을 사자고 하다가 갑자기 냉담해졌던 당시 남자친구와의 4년간의 관계를 '지키는데' 자신의 에너지를 쏟아 부었다. 그녀는 그와의 관계를 바로잡기 위해 너무 많은 노력을 기울였고, 나 자신과의 관계를 완전히 무시하기 시작했다. 결국, 프랜시스는 혼자만의 결혼을 통해 그녀의 파트너를 떠날 힘을 찾았다. "그 사람이 내 요구와 필요를 완전히 무시했다는 걸 깨달았어요. 그보다 나은 것을 원했고, 결국 나 혼자서도 충분히 가질 수 있다고 결심했어요. 이렇게 생각했던 것 같아요. '지금처럼 기분 상하지 않는 더 나은 환경을 만들어야겠어'라고요. 왜냐하면 정말로 하루 종일 기분이 나쁜 지경에 이르렀거든요. 그동안 모은 돈을 다 털어 집을 산 프랜시스는 전 남자친구와 함께 살 계획이었던 집 대신, 더 작은 규모의 침실 하나짜리 아파트를 샀다. 이 모든 공간이 제 것이라고 생각한 것은 정말 좋은 일이었다.

일단 여러분이 싱글이 되는 것이 안정되고 나면, 연애에 있어 옳지 않은 상황일 때 직감적인 본능을 신뢰하는 것이 더 쉬워진다. 독신으로 지낸 지 몇 달 만에, 나는 이상한 갈림길에 다다랐다. 이 장의 앞부분에서 언급했듯이, 지난 11월에 나의 관계가 끝났을 때, 나는 이 연애가 마지막일 것이라고 생각했다. 당시의 나는, 내 '사다리'가 서른 살이 되기 전에 결혼이라는 칸에 다다를 거라고 생각했었다. 그러다가 게임판에서 이별이라는 가장 긴 뱀을 마주친 나는 바로 원점으로 돌아갔다. 그리고 적어도 이제 내가 어떤 남자를 원하는지 알았다고 스스로를 위로했다. 구체적인 이상형이 생겼기 때문에, 데이트 게임 내에서 지름길 코스로 가게 될 것이라고 생각했다. 나는 심지어 문자 그대로 이상형 목록도 가지고 있었다. 키가 크고, 구릿빛 피부에, 잘생겼으며 식도락가, 나보다 몇 살 위인 남자에다가, 즐거움을 위해 책을 읽고 운동을 하고, 깔끔한 것을 좋아하는 남자. 그러다가 '홀로살기'를 시작하며 이상형이 약간 바뀌었다. 그때는 함께 '서 있을 수' 있는 남자를 찾았다. 자신의 삶에서 진정 원하는 걸 알고 있는 독립적인 남자, 따라서 우리의 '홀로살기' 여행은 서로 나란히 진행될 수 있었다. 당시에도 남자를 꾸준히 찾고 있었으니까. 그저 내 이상형에 부합하는 사람만 나타나면 되었다.

우디 앨런Woody Allen은 언젠가 "신을 웃기고 싶다면, 당신의 계획을 그에게 말하라"고 말했고, 그렇게 우주는 나를 놀렸다. 한 친구가 더그라는 남자를 소개시켜 주었다. 그는 내가 원하던 인상착의에 딱 들어맞았다. 6개월 동안, 나는 그와 같은 사람을 만나기를 기다렸다. 그는 매력적이고 사려 깊었다. 나는 그의 여자친구가 되고 싶었다. 그런데 그를 만나고 몇 주 후, 갑자기 설명할 수 없는 반항심이 생겼다. 내 직감적인 본능이 내게 그와 함께 있을 수 없다는 강력하고 흔들리지 않는 확신을 주었다. 겉으로 보기엔 정말 완벽한 남자였다. 그것은 내게 전혀 새로운 현상이었다. 왜냐하면 '홀로살기' 전에는 결코 알지 못했던 것이었기 때문이다. 이것은 우연이 아니다. 앞서 언급했듯이, 마음가짐과 일기를 쓰는 것과 같은 고독과 관련된 관행은 사람의 본능을 강화하는 것과 관련이 있다.[3] 어쨌든, 갑자기 나는 내 자신에게 돌아오고 싶은 생각뿐이었다.

더그와 끝낸 날 밤, 나는 잠을 자려고 안간힘을 썼다. 그 중 일부는 비이성적인 죄책감이었지만, 내가 풀어야 할 또 다른 무언가가 있었다. 나는 성인이 된 후 처음으로 독신으로 지내는 것이 정말 행복한다는 것을 깨달았다. 연애를 하든 말든 나는 완전하다고 느꼈다. 과거에, 나는 두려움의 장소에서 데이트하는 것에 접근했다. 잘 풀리지 않는 것이 실패를 의미한다고 추론했다. 그 두려움을 극복한 지금, 나는 마침내 내가 원하는 것을 들을 수 있었다. 누군가가 나와 함께 있고 싶어 한다는 감사와 안도감에도 그 내면의 목소리가 사라지게 하는 것이 아니었다. 새롭고 약간 벅찬 느낌이었지만, 나는 내가 그것을 붙

잡고 싶어한다는 것을 알았다. 그래서 나는 내 자신에게 편지를 썼다.

나는 내가 생각했던 것처럼 비참하거나 외롭지 않아. 또 내 결정을 후회하지도 않아. 나는 스스로에 대한 믿음을 배우고 있고, 내가 옳은 일을 했다는 것을 알고 있어.

솔직히 걱정도 돼. 내 사람을 찾지 못할까봐. 하지만 더 큰 걱정은 내가 나라는 것을 깨닫는 것 같아. 다른 사람이 내 인생을 채워줄 수 없다는 것, 그리고 나는 내 마음대로 해야 한다는 것. 그 거대함에 직면했을 때 본능적으로 차버린 거야. 평생 배우고 자란 신화를 믿는 게 더 쉬울 것 같기도 해. 사랑과 결혼이 나를 구할 거라는 신화 말이야. 근데 난 너무 멀리 왔어. 마치 문을 쾅 닫고 잠가버린 것 같아.

겁에 질린 마음속의 아이가 언젠가는 누군가 찾아와 내 팔을 감싸고 남은 인생을 고요하고 견고하게 살아갈 거라고 믿고 싶어해. 근데 나는 그렇지 않다는 걸 알아. 어떤 면에서 보면 나는 늘 알고 있었던 것 같아. 혼자가 두렵지만 그게 인간의 본질적인 조건이라는 걸 알아. 그냥 내 힘을 믿는 게 무서운 것 같아.

어떤 면에서는 흥분되기도 해. 크리스마스 전날 밤 신이 나서 뛰어다니며 안절부절 못하는 애처럼. 포장지로 감싼 선물이 트리 밑에 있는데 그게 뭔지 모를 때처럼.

나는 내 삶을 잘 통제하고 있어. 그리고 나는 누군가가 나를 구해주기를 기다릴 필요가 없어. 나는 자유롭고 어디에선가 해방된 것 같아. 나는 다른 사람에게 대답할 필요가 없어. 나는 의무로부터 자유로워. 나는 독립적이야. 어쩌면 오늘 밤은 너무 설레서 잠을 못 잘 것 같아. 그리고 내가 할 일을, 나의 힘이 다른 사람이 아니라 내 안에 있다는 걸 기억하는 거야.

혼자만의 시간을 만드는 것

─────── 전에도 말했듯이, '홀로살기'는 그냥 일어나지 않는다. 싱글일 때 시간을 미리 내야만 한다. 그렇지 않으면 혼자만의 기회를 놓칠 수 있다. 나 혼자, 특히 헤어진 후 다시 새로워진다면, 여러분은 관계에서 가질 수 없는 혼자만의 시간의 창을 갖게 될 것이다. 케케묵은 사회적 가치관에 '예스'라고 대답하고 싶은 유혹이나 사회적 압력이 있을 수도 있지만 '홀로살기'의 시간을 배운다는 게 더 소중하다.

물론, 만약의 경우를 대비해서 큐피드의 화살을 기다리며 항상 밖에 있어야 한다는 생각은 있지만, 소피아 머니-쿳츠가 팟캐스트에서 말한 것처럼, 배달 음식과 함께 집에서 조용히 저녁시간을 보내는 것만큼 좋은 건 없다. 내가 가장 좋아하는 일이기도 하다. 물론 싱글일 때는 그러고 있으면 약간 슬퍼질 때도 있었다. 하지만 이젠 극복했다.

지금 누가 이 말을 들어야 할지 모르겠지만, 어느 날 혼자 보내는 밤은 누군가를 만날지도 모르기 때문에 친구의 남자친구까지 다함께 모여 축구 경기를 보자는 초대를 받아들이는 것보다 훨씬 더 성취감을 줄 수 있다. 독신이라는 것은 파트너를 위해 맞춰주지 않고 좋아하는 음식을 요리하는 시간이다. 혼자 평화롭게 자는 시간이다. 제이다 세제르의 경험으로 볼 때, 싱글이 되는 것은 '미안한 마음 없이 나와 사랑에 빠지는 것'이며 그녀의 표현에 따라 '나와의 일'을 수행할 수 있는 좋은 시기이다. 제이다 세제르 역시 지금 남자친구 타이슨을 만나기 전 2년간의 싱글 생활이 "내가 누구이고 무엇을 사랑하는지 알아내는 데 가장 좋은 시간들 중 하나였다"라고 말했다. 그것은 또한 그녀가 혼자만의 시간을 사랑할 수 있게 해주었다. "만약 내가 그 시간을 내 스스로 가져가지 않았다면, 나는 내가 그것을 얼마나 소중하게 여기고 필요로 하는지 깨닫지 못했을 것이다." 그리고 그녀의 현재 관계에서 더 많은 것을 테이블에 올릴 수 있게 되었다.

다음은 다른 사람들이 새로이 '홀로살기'를 사용한 방법이다.

읽기, 쓰기, 사이클링 모두 내가 다시 사랑에 빠지게 된 활동이다. 나는 지금 싱글이다. 이러한 작은 개인 활동들은 내가 혼자 하고, 철저하게 즐기고, 찾아내는 것들이며, 나에게 평화롭게 생각하고 느낄 수 있는 시간과 공간을 준다. _샘, 27살

• • •

나는 매주 스페인어 공부를 시작했다. _리아나, 28세

• • •

가장 힘든 결별 후 《먹고 기도하고 사랑하라》에 심취했다. 놀라운 경험이었다. 먼저 말레이시아에 있는 요가 수련회에 갔다. 그 후, 나는 미국에서 온 두 명의 소녀와 함께 태국을 여행하기 전에 이탈리아 전역의 다양한 여름 캠프에서 영어를 가르치는 직업을 얻었다. _니콜라, 35세

· · ·

와인 한 병, 커다란 감자칩을 들고 아무 싸움 없이 내가 원하는 텔레비전 프로그램을 보는 일! 정말 행복이다! 또, 집에서 피부를 가꾸고 언어를 공부하기 위해 일찍 일어나는 일, 친구들과 시간 보내기, 벽에 페인트 칠하기까지 정말 쉽고 재미있었다. _이디스, 42세

데이트에 관한 한 마디

───── 이미 세상에는 넘치는 데이트 조언이 있고, 싱글을 극복하도록 '도움'을 목표로 하는 콘텐츠의 귀에 거슬리는 부조화를 범하고 싶지 않았기 때문에, 이 소제목을 포함하기 위해 오랫동안 고민했다. 분명히 말씀드리자면, 이건 그게 아니다. 나는 어떤 삶의 단계에서 데이트하는 것이 결코 우선순위가 아니며, 결코 우선순위가 되어서는 안 된다는 것을 알고 있다. 하지만, 나는 혼자만의 시간을 즐기는 법을 배우겠다는 새해 결심을 한 이후로 지난 몇 년간 사람들을 만나왔고, 그 개인적인 여정이 내 데이트 인생을 얼마나 변화시켰는지 공유하고

싶다. 나에게는, '홀로살기'가 데이트에 대한 강경한 반대입장을 취하는 것을 의미하지는 않다. 데이트는 새롭고, 능력 있는 관점으로 하는 것이고, 제 경험이 지나갈 것이라면, 그건 정말 끔찍한 일이다.

그런 식으로 데이트하는 것이 훨씬 더 즐겁다. 나는 내 연애를 둘러싼 만성적인 희생을 느끼곤 했다. 돌이켜보면, 놀랄 일도 아니다. 나는 문자메시지로 차였다. 일주일간의 잠수 이후 차이기도 했다. 새해 전날 밤 파티, 친구들 앞에서 차인 적도 있다. 아침 식사 전 커피를 사러 간 카페에서 차이기도 했다. 심지어 두 명의 남자친구들은 바람을 피웠다. 언뜻 끔찍해 보이는 내 연애지만 이제 나는 여러 가지 요인들이 복합적으로 작용했다는 걸 안다. 나는 거의 항상 누군가를 사귀고 있었고, 애정 결핍에 불안정한 사람이었으며 혼자 있는 것이 무서워서 늘 나를 지나치게 내버려 두었다. 이와는 대조적으로, '홀로살기' 중 만난 남자들은 거의 대부분이 긍정적인 관계였다. 여전히 내가 사귀었던 대부분의 사람들과 친하게 지내고 있고, 항상 상호 존중하는 마음이 남아있다.

그럼, 내 데이트를 '행운'으로 바꾼 건 무엇일까? 나와 사람들을 모두 좋아한다는 기준으로 보면, 그리고 바라건대 이 장을 읽고 독신으로 지내는 것에 더 만족감을 느끼면, 데이트 목표가 즉시 바뀌게 된다. 제이다 세제르는 이렇게 현명하게 말했다. "당신이 누구인가에 행복해지면 당신이 두려움과 회피의 공간에서 행동하는 것을 멈추게 한다." 그리고 그것은 당신이 더 이상 누군가가 당신을 구해주기를 원하는 취약한 위치에 있지 않기 때문이다. 만약 잘 풀리지 않는다 해도, 당신은 사랑하는 누군가와 함께 남게 된다. 바로 당신 자신이다.

자기 자신과 관계를 맺는 것은 연애를 근본적으로 변화시킨다. 작년에 잠깐 만났던 사람과 이런 허심탄회한 대화를 나눈 적이 있다. '딱 보기엔 우리 잘 맞는 것 같은데……. 사실 그렇게 잘 맞진 않아, 그렇지?' 그렇게 정리한 우리는 이제 좋은 친구이고, 나는 그것이 낭만적인 누군가와 어울리지 않는 것이 여러분의 개인적인 가치와는 아무런 상관이 없다는 상호 이해에서 비롯되었다고 생각한다. 뜻대로 되지 않으면 실망스럽지만, 일주일 만에 집을 비운 뒤 현관문을 통해 들어설 때와 같은 편안함을 느끼며 나 자신으로 돌아갈 수 있어 행복하기도 한다.

그리고 그렇게 우리는 중요한 단어인 선택으로 돌아온다. 내가 '홀로살기'를 통해 배운 것은 기본적으로 친절하고 안전한 사람들과 사귀는 것을 선택했다는 것이다. 왜냐하면 그런 것들은 제 자신에게 소중한 자질들이기 때문이다. 나는 또한 사람들 사이에서 편안하거나 최소한 개인적인 경계를 존중할 것이라고 생각하는 사람들을 찾는다. 왜냐하면, 이것들은 내가 저 자신에게서 소중하게 여기는 특징들이기 때문이다. 그리고 그것이 관계에서 작동하기 위해서는 상호 간의 이해가 필요하다. 내 이상형의 기준이 높긴 하지만, 괜찮다. 나한테서 벗어나려고 서두르는 건 아니니까. 여러분의 초점이 본능적으로 '내가 저 남자에게 충분할까?'에서 '이 사람이 잠재적인 로맨틱 파트너가 될까?'로 사고방식이 바뀌면 데이트도 훨씬 더 재미있어진다. 어느 날 갑자기 '한번 해보지 뭐' 했던 마음이 '예스!'로 바뀔지도 모른다. '아직 확실하진 않지만 함께 있으면 재밌고 기회를 더 주고 싶은데'라고 말할 수도 있다. 가끔은 '아, 진짜 아니야'라고 말하게 되는 남자를 만날지도 모르고.

이 사람이 당신을 외로움에서 구해줄지에 대해 걱정하면서 시간을 보내지 않을 때, 데이트는 당신 자신에 대해 그리고 당신이 관계에서 무엇을 원하는지 더 많이 가르쳐 줄 수 있다. 나는 이것이 모든 사람들에게 해당되는 것은 아니라는 것을 이해하며, 어떤 사람들에게는 낯선 데이트 시나리오에 자신을 집어넣는 것이 진정성이 없다는 것도 안다. 하지만 나는 항상 새로운 사람들을 만나는 것을 정말 즐겨왔고, 데이트는 그런 면에서 좋은 기회이다. 사실, 데이트는 새로운 일을 시작하거나 새로운 사회적 환경에 들어가는 것이 자기 성장을 촉진시킬 수 있는 것과 같은 방식으로, 자신의 최신 버전을 내세울 수 있는 충분한 기회가 될 수 있다. 플로렌스 기븐은 "나는 락다운이라는 걸 빼면 참 많은 데이트를 한다. 나는 다른 사람들을 통해 나 자신에 대해 배우는 것을 좋아하고, 어떤 감정적인 자극과 무엇이 나를 불편하게 하는지 너무 많이 알게 되었고, 집에 가서 '왜 그것이 나를 불편하게 만들었을까?'를 복기한다."

만약 데이트할 준비가 되었다고 느낀다면, 두 가지 황금규칙은 다음과 같다.

1. 좋은 마음가짐이 있을 때만 데이트하기

숙취에 시달릴 때, 컨디션이 좋지 않거나, 밤 11시를 넘은 시간엔 절대 데이트를 하지 말자. 배고플 때는 장을 보지 말라고 했다. 내가 돌려받고자 하는 자신감과 확신에 찬 에너지가 있을 때만 사람을 만나자.

2. 서두르지 말 것

그 이유는 데이트하는 것이 취미가 되는 것을 원하지 않기 때문이다. 취미는 취미일 뿐이다. 다양한 사람들에게서 데이트 요청을 받는 행운이 있더라도 한 달에 최대 두어 번 정도만 첫 번째 데이트를 하자.

지금 바로 '영원히 행복하게 살았습니다'가 시작된다

────── '영원히 행복하게 살았습니다'는 어릴 적부터 우리에게 올바른 사람을 만났을 때 일어나는 것이라는 사실이 새삼스레 떠올랐다. 나이가 들수록, 특히 특정 연령 이후(문화나 커뮤니티에 따라 다를 수 있지만) 싱글은 불량 상태로 간주된다. 하지만 혼자만의 관점에서 보면 오히려 반대이다. 자기 성장을 위한 가치 있는 기회이다. 작은 사소한 일상적 일상에서 더 큰 열정에 이르기까지 여러분이 사랑하는 것을 스스로 해결할 수 있는 기회이다. 그리고 여러분 자신에게 사랑을 보여줄 수도 있다. 나는 여러분의 단 하나의 삶이 얼마나 가치 있는 것인지 알고 싶다.

다음 장에서 이야기하겠지만, 연애는 물론 멋질 수 있다. 내가 가장 최근에 사귀게 된 남자도 그 당시에는 인생에서 가장 행복했다. 하지만 우리가 헤어진 이후, 내가 거의 독신이었던 기간은 여전히 더 나아졌다. 독신 생활은—특히 삶에 대한 어느 정도의 자신감과 호기심이 발달한 후에는—혼자만의 삶이 여러 면에서 더 간단하고 자연스럽게 실천하기 쉬운 소중한 공간이다. 지금 싱글이신 분들은 소중하게 생각하시기 바란다.

왜냐하면 그것은 영원히 지속되지 않을 것이기 때문이다. 그리고 이건 위로가 아니라 경고이다. 이 시간을 당연하게 여기지 말자.

"나는 혼자 있을 때와 함께 있을 때 둘 다 평온하다.

우리는 더 이상 서로를 '필요'로 하지 않는다.

그래서 서로를 '원할 수 있는' 공간이 남는다."

Part 10

혼자, 그리고 같이

제시카는 소개팅 앱을 통해 테오를 만났고, 몇 번의 썸 타는 메시지를 주고받은 후, 만난 술자리가 제시카의 집에서 잠자리로 이어졌다. 다음 날 아침 잠에서 깬 두 사람은 서로의 매력이 그 이튿날 아침까지 뻗어나간 것을 발견하고 행복했다. 마치 서로를 영원히 알고 지낸 것 같았다. 둘 다 20대 중반에, 테오는 그의 친구 중 가장 마지막으로 진지한 관계를 맺었고, 반면, 환승 연애 중독자인 제시카는 최근 5년 된 남자친구와 갑자기 헤어졌다. 첫 두 달은 차분했다. 사실상 그날 저녁 이후 함께 살기 시작한 거나 다름없었고 곧 인스타그램에 두 사람이 함께 찍은 귀여운 사진을 올렸으며, 로맨틱한 촛불을 켜놓고 저녁을 요리하고, 함께 주말을 보내기 위해 차를 몰고 배스Bath로 향했다.

그러나 문제는 3개월째부터 서서히 나타나기 시작했다. 허니문 같은 기분에 떠다니던 제시카는 가장 친한 친구 중 한 명의 생일을 잊어버리는 바람에 친구를 잃었고, 테오는 영업 실적이 너무 나빠 감봉을 선고받았다. 두 사람 사이의 사정도 완전히 같진 않았다. 친구들 사이에서 배제된 제시카는 테오에게 점점 더 의존하게 되었고, 테오가 늦게까지 일하면서 업무 실적을 올리려고 할 때마다 그에게 문자 메시지를 보내곤 했다. 한편, 헬스장에 들렀다가 집으로 오던 테오는 제시카의 집으로 가는 날이 많아지며 운동을 빼먹었다. 그 결과 그의 자존감이 급격히 악화되기 시작했다. 쇠퇴한 자신감이 삶의 모든 영역에 스며들었고 결국 두 사람의 관계에도 금이 가기 시작했다. 둘은 서로를 맹렬히 비난하며 풀리지 않는 삶의 희생양으로 서로를 몰아갔다. 6개월이 되자, 제시카는 친구들과 더욱 소원해졌고, 테오는 살이 쪘으며 일도 포기 상태에 이르렀다.

혼자만의 시간이 부족하다고 해서 관계에서 단순히 현명하지 못한 것은 아니다. 그것은 종종 새로운 로맨스와 그 안에 있는 사람들 모두의 파멸이 될 수 있다. 우리는 "사랑이 모든 것을 정복한다"는 신화를 믿었지만, 그것은 우리가 원하는 파트너에게 많은 요구를 한다는 것을 의미이기도 했거니와, 사랑이 아니라면 대체 무엇이 위대한 것이 될 것인가를 고민하게 만들었다. 그러나 내 팟캐스트에 출연했던 행복한 커플 게스트 사이에 하나의 공통점이 있다면 그건 그들이 관계를 맺으면서도 동시에 혼자만의 시간을 만들었다는 점이다. 앨리스 리빙이 말하듯 "우린 둘 다 각자의 삶을 살아요. 저는 누군가의 주머니에서 살거나 모든 것을 함께 하는 커플 중 한 명이 되고 싶지 않아요. 숨이 막힐 것 같아요."

연애의 초반부, 객관적 시야를 잃고 과도하게 함께 시간을 보내기 쉽다. 하지만 시간이 지나면서 관계는 '편안한 슬리퍼'처럼 습관적으로 변할 수 있다고 심리학자인 엠마 케니Emma Kenny는 말한다. 그리고 모든 것을 파트너에게 맞춰 의존하기 시작한다. 결국, 이것은 여러분이 관계 밖에서 자신을 위한 시간을 갖지 않는다는 것을 의미한다. 만약 여러분이 '내 짝'을 찾았다면, 왜 운동을 하거나, 회식에 늦게까지 머무르거나, 휴일엔 친구들을 만나거나, 요가 강사가 되기 위한 훈련의 꿈을 이루려고 애쓰는 걸까? 결국, "당신에게 필요한 것은 사랑이다All you need is love"라고 하지 않았던가. 하지만, 사랑은 개인적인 성장에 위험한 장애가 될 수 있고 시간이 지남에 따라 불안과 분노가 생길 수 있다. 비록 여러분이 그 당시에 그것을 알아차리지 못하더라도, 여러분은 몇 년 또는 심지어 수십 년 동안 여러분의 파트너와의 관계를 적극적으로 혼자 힘으로 이끌어내야 하는 책임을 회피한 후에, 여러분이 결코 하지 않았던 것에 대해 여러분의 파트너를 비난하기 시작할 수도 있다.

파트너에게 의존하게 되는 것은 매우 쉬운 일이며, 우리들 중 많은 사람들은 사랑하는 사람에게 약간 너무 많이 기대는 함정에 빠졌다. 그렇기 때문에 여러분의 취미와 사회생활을 위한 시간을 만드는 것과 함께, 어느 정도의 감정적 자립도 고려하는 것이 중요한다. 카밀라 설로는 팟캐스트에서 출연해 사회적 불안을 극복하려고 〈러브 아일랜드〉에서 만난 파트너에게 너무 많이 의존하지는 않았다고 했다. "저는 제 관계에 그런 역동성은 불어넣고 싶지 않아요"라고 그녀는 말했다. "나를 지지해주는 사람이 있다는 건 정말 좋지만, 나는 내 자신을 의지하고 두려움의 순환 고리를 또 겪고 싶진 않아요."

로맨틱한 관계뿐만 아니라 모든 종류의 관계도 우리가 진화하고 성장하도록 돕는 데 있어 변화를 증명할 수 있지만, 궁극적으로, 우리는 혼자이며 부부로서 우리의 성공의 파멸이 아니라 구원이 될 수 있다는 것을 인정한다. 그렇다고 해서 거의 모든 시간을 함께 보내고, '나'가 아닌 '우리'로 합쳐지는 등 공동의존 관계에 있는 지속적인 커플의 예가 없다는 것은 아니다. 어떤 사람들에게는 성공적인 관계 모델이 될 수 있지만, 분명 내게는 효과가 있는 것이 아니거나 이 책을 읽고 계신다면 여러분에게 도움이 되는 것은 아니다. "내담자들은 자신을 잃었다고 느끼고 관계 속에서 투명인간이 된 것 같다고 털어놓아요." 케니는 덧붙였다. "그리고 종종 이렇게 말해요. '내가 사라진 줄도 몰랐어요'라고요." 물론 나는 모르는 사람이지만, 그럼에도 참 가슴 아픈 말이다.

나는 약간의 공간이 필요해

─────── 우리는 사랑이 〈러브 액츄얼리〉의 감독 리차드 커티스Richard Curtis의 영화같지만은 않다는 걸 알고 있지만, 그럼에도 늘 누군가와 함께 해야 한다는 페티쉬를 고수한다. 만난 후로 하루도 떨어져 있지 않은 신혼부부? 친구 부모님이 지난 30년 동안 늘 손을 잡고 잠에 드신다고? 베리와 제인은 서로 무슨 말을 할지 다 안다고? 당연히 로맨틱하다. 누군가에겐 지속가능한 일이다. 나는 여전히 서로 없이는 살 수 없는 사람들의 로맨스에 환장한다. 그러나 '떠나려는 그 사람을 잡기 위해 미친 듯이 공항으로 달려가는 남자!'와 같은 이야기는 로맨틱 코미디의 끝부분에서 너무나 흔한 스토리이다. 영화는 전지전능한 로맨스의 신을 섬기기 위해 다른 계획은 깨버리고 인생을 바꾸는 엄청난 러브 스토리에 불과하다.

감성적인 영화와 TV 프로그램은 우리를 사랑에 빠져들게 한다. 옥시토신 호르몬[1]의 방출을 자극하기 때문일지도 모른다. 즉, 텔레비전에서 서로 무슨 말을 할지 정확히 알고 있는 커플을 보는 건 정말 달콤하면서도, 그것만큼 짜증나는 일도 없다. 또한 짜증나는 것은 우리가 항상 파트너와 함께 있어야 한다는 사회적 압력을 느낄 때이다. 29세의 맷은 이 문제가 친구들 사이에서 늘 제기되었다고 말한다.

"이미 친구를 만나기로 몇 주 전부터 계획을 세우고 있었어요. 친구는 늘 바빴고, 일대일로 만나고 싶었거든요. 근데 약속을 확인하려고 미리 연락을 해보니 그 날, 우리가 각자의 여자친구를 데리고 네 명이서 만난다고 생각을 하고 있더군요." 맷은 파트너 없이 파티에 갈 때도 같은 편견에 시달린다. "한 번은 친구 생일날 친구 집에 갔더니 다들 여자친구는 어디 있냐고 묻더라고요. 심지어 여자친구는 초대받지도 않았는데요. 사람들은 우리가 늘 한 쌍이 되어 올 것이라고 지레짐작하는 겁니다."

떨어져 시간을 보낸다는 생각은 우리가 관계에서 기대하는 모든 것에 어긋난다. 서로 없이는 지낼 수 없는 두 사람의 로맨틱한 이상으로 '다른 반쪽'을 찾는 것, 즉 '당신을 완성하는 사람'을 찾는 것이다. 하지만 '홀로살기'로 인해 나는 다른 모든 형태의 동반성을 감상할 수 있게 되었다. 그 중 하나는 시간의 간격이 필요하다는 점을 상호 간에 존중하는 것이다. 존 로빈스가 팟캐스트에서 말했던 것도 이런 것이다. "파트너와 나는 우리가 하고 싶은 모든 일에 서로를 지지하고 있다. 그래서 우리가 함께 모였을 때 할 이야기가 너무 많고 우리는 그 시간을 정말 소중하게 생각한다."

파트너와 8년 동안 함께 해 온 32세의 칼린에게도 사실처럼 들린다. "우리 커플처럼 우리를 강하게 만드는 것은 다른 게 아니다. 때로는 자신의 일을 하는 것을 좋아하며, 우리는 그런 일로 상대방을 원망하지 않는다는 것을 안다. 우리는 항상 혼자만의 시간을 가질 수 있었다. 처음부터 우리 둘 다 그것이 관계에 중요한 것임을 분명히 했다."

이 모든 것은 완전히 이치에 맞지만 "나는 약간의 공간이 필요해"라는 말은 많은 사람들의 마음을 두렵게 한다. 연인 사이에 이 말은 모욕으로 볼 수 있지만, 당신 역시 관계 내에서 혼자의 기반을 구축하거나, 기존에 맺고 있는 관계에 도입하기에 큰 노력이 필요할 것이다.

46세의 세스는 혼자만의 시간이 15년 결혼의 비결이라고 믿고 있다. 그는 이렇게 말한다. "너를 하늘만큼 땅만큼 사랑해. 그러니까 이제 제발, 거룩하고 선한 우리의 사랑을 위해, 나를 좀 내버려 둬'라고 말하는 것도 어렵고 듣는 것도 어렵다. 하지만 바로잡을 수 있다면 정말 마법 같은 시간이 펼쳐진다." 세스가 항상 혼자만의 시간을 필요로 했고, 아내가 마음을 털어놓기 전까지는 자신이 어떤 상태인지 전혀 인식하지 못했다. 늘 고민에 시달렸다고만 여겼던 것이다. "그 지점에 이르기까지도 나는 전혀 알지 못했다. 비록 이제 보니 고립에 대한 나의 욕구가 몇 가지 아주 좋은 관계를 어수선하게 만들어 놓았다. 내 아내가 이런 문제점을 나라는 사람의 성격으로 봐준 건 정말 천운이었다." 그러나 그는 자신의 현재 아내와 그가 서로에게 공간을 허락하는 홈에 정착하는 데 몇 년이 걸렸다고 말하면서 얼마나 어려웠는지를 인정한다. "확실히 처음에는 공간을 얻는 것이 더 어렵다고 생각했다. 당신이 공간이나 고독을 요구할 때 파트너가 불안감을 느끼는 것은 너무 쉽다. 사랑하는 사람에게 잠시 동안 혼자 있게 해달라고 부탁하는 것은 모든 로맨틱한 분위기에 어긋나니까."

33세의 헬렌은 일찍이 그녀의 남편인 30세의 알렉스와 어떻게 협상했는지를 공유한다. "우리는 허니문 기간이 끝나가고 있다는 사실을 두고 어려운 대화를 나눴다. 그리고 우리는 사실 우리의 모든 여가 시간을 함께 보내고 싶지 않았다. 알렉스는 특히 자신이 친구들과 가족을 소홀히 하고 있다고 느끼며 걱정하고 있었다. 혼자 자유롭게 저녁 시간을 보내는 것도 난 나쁘지 않았다. 다만 서로에게 말하기는 힘들었다." 헬렌도 인정했듯 터놓고 대화를 통해 두 사람의 관계가 한 걸음 더 나아간 셈이다. "우리는 시간이 좀 걸리긴 했지만 우리 관계가 성공하기 위해서는 우리 삶에 혼자만의 시간을 포함시켜야 한다는 걸 인정했다." 그렇게 결혼하고 8년 후, 효과가 나타났다.

제이다 세자르에게 이상적인 관계는 당신이 "건강하게 연결되어 있지만 서로에게 의존하지 않는다는 것을 의미한다. 이것은 여러분이 중간에서 만나 서로를 지원하는 동반자 관계이다"고 한다. 그녀는 그것이 단지 그들이 관계 밖에서 삶을 산다고 해서, 다른 사람을 질식시키기보다는, "상대가 다시 돌아와 관계에 더 많은 즐거움을 불어넣을 수 있도록 내버려둔다고 해서, 나를 사랑하지 않는 건 아니라는 걸 깨닫는데 오랜시간이 걸렸다"고 말했다.

존 로빈스도 이 의견에 동의한다. 그는 의존적인 관계에서 벗어나라고 추천한다. 왜냐하면 그런 태도가 다른 문제로 이어질 수 있기 때문이다. "당신은 당신의 파트너가 항상 당신에게 하는 말이나 행동을 돌이켜보고 내가 공간이 필요하다고 말했을 때 상대는 어떻게 느낄지를 따져본다. '내가 잘못한 게 있나?'하고 말이다. 그러나 그건 어떤 태도 때문도, 당신 또는 당신을 향한 상대의 감정 때문도 아니다. 스스로에게 시간이 필요한 것은 매우 자연스러운 일이며, 나는 여자친구와 함께 있을 때와 마찬가지로 혼자 있을 때도 여자친구를 사랑한다"고 했다.

어떤 관계에서는 이러한 '공간'이 자연스럽게 나타나기도 하지만, 다른 관계에서는 기초를 세우는 것이 더 어려울 수도 있다. 혼자만의 렌즈를 통해 여러분의 관계에 접근하는 것은 여러분이 가능한 가장 마찰이 없는 방식으로 이러한 중요한 대화를 할 수 있도록 도와줄 것이다. 그것은 또한 싱글 뿐만 아니라 부부에게도 영향을 미치는 '홀로살기'에 대한 오명을 씻는 데 도움이 될 것이다. "네 상대는 어디에 있어? 여자친구랑 언제 같이 살아? 자리 바꿔 줄게, 네 남편 옆에 앉을래?"라는 질문에 과연 공손하게 거절할 수 있을까? 따라서 '홀로살기'의 힘은 당신의 독립성을 재확인 시켜줄 것이다.

당신의 소울 메이트를 찾아라

───── 이 장을 쓰는 동안, 나는 버킹엄셔의 한 오두막에 머물렀다. 이 오두막은 이미 은퇴한 부부 77세의 캐트리오나

와 82세의 롭에게 빌렸다. 두 사람은 같은 영지의 더 큰 집에 살고 있다. 캐트리오나와 롭은 각각 20살과 24살, 브리스톨에서 공부를 하다 만났다. 두 사람은 2년 후 결혼하여 두 아이를 낳았다. 캐트리오나에게 그 기간 동안 혼자 있는 시간이 많았냐고 물었더니 별로 없는 것 같다고 대답했다.

"난 엄마, 아내, 초등학교 교사로 살았어요. 다른 건 할 시간이 없었네요"라고 그녀는 어깨를 으쓱하며 말했다. 아마도 이것은 부분적으로 사람들이 결혼했던 나이와 관련이 있을 것이다. 캐트리오나와 롭은 현대 기준으로 비교적 젊은 나이에 결혼했지만, 그들이 결혼한 해인 1964년에, 영국의 평균 결혼 연령은 23세, 25세였다.[2] 22살과 26살에 결혼을 했으니 두 사람은 평균 나이에서 1년 정도밖에 차이가 나지 않는 셈이었다. 두 사람의 세대에게 결혼은 머리 아픈 일이 아니었다.

"결혼은 그냥 무조건 하는 일이었지"라고 캐트리오나가 말했다. "아무도 싱글로 남고 싶어 하지 않았어." 요즘 현대인들은, 적어도 20대 초반까지는 정착하기 전 나름의 독립을 탐구하는 시기지만, 캐트리오나 세대의 여성들에겐 결혼이 그 나름의 자유를 대변했다는 것이다. '결혼은 집과 부모님을 떠나 나만의 가족을 꾸릴 수 있는 기회'였다.

요즘의 남녀관계는 캐트리오나와 롭이 만났을 때와 많이 달라 보인다. 스무 살의 내 자신을 돌이켜보면, 나는 리즈대학교University of Leeds의 기숙사에 살면서 6인치 쯤 되는 마리화나를 피워대는 핫한 캐나다 교환학생들과 가벼운 만남을 즐겼다. 이성 커플의 초혼 평균 나이가 현재 여성과 남성의 각각 31.5세와 33.4세이다. 2014년 영국에서 동성결혼이 합법화되었으며, 평균 초혼 연령은 레즈비언과 게이 커플의 경우 각각 35.4세와 39.5세로 더 높다.[3]

캐트리오나와 롭을 놓고 비교해보면, 평균적으로 요즘의 젊은 세대는 결혼하기 전에 약 7년간의 자유 시간이 있는 셈이다. (90% 이상의 젊은 세대가 결혼 전 동거를 선택한다.)[4] 당신은 모든 것을 선택해서 결혼을 놓칠 수 있다. 또한 중요한 것은 스스로 선택한 바에 따라 모든 걸 할 수 있다는 것이다. 우리는 개인적인 성취의 시대에 살고 있고, 현대 문화에서는 20대는 문제를 파악하기에 적절한 시기라는 것이 널리 받아들여지고 있다. 청소년기는 24세까지는 문제없이 받아들여지고, 이 시기를 훨씬 넘어 평생의 동반자와 결혼을 약속하기 전에 교육을 받고 경력을 쌓으며 독립적인 성인으로 자리매김할 수도 있다.[5] 역사적으로, 이러한 일들은 결혼의 테두리 안에서, 특히 결혼하기 전까지 부모님 집에서 종종 살았던 여성들에게 일반적으로 일어났다.

우리는 더 이상 결혼을 못할까봐 두려워 서두르는 세대가 아니다. 왜냐하면 우리는 중요한 다른 것을 포함하거나, 포함하지 않는 등의 선택지가 많아진 세상을 살기 때문이다. 성 역할이 바뀌면서 더 이상 아내·어머니·양육자 혹은 남편·아버지·가장에 자신을 끼워 맞추는 시대는 지났다. 우리는 자기가 가진 권리에 따라 자기실현적인 개인이 될 수 있다.

사랑에 서 있는 것은 사랑에 빠지지 않는 것

──────── '홀로살기'를 소개를 하는 것은 여러분의 관계에 대한 기대를 더 현실적으로 만드는 것을 도울 수 있다. 당신은 슈퍼히어로의 인물에 대한 탐구를 취소하고 당신 자신의 구세주, 관계, 또는 그 밖의 다른 것에 집중한다. 2016년, 배우 제인 폰다Jane Fonda와 잡지 〈건강Healthy〉 인터뷰했을 때가 생각난다. 그녀는 내게 "사랑에 빠지는 이유가 있다"고 했다. 그리고 연애를 시작함에 있어 자립심을 갖고 두 발로 관계 위에 서 있는 것, 진정한 내 모습을 보여주는 것이 사랑받지 못할까봐 두려워 자신의 어떤 모습을 포기하는 것보다 중요하다고 역설하였다.

누군가와 사랑에 푹 빠진다는 개념이 낭만적이기 때문에, 나는 그녀의 의견에 동의하게 되었다. 일단 여러분이 자신과의 관계를 소중히 여기게 되면, '사랑에 빠진다'라는 건 헤아릴 수 없을 정도로 어려워진다. '홀로살기'가 가능하다는 걸 발견했기 때문에, 여러분의 관계 내에서 가치로 삼지 않고는 그것을 실천하는 것이 거의 불가능하다. 만약 여러분이 애초에 여러분 자신을 전부라고 생각한다면, 서로를 완전하게 해준다와 같은 로맨틱한 점들은 더 이상 낭만적으로 보이지 않는다. 현실의 민낯으로 사랑에 대한 열정이 조금씩 사라지면서 진정한 질문이 하나 남았다. 과연 어떻게 하면 자신의 진짜 모습을 지키면서 동시에 그 모습이 최고의 '나'가 될 수 있는 관계를 맺을 수 있을까? 답은 하나다. '나 자신과 살자' 바로 '홀로살기'이다.

《사랑의 기술》에서 에리히 프롬은 제인 폰다와 마찬가지로 '사랑에 빠지는 것'보다는 '사랑 위에 당당히 서는 것'을 요구하는 모델을 제안한다. 그의 관계 모델의 기본은 사랑하는 사람의 자율성과 개성에 대한 인정이다. 그리고 그 사람이 계속해서 그 사람 그대로 성장하고 펼쳐지는 것을 보고 싶은 진심 어린 욕망이다. 1956년 출간된 《사랑의 기술》은 전 세계 베스트셀러가 되었고 열풍이 불어닥쳤다. 최근 세 번째 부인인 애니스 프리먼Annis Freeman과 결혼한 프롬이라면 글을 집필하는 과정에서 사랑을 받고 있다는 사실이 서적 판매에 어떤 해를 끼쳤을 리가 없다.[6] 에리히 프롬과 애니스 프리먼은 멕시코시티에서 함께 지내면서도 각자의 '홀로살기'를 존중했다. 프롬은 일찍 일어나는 반면 프리먼은 늦잠을 잤다. 프롬은 이웃 도시 쿠에르나바카에 부부가 살 집을 짓는데 몰두했고, 음악과 명상을 이어 나갔다. 물론 그는 책도 쓰고 있었다. 한편, 프리먼은 점성술에 대해 배우고 태극권을 연습하면서 자신의 일을 하느라 바빴다. 프롬에 따르면 사랑은 실용적이고 낭만적인 접근을 요구한다. 그의 이데올로기는 커플이 둘이 될 수 있는 틀을 제공한다. 만약 프롬 자신의 관계와 책의 엄청난 인기가 지나갈 것이라면, 분명히 효과가 있는 예이다.

일단 여러분이 여러분을 완성할 누군가를 찾는 것을 멈추면 대신 여러분을 보완할 누군가를 찾는 것에 집중할 수 있다. 심지어 파트너로부터 여러분이 원하는 것을 바꿀 수도 있다. 예를 들어, 24시간 내내 함께 있고 싶어 하는 사람보다는 혼자만의 시간을 소중하게 생각하는 사람을 선택하거나, 친구를 위해 시간을 낸다는 사실처럼 여러분이 전에는 갖지 못했던 기존 파트너의 자질을 소중하게 여길 수 있게 해줄 수도 있다. 27세의 아멜리아는 '홀로살기'를 소개함으로써 자신의 파트너인 38세의 술과의 관계를 적극적으로 개선했다고 말한다. "나는 혼자 있을 때와 함께 있을 때 둘 다 평온하다. 나는 더 온전하고 완전하게 느껴진다. 그 관계 역시, 더 풍요롭게 느껴진다. 나는 더 행복하고 분명 그가 행복하다는 것도, 우리가 함께 더 행복하다는 것도 알 수 있다. 우리는 더 이상 서로를 '필요'로 하지 않는다. 그래서 서로를 '원할 수 있는' 공간이 남는다. 전체적으로 함께 있는 것에 대한 훨씬 더 만족스러운 경험이다"고 했다.

이건 마치 나만의 케이크를 만들어 먹는 것처럼 보일 수도 있지만, 가장 좋은 관계는 개인으로서 서로에 대한 여러분의 헌신과 함께 개인적인 성장을 가능하게 하는 관계이다. 내가 트위터 팔로워들에게 '무엇이 관계를 성공적으로 만들었는지'에 대해 물었을 때, 그들은 다음과 같이 말했다.

두 사람이 각자의 요구를 전달할 수 있고 협력 관계에 있는 것처럼 느낄 수 있는 관계이다. _리아나, 28세

· · ·

두 사람이 서로의 삶을 보완하거나 둘 다 번창할 수 있는 새로운 삶을 창조하는 것이다. _톰, 33세

• • •

상호 존중과 지지에 바탕을 둔 것. 그 사람이 어떻게 사랑 받기를 원하는지 배우는 데 시간을 들이고 콩깍지가 벗겨질 때 진정한 우정이 핵심이 된다. _멜리사, 29세

• • •

둘 다 혼자 행복하기 때문에, 다른 사람이 당신을 완성시키는 대신 둘이 완전히 함께 있는 것이다. _에이미, 28세

• • •

서로의 반쪽이 아니라 완전한 둘이다. _애나, 28세

네가 내 전부가 되어줄래?

────── 2014년, 노스웨스턴대학교Northwestern University의 심리학 교수이자 논문의 저자 엘리 핀켈은 세 명의 동료들과 함께 현대 미국 결혼을 살펴보는 연구 프로젝트를 수행했다. 그들은 결혼에 대한 기대에서 주목할 만한 변화를 발견했다. 과

거에는 성공적인 결혼이 전통적인 성 역할과 교제에 의해 특징 지어졌던 반면, 오늘날 현대 결혼 커플들은 서로의 자기표현 목표를 충족하기를 기대한다고 했다. 다시 말해 요즘 세대는 목표가 달라졌다는 것이다. 전통적인 결혼 기대감, 꾸준한 월급, 그리고 매일 같이하는 저녁식사 만으로는 더 이상 현대 커플들에게 충분하지 않다는 것이다. 우리는 또한 우리가 최고의 자신이 될 수 있도록 도와줄 누군가를 원한다. 우리는 우리의 다른 반쪽으로부터 불가능한 자질의 벤 다이어그램을 찾는다. 배우자나 공동 부모일 뿐만 아니라, 가장 친한 친구, 소울메이트, 그리고 인생 전문가이기를 우리의 파트너들에게 기대하는 것이다.

옛날의 결혼은 생계를 책임지는 가정주의적인 역동성에 기반을 둔 것이었지만, 수십 년 동안 사랑과 우정의 모델로 진화해 왔고, 최근 세대에서는 자기 발견과 개인적 성장을 수반하는 모델로 발전해 왔다.[7] 우리는 점점 더 '존중과 자기실현 요구에 대한 높은 지향성'을 가진 파트너십을 모색하고 있다. 핀켈의 연구에 따르면 배우자의 결혼에 대한 기대치가 진화하면서 평균적인 현대 미국 결혼생활은 이전 시대에 비해 현저히 덜 행복하며, 이혼은 확실히 증가하고 있고, 함께 지내는 부부들 사이에서는 결혼 만족감이 떨어진다고 한다. 영국에서도 비슷한 패턴이 나타나고 있다. 그리고 낙관적으로, 이혼율이 최근 몇 년 동안 떨어졌지만 애초에 결혼하는 사람들의 급격한 감소가 있었다는 것 또한 주목할 필요가 있다. 그렇긴 하지만, 최고의 결혼생활은 이제 그 어느 때보다도 나아졌다. 핀켈과 공동 연구원들은 가장 행복한 현재의 관계 즉, 자기표현의 현대적 목표를 허용하는 스펙트럼의 '가장 만족스러운' 끝에 있는 관계가 예전의 가장 행복한 결혼보다 더 강하다는 것을 발견했다. 결혼에 대한 우리의 높은 열망은 양날의 칼 같은 것으로 증명되었다. 하지만, 내 경험으로 미루어보면 우리는 퇴보하진 않았다. 흔히 '미켈란젤로 효과'라고 불리는 완벽에 대한 우리의 욕망은 관계에 대한 하늘 높이 솟은 야망을 정당화하는 것처럼 보인다. 심리학자들은 우리가 우리의 목표를 지지하는 가까운 로맨틱한 파트너가 있다면 우리가 되고 싶은 사람으로 발전할 가능성이 더 높다는 것을 발견했다.[8]

참 잡기 어려운 균형이고, 여러분이 여러분의 파트너뿐만 아니라 친구, 가족, 동료와 같은 여러분의 삶에서 많은 다른 관계를 가지고 있다는 것을 기억할 가치가 있다. 여러분은 단지 여러분의 모든 필요를 충족시키기 위해 자신 이외의 한 사람에게 의지할 수 없다. 그러나 내가 사랑하는 사람에게 내 주변에 머무르면서 내가 추구하는 열정과 야망을 위해 나만의 공간을 허락해 달라고 한다면, 그리고 나도 똑같이 해주겠다고 하면? 필요할 때 지원을 제공하지만 혼자만의 여유도 허용하는 등 끊임없이 노력한다면? 서로 행복과 성공을 즐기고 반대의 경우에도 마찬가지로 지지해준다면? 아마도 이상주의에 지나지 않겠지만, 확실히 한 사람이 당신에게 모든 것을 줄 수 있다는 개념에 지나지 않는다. 그래서 의심할 여지없이 노력해야 할 것이다.

두 사람은 따로 떨어져 행복하게 살았다

─────── 과연 '따로 떨어져 행복하게 살았습니다'가 가능할까? 다시 말해서, 여러분이 '각자의 삶'을 이끌게 되기까지 얼마나 걸릴까? 실패한 관계에 대한 비문처럼 던지는 말이 있다. "그건 당신이 결정할 수 있는 게 아니다"라는 말이다. 데이트 전문가 헤일리 퀸Hayley Quinn은 인터뷰를 통해 이렇게 말했다. "그 기준에 대해 상호 간의 이해가 있어야 한다." 그러면서 퀸은 5년 동안 사귀어 온 한 커플을 인용했다. 두 사람은 사귀는 사이, 한 명은 일본에 1년간, 함께 이사를 한 후로는 각자의 침실을 썼다. 두 사람에겐 효과적인 방식이었다. 가족 및 커플 심

리치료사인 줄리 텔비Julie Telvi는 모든 관계가 '협상하고 타협하는' 과정을 통해 옳고 편안한 것을 중심으로 자신들만의 '문화'를 만들어낼 필요가 있다고 주장한다. 그녀는 "커플이 그들의 개인적인 욕구를 해소하기 위해 얼마나 많은 혼자만의 시간이 필요하고, 그들의 관계를 발전시키기 위해 얼마나 많은 시간이 필요한지에 대해 서로 공유하는 것이 중요하다"고 말한다.

'올바른' 균형도 시간이 지남에 따라 바뀔 수 있다. 결혼한 지 33년 된 텔비는 혼자만의 시간을 '수요와 공급에 따라 변동하는 상품'으로 여긴다. 그녀는 그녀 자신의 관계에 대해 이렇게 말한다. "내 남편과 나는 많은 다른 삶의 단계를 함께 겪었고 그 기간들이 우리가 얼마나 많은 시간을 혼자 보냈는지를 다소 좌우했다. 예를 들어, 아이들이 어렸을 적 우리에게 의존했을 때, 우리는 적극적으로 상대에게 그 사람만의 공간과 혼자만의 시간을 주려고 노력했다. 우리가 나이가 들고 아이들이 둥지를 틀면서, 혼자 시간을 보낼 수 있는 기회가 많아졌고, 그래서 그것은 덜 가치 있게 느껴지기 시작했다. 그래서 우리는 함께 할 활동을 찾는 것에 대해 시간을 보냈다."

55세의 힐러리와 70세의 남편 샌드로는 텔비의 주장대로 특별한 '커플 문화'를 가지고 있다. 두 사람은 부인이 학생 시절인 1997년 이탈리아 피렌체의 와인 강좌에서 교사로 만난 뒤

2014년 결혼식을 올렸다. 지금까지 그들은 다른 나라에서 살아왔다. 그녀는 영국에서, 그는 여전히 이탈리아 플로렌스에 있다. 그녀는 "우리는 의식적으로 함께하자고 결정한 적이 없이 늘 떨어져 있었다. 그저 시간이 흐르면서 우리는 각자 자신이 하는 일을 좋아할 뿐, 상대방의 나라에서 얻을 수 있는 직업이 없다는 것을 계속 알고 있었다. 그는 식도락가이자, 소믈리에, 그리고 음식의 달인이며, 그의 특기는 올리브 오일이다. 그는 또한 식품 저널리스트와 캠페인 기관인 슬로우 푸드에서 일하고 있다. 나는 이탈리아에서 영어를 가르칠 수 있었지만 수입은 지금의 약 3분의 1 정도이다. 비즈니스 영어를 가르칠 수도 있겠지만 정말 끔찍할 것 같다."

힐러리와 샌드로의 방식이 모두를 위한 것은 아닐 수도 있지만, 힐러리는 그것이 결혼한 친구들, 특히 결혼한 '여성 친구들'에게 확실히 부러운 시선을 받는다고 말하면서도 이상적인 '결혼'은 아니라고 했다. 또 "우리 결혼식에서 축배를 제의한 한 남자는 많은 사람들이 결혼을 하지 않고 함께 사는 것을 선택하지만 결혼을 하고 따로 떨어져 사는 커플은 우리 밖에 없다고 했다."

어떤 사람들은 '별거의 삶을 영위한다'는 개념을 불운한 관계의 경고 신호로 인식할 수도 있지만, 엠마 케니는 그것을 단지 여러분 관계의 성공뿐만 아니라 그 안에서 여러분의 삶의 성공을 위해서도 중요하다고 생각한다. 이것은 결코, 여러분이 파트너와 함께 좋은 시간을 추구해서는 안 된다는 제안이 아니다. 그것은 단지 여러분 자신의 자율성과 함께 개인의 목표에도 계속 적응해야 한다는 것을 말하는 것이다.

사랑하는 사람이 있어도, 단지 자신의 필요에 맞는 것이 아니라 둘에게 효과가 있는 건강한 균형을 얻어야 한다. 만약 누군가가 당신이 요구하는 나만의 시간을 거부한다면 어느 정도의 타협을 요청하는 것도 당신의 권리가 될 수 있다. 균형을 위한 태도이기 때문이다. 마찬가지로 상대에게 '홀로살기'를 소개할 때는, 그 사람을 피하거나 헬스 트레이너와 바람을 피우려고 그러는 게 아니라는 점을 잘 설명해주어야 한다. 이 책을 빌려주는 것도 참 좋은 출발점이 되지 않을까. 그리고 케니는 그게 바로 두 사람을 연결시키는 힘이 될 수도 있다고 말한다. "파트너가 자신의 일을 할 수 있는 자신만의 공간을 갖도록 격려하라⋯⋯ 그리고 나서 그의 '홀로살기'에 관심을 쏟아보자." 퀸도 이 접근법에 동의한다. "한 사람을 통해서 모든 필요를 충족시킬 수는 없다. 여러분은 어떤 사람이 친구나 가족과 함께 시간을 보내도록 격려할 수 있다. 단지 관계를 통해서만이 아니라, 여러 통로를 통해서도 요구를 충족시킬 수 있다"고 말이다.

아멜리아는 남자친구와 이 방법을 실천했고 곧 장점을 발견했다. "나는 솔에게 더 많은 시간을 혼자 보내도록 격려해 왔다. 솔의 친구와의 관계 밖에서, 취미에 참여하고 혼자 운동도 해보라고 말이다. 비록 내가 그에게 '홀로살기'에 대해 말하지는 않았지만, 나는 그저 이렇게 저렇게 가벼운 제안을 했고, 그는 확실히 장점을 얻었다. 그 사람만 봐도 알 수 있다. 예전보다 기분이 좋다고 그가 털어놓았으니까."

결국 모든 것은 좋은 의사소통에 관한 것이다. 하지만 만약 상대가 '홀로살기'를 잘 받아들이지 못 하면 어떻게 될까?

상대를 설득하라

——— 혼자의 필요성을 인식하는 것은 부부 중 절반이 다른 부부보다 혼자만의 시간이 더 필요하다고 느낄 때 특히 중요하다. 1장에서는 내향적인 유형과 외향적인 유형의 차이와 다양한 '에너지' 필요성에 대해 논의했다. 혼자만의 시간이 전자에게는 활력을 줄 수 있지만, 후자에게는 가치가 덜해 보일 수 있으며, 이는 관계에서 문제를 일으킬 수 있다. 퀸이 말했듯 "이해보다 수용이 더 중요하다. 상대의 이유에 완전히 부합하

지 않을 수도 있지만, 한 사람을 있는 그대로의 모습으로 받아들이는 게 중요하다. 상대의 공간을 허용함으로써 관계도 즐거워진다. 꾀를 부리면 갈등으로 번질 수도 있다."

나노기술학자이자 과학 교육자인 미쉘 디킨슨Michelle Dickinson도 팟캐스트 출연해, 자신은 내향적인 사람인 반면 남편은 극단적으로 외향적인 사람이라고 밝혔다. 관계 초반에는 서로의 차이를 받아들이기 어려웠지만 시간이 흐르며 분명한 소통과 상호 이해는 그들이 서로의 사회적 요구를 존중하는 데 도움을 주었다.

또한 내향적인 성격이라고 밝힌 헬렌은 남편 알렉스와 함께 이 문제를 어떻게 해결하는지 설명한다. "나는 항상 혼자만의 시간이 필요한 사람이었다. 나는 혼자 놀면서 행복하게 몇 시간을 보낸 아이였고, 이런 욕구는 성인이 되어서도 계속되어 왔기 때문에 그걸 유지하는 게 우리 관계의 성공에 매우 중요했다." 그럼 헬렌이 만약 자신만의 시간을 갖지 못했다면 어떻게 되었을까? 그녀는 만약 그랬다면, "혼자만의 시간을 위해 몸부림치고 마음속으로 후퇴하기 시작했을 것이다. 마치 내가 정신적인 공간을 가지고 있는 것처럼 느끼기 위해서. 우리는 우리 둘 다 짜증나게 하는 지루한 대화를 하고, 서로에게 딱딱하게 대하고, 친밀감도 떨어졌을 것이다. 여러분이 하루 종일 성

질만 부리는 대화를 나누는데 어떻게 그 사람을 사랑할 수 있겠는가"라고 했다.

새로 시작하는 커플에게

――――― 새로운 커플로서, 여러분의 로맨스에 혼자만의 시간을 포함시키는 것은 마치 핸드 브레이크를 잡아 방향을 트는 것처럼 어색할 수도 있다. 특히 수년간의 탐색 끝에 마침내 '내 반쪽'을 찾았다고 확신했다면 더욱 그러할 것이다. 또한 혼자만의 시간을 옹호하다보면 마치 관계 초기에서는 원치 않는 긴장이나 상처를 줄 수 있는 잠재적 위험요소도 포함되기 때문에 실제로 서로를 잘 알지 못하는 상태에서는 감정이 상하거나 오해를 불러일으킬 여지도 많다. 예를 들어, 나와 만나고 있는 상대가 커피와 베이글을 사먹겠다고 아침 7시에 집을 나서면 오해하지 않기가 쉽지 않다.

퀸에 따르면 여러분은 여러분이 의도한 대로 시작하고 건강한 경계를 형성해야 한다고 한다. 그녀는 "당신을 해왔던 이전의 정상적이고 안정된 관계를 유지시켜준 모든 것들을 버리고 싶은 유혹을 피하라. 일정을 다 비워버리고 싶게 만드는 누군가를 만났을 때는 매우 유혹적이지만, 그 공간을 자신에게 보존하고 어떻게 생각하고 어떻게 느끼는지에 대해 스스로에게 분명하게 말하는 것이 중요하다." 또 제이다 세제르는 팟캐스트에서 남녀관계의 첫 해가 매우 중요한 시기이며, 어색하게 대화의 물꼬를 터야 하는 상황이 온다고 해도 꼭 요구해야 한다고 주장한다.

새로 사귄 상대가 이 문제를 잘못 받아들이지 않도록 하려면 어떻게 해야 할까? 의사소통이 핵심이다. "연애의 시작에서 우리는 왜 상대가 그런 행동을 하는지 이해할 수 있는 깊이 있는 지식이 없기 때문에, 상대가 나를 싫어한다고 오해하기 쉽다"고 퀸은 말한다. 그러므로 "혼자만의 시간이 내가 지키고 싶은 중요한 가치임을 표현해야 한다. 일주일에 두어 번, 저녁을 혼자 먹으며 드라마를 정주행 하는게 나에겐 중요한 일이라고 말해야 한다. 상대에게 정보를 준다면, 상대가 나를 이해할 수 있는 기회를 주는 것과 마찬가지이다."

혼자만의 규칙적인 일을 정하고, 파트너에게 그 일을 알리는 것이 중요하다. 파트너와 대화를 시작할 수 있는 유용한 방법은 혼자만의 시간에 대한 필요성에 대해 물어보는 것으로 시작할 수 있다. 이것은 혼자만의 시간이 위기나 여러분의 관계에 어떤 문제가 있다는 것을 나타내는 것이 아니라 규칙적이고 재

조정적인 시간으로 이해될 수 있게 해준다. 표현은 아무래도 좋다. 당신은 이 시간을 '혼자만의 시간'이나 '자유 시간'이라고 부를 수도 있다. 아멜리아는 혼자만의 시간을 '아멜리아의 시간'이라고 불렀다고 한다. "그렇게 하면 남자친구에 관한 게 아니라 나만의, '내가 필요한' 시간이라는 걸 암시할 수 있다."

이미 커플인 사람들에게

——— "나는 이미 오래 사귄 사람이 있고 혼자만의 시간이 필요하다고 표현하지 못했다면 어떡할까요?"라고 물을 수도 있겠다. 그러나 '홀로살기'를 소개하는 건 얼마나 오래 만났느냐와는 전혀 다른 문제이다. 이쯤 되면 당신은 이미 상대와 한 팀이고 당신의 삶에 '홀로살기'를 두 사람이 공유하는 가치로 통합시키는 것에 더 가깝다고 봐야 할 것이다. 우리 모두는 인간관계가 번성하기 위해 변화하고 적응한다는 것을 알고 있다. 그래서 그것은 여러분의 관계를 약함의 표시로서가 아니라 더 강하게 만들기 위한 방법으로서 혼자 다가가는 것에 도움이 될 수 있다.

이 모든 것은 단순히 혼자 있는 마음과 왜 그것이 중요한다고 생각하느냐에 대한 이야기에서 시작된다. 하지만 습관은 하루아침에 바뀌지 않는다. 특히 여러분이 일상에 적응하고 커플로서 항상 해왔던 것에 대해 쩔쩔매고 있다고 느낀다면 이것은 종종 혼자 일을 할 수 있는 능력에 대한 자신감을 잃는 것으로 귀결될 수 있는데, 케니는 오래된 관계에서 흔히 일어나는 일이라고 말한다. "이런 일이 일어나면 이미 내가 고착상태에 빠졌다는 걸 알고 있어서 더욱 빠져 나오기가 쉽지 않다"고 그녀는 말한다.

케니는 이럴 경우, 혼자서 즐길 수 있는 세 가지와 혼자서하기 위해 고군분투하는 한 가지 즉, 당신이 도전으로 취급할 수 있는 것을 5분 동안 적어보는 것을 추천한다. 커피를 마시러 가거나 어디론가 하루 여행을 가는 것처럼 간단할 수 있다. 파트너가 직접 목록을 작성하도록 추천도 해보자. 그래야 함께 참여할 수 있다. 이 밖에도 케니는 여러분이 자신감을 되찾을 수 있도록 외출을 추천한다. "혼자 커피를 마시러 가보자. 자신을 밖으로 내보내자. 처음부터 즐길 필요가 없다는 것도 명심하자."

또, 롤 모델과의 관계와 내 활동 반경 바깥에서 새로 발견된 독립하는 데 필요한 영감도 얻으려는 노력을 해야 한다고 케니는 권고한다. 롤 모델이나 영감은 커플 보다는 자신의 강한 정체감을 가진 개인일 가능성이 더 높다. 스스로에게 물어보자. '저 사람은 누구지? 그리고 저 사람은 내게 어떤 영감을 줄 수 있지?'라고 말이다. 아마도 직장 내 행사에서 자선 번지점프를 한 샬럿Charlotte이 될 수도 있다. 똑같이 중요하고 흥미로운 행동을 했을 때 그게 내 삶에 어떤 변화를 가져올지 떠올려 보자.

마지막으로, 여러분이 항상 가고 싶어했던 포르투갈의 하이킹 여행을 예약하는 것과 같이 관계 역동성에 변화를 일으키기 위해서는 때로는 과감한 일들이 필요하다. 본질적으로, '홀로 살기'가 여러분의 관계에 가치가 되었든 아니든 간에, 그것은 여러분이 언제든지 소개할 수 있는 것이다. 이 장의 앞부분에서 언급했던 캐트리오나와 롭을 기억하는가? 70세의 나이에, 그녀는 세계에서 가장 좋아하는 장소인 아우터헤브리디스 제도의 루이스 섬에 있는 오두막집에 투자했다. 그녀는 1년에 몇 번씩, 일주일 동안 혼자 방문하고, 그녀의 남편은 영국 남서부에 있는 엑스무어 국립공원으로 하이킹을 간다. "우리는 우리만의 일을 해"라고 그녀가 눈을 반짝이며 내게 말해주었다. "그리고 다시 만났을 때 그것에 대해 이야기하지." 캐트리오나가 손수 증명하듯, 너무 늦은 적은 없다.

당신이 내 삶에 함께 하기를 원한다

──────── 내 인생의 대부분 동안, 사랑을 찾는 것이 우선이었지만, 나는 모든 잘못된 이유로 사랑을 찾고 있었다. 무엇보다도, 사랑은 내 삶에 궁극적인 의미를 가져다주는 것이었다. 나만의 '둘은 영원히 행복하게 살았습니다'를 위한 것이었다. 아마도 로맨틱 코미디, 사랑 노래, 행복하게 결혼을 이어나가는 부모님을 보며 자란 결과일 것이다. 하지만, 마음 깊은 곳에서는, 누군가를 만나고 있든 아니든, 나는 항상 혼자일 것이라는 불편한 사실에서 벗어나려고 노력했다. 자신의 희망과 꿈을 실현시키는 내가 혼자 풀어야 할 거대한 인생의 숙제처럼 말이다. 꼭 2년이 걸려서야 본질적인 나만의 세상을 만들고 있다. 감히 말하건대 나는 영원히 나와의 관계를 유지한다고 맹세한다. 내 옆에 서 있을 파트너를 찾는 지금, 사랑에 대한 나의 탐구는 완전히 달라졌다.

'나는 당신이 필요한 게 아니야. 당신이 내 삶에 함께 하기를 원하는 거야.'

진지한 관계 속에서 외로움을 극복하는 것에 대해서는, 여전히 앞으로도 계속 될 것이다. 과거에 나는 나의 외로움을 관리한 적이 없다. 이 책을 위해 조사하며, 나는 '홀로살기'가 연애에 녹아들기가 참 어렵다는 걸 알게 되었으나, 분명 시도해볼 만한 가치가 있다. 효과를 보는 순간, 열망이 되고 남녀 간의 데이트만큼이나 자주 미디어에 노출되어야 마땅할만한 가치가 있다고 믿는다.

지난 2년 동안 독신으로 지냈지만, 홀로 지내면서 나는 가족이나 친구들과의 관계에 훨씬 더 많은 것을 얻고 받았다. 그러므로 연인 관계 역시 바뀔 수 있다고 믿는다. 미래에 대해 나는 참 낙관적인 사람이다. 아마 결코 사랑에 빠지지 않을지도 모르지만, 그래도 괜찮다. 되레 나는 나란히 서고 싶다. 그렇게 다시는 나를 잃지 않을 것이다.

혼자만으로도 이미 충분하다

───────── '홀로살기'는 새해 결심으로 시작되었지만, 지난 2년 동안 팟캐스트, 뉴스레터, 상표권, 그리고 전체 사람들의 커뮤니티로 확장되면서 훨씬 더 큰 무언가로 확대되었다. 그리고 이제 바로 이 책이 그 결과물 중 하나가 되었다.

한때는 혼자 있는 시간이 나의 가장 큰 두려움이었다. 그리고 이 속에서 나는 혼자가 아니라는 것을 배웠다. 혼자 있는 것을 피하는 것은, 무리에서 떨어져 있는 것에 대한 두려움과 같은 기본적인 본능이자 현대의 불안이다. 시끄럽고 혼란스러운 세상에서, 우리들 중 가장 자신 있는 사람들조차도 여전히 모든 면에서 혼자일 수 있다는 것을 두려워할 정도로, 우리 자신의 마음속에 안전할 수 없다는 것을 정상화시켰다. 우리는 싱글이 되는 것, 파트너나 하우스메이트로부터 떨어지는 것, 전화기 없이 보내는 시간, 재택근무 등이 여전히 두렵다. 그러나 두려움을 맞서야 해결책도 생긴다. 그리고 무엇보다 저 건너편에 있는 것을 믿어야 한다.

혼자만의 삶이 내 인생을 규정짓는 것에 대한 두려움이 싫어서 새해 결심을 처음 했고, 그 두려움이 당신의 인생을 규정하는 것이 싫어서 이 책을 쓰게 되었다. 인생은 두려움에 의해 좌우되기에는 너무 짧고, 소중하며, 기회들로 가득 차 있다. 무엇보다도 자신에 대한 두려움이다. 힘들지는 몰라도 큰 가치가 있으리라는 걸 믿어주었으면 한다. 자신을 알아가는 시간은 여러분이 할 수 있는 최고의, 가장 강력한 투자이며, 그렇게 함으로써 여러분은 자신을 인생의 동반자가 될 것이다.

'홀로살기'를 통해 당신은 인생의 운전석을 차지할 수 있다. 이것이 여러분이 다른 사람들과 건강한 관계를 형성하고 여러분 자신과 긍정적인 관계를 형성하는 방법을 배우는 방법이다.[1] 혼자만의 시간은 결코 낭비가 아니다. 그것은 여러분만의 독특한 힘을 발휘하여 여러분의 내면의 놀라움을 이용할 수 있는 기회이다. 나는 특정한 상황에서, 혼자가 되는 것이 무언가를 이끌어 나가는 그런 이상적인 사회에 살고 있는 척을 하는 게 아니다. 혼자 남의 결혼식에 가거나 호텔에서 싱글 서플먼트를 추가 결제하거나 혹은 내 경험처럼 카페에 혼자 조용히 앉아 무언가를 읽고 있다는 이유만으로 쫓겨났던 것들에 내가 가진 권리를 이용하여 도전장을 내밀고 있는 것이다. 하지만 우리가 아니라 시스템이 무너지면 어떡할까? 그렇기 때문에 우리는 외로움을 정상화시켜야 하고, 그래서 모든 사람들이 더 쉽게 될 것이다. 또한, 일단 혼자만의 혜택을 인식하게 되면, 이러한 장애물은 훨씬 덜 중요하게 보일 것이다.

물론 내가 이 책을 쓰기 위해 다른 사람들의 중요한 이야기들을 가져왔지만, 그것은 무엇보다도 제 자신의 경험에 의해 영감을 받는다. 내가 새해 결심을 했을 때, 나는 그것이 내 삶을 얼마나 변화시킬지 상상도 할 수 없었다. 내 희망, 꿈, 그리고 속마음을 다른 사람들에게 떠넘긴 지 몇 년 만에, 나는 마침내 내 자신에게 돌아왔다. 나는 완전하고, 결코 부족하지 않다고 느낀다. 최근 한 팟캐스트 청취자가 "'홀로살기'가 파트너에게 쏟아 붓던 시간을 돌려받고 싶어 하는 나를 정상으로 느끼게 했다"고 말했다. 다른 많은 사람들에게, 그것은 우리가 어떻게 이야기해야 할지 전혀 알지 못했던 외로움의 매일의 폭발을 정상화하는 것이다. 우리에게는 바쁜 세상에 있는 자신을 위한 작은 공간, 단순히 숨 쉴 수 있는 시간, 잠시 진정하고, 내면의 소리에 귀를 기울일 수 있는 시간이 필요하다.

지금까지 우리는 이 필수적인 필요를 우리 자신과 다른 사람들에게 전달할 수 있는 어휘가 부족했다. 혼자 있는 것을 우리 자신을 때릴 막대기보다는 가치 있는 것으로 묘사하거나 금단의 습관으로 묘사하는 것이다. 이것이 바로 '홀로살기'가 단지 유행어가 아닌 내가 바라는 문화적 변화를 구현하고 있는 이유이다. 우리 자신과 고독의 원초적 느낌을 소중히 여기고, 소통하고, 자본화하는 용어이며 엄청나게 훌륭한 힘이 된다는 것까지도 인식하기 위해서다. 외로움의 또 다른 지저분한 단어라고? 혼자만의 가치를 배우는 것이 항상 외로움으로부터 여러분을 지켜줄 것이라고 약속할 수 없다. 우리 모두 좋은 날과 나쁜 날을 보내고 있다. 나도 여전히 가끔 외로움을 느끼지만, 어떤 대가를 치르더라도 내 자신으로부터 벗어나고자, 필사적으로 노력한다. 그리고 헷갈리지 않고 가장 가깝고 소중한 나의 자연스러운 욕망이라는 감정을 인식할 수 있게 되었다. 일단 여러분이 혼자 보내는 시간에서 기쁨을 찾는 법을 배우게 되면, 외로움은 그것의 추악한 머리를 뒤로 젖힐 가능성이 훨씬 적어진다. 과연 언제냐고? 혼자라는 것은 꼭 외로움일 필요도 없지만, 때로는 외로움일 수도 있다. 하지만 그래도 괜찮다. 중요한 건, 대안이 있음을 깨닫는 것이다.

혼자라는 것에 대해 2년 동안 글을 쓴 후, 나는 내가 사랑하는 사람들뿐만 아니라 더 넓은 맥락의 '홀로살기' 공동체와도 사회적으로 연관이 있다고 느껴본 적이 없다. 벨 훅bell hook의 표현대로, 일단 당신이 스스로를 소중하게 여기게 되면, 다른 사람들은 단지 일탈 그 이상이 될 것이며 당신의 생각을 유지하고 모험을 용이하게 해줄 것이다. 여러분의 관계는 비현실적인 기대와 함께 더 강해지고, 더 차분해지고, 덜 짓눌려질 것이다. 여전히 사람들에게 의존을 하겠지만 올바른 이유를 바탕으로 그들이 여러분의 영혼을 배부르게 해준다는 정당한 까닭으로 비롯되어 괜찮다. 여러분이 그들 개인을 모두 존중하기 때문이다. 여러분이 사람들을 사랑하기 때문이다. 그들이 세상에 대한 새로운 시각을 존중하기 때문이다. 그리고 비록 여러분이 여러분 자신을 아는 것만큼 그들을 잘 안다고 가정할 수는 없지만, 여러분은 항상 노력할 것이다. 여러분의 영혼을 각각에게 내밀고, 그들 각각은 공동의 '혼자'로 연결되어 있으니까.

내게 혼자 헤쳐 나갈 수 있는 용기가 있는 한, 어떤 것도 끝이 없다는 것을 안다. 나는 내 자신과 평생을 함께 할 수 있다는 것에 설레고, 그 과정에서 또 누구를 만날지 기대된다. 혼자 있어도 더 이상 무섭지 않다. 그리고 당신도 두려워하지 말았으면 한다. 당신 하나만으로도, 이미 충분하니까.

참고 문헌 ────────────────────────────────────

마이클 해리스/김병화 역, 《잠시 혼자 있겠습니다》, 어크로스, 2018

마조리 힐리스 저, 《홀로 사는 즐거움(Live Alone and Like It)》, Virago; 1st edition, 1936

버지니아 울프 저/이미애 역, 《자기만의 방》, 민음사, 2006

벨라 드파울루 저/박지훈 역, 《우리가 살아가는 방법》, 알에이치코리아, 2017

사라 메이틀랜드 저/김정희 역, 《인생학교: 혼자 있는 법》, 프런티어, 2014

스테파니 로젠블룸 저/김미란 역, 《누구나 혼자만의 시간이 필요하다》, 미래의창, 2019

아지즈 안사리·에릭 클라이넨버그 저/노정태 역, 《모던 로맨스》, 부키, 2019

알랭 드 보통 저, 《인생학교: 감정 교육(An Emotional Education)》, Penguin Books Ltd, 2019

알랭 드 보통 저, 《인생학교: 종교의 대안(A Replacement for Religion)》, School of Life, 2020

에리히 프롬 저/황문수 역, 《사랑의 기술》, 문예출판사, 2019

엘리자베스 길버트 저/박소현 역, 《빅매직》, 민음사, 2017

치데라 에그루 저/황금진 역, 《혼자 있지만 쓸쓸하지 않아》, 동양북스, 2019

캐서린 그레이 저, 《싱글로 느끼는 기쁨(The Unexpected Joy of Being Single)》, Aster, 2019

푸르나 벨 저, 《침묵을 찾아서(In Search of Silence)》, Simon & Schuster Ltd, 2019

플로렌스 기븐 저, 《빛지지 않는 여성들(Women Don't Owe You Pretty)》, Andrews McMeel Publishing, 2021

Preface

1   스필먼(Spielmann) 외, '싱글이 되는 것에 대한 두려움, 현실 안주(Settling for less than out of fear of being single)', 〈성격 및 사회 심리학지(Journal of Personality and Social Psychology)〉, 2013년, 105권 6호, 1049-1073쪽.

Introdution

1   NWO, '7년 안에 친구의 절반을 잃는다, 소셜 네트워크 연구(Half of Your Friends Lost in Seven Years, Social Network Study Finds)', 〈사이언스 데일리(Science Daily)〉, 2009년 5월 27일 자.

2   해리 벤슨(Harry Benson), 스티브 맥케이(Steve McKay), '헌신 아니면 끝내기: 함께 더 오래 살 것인가?(Commit or Quit: Living Together Longer?)', 결혼 협회(Marriage Foundation), 2020년 5월 자.

3   나디아 화이트헤드(Nadia Whitehead), '사람들은 사색에 잠기느니 차라리 전기 충격을 택한다(People would rather be electrically shocked than left alone with their thoughts)', 〈사이언스(Science)〉, 2014년 7월 3일 자.

4   '외동 증후군: 입증된 현실 혹은 오랜 신화(Only child syndrome: Proven reality or long-standing myth)', 〈헬스라인(Healthline)〉, 2019년 10월 23일자.

5   제임스 R. 애버릴(James R. Averill), 루이스 선대래라얀(Louise Sundararajan), '고독의 경험: 평가, 이론 및 문화의 문제(Experiences of solitude: Issues of assessment, theory, and culture)'.

6 '고립, 외로움, 고독의 가치(The value of isolation, loneliness and soli-
   tude)', 〈정신 과학 연구를 위한 융 센터(Jungian Center for the Spiritual
   Sciences)〉.

Part 1

1 퍼듀대학교(Purdue University), '깊고 오래가는 배척의 고통(Pain of Os-
   tracism Can Be Deep, Long-Lasting)', 〈사이언스 데일리(〈사이언스 데일
   리(Science Daily)〉)〉, 2011년 6월 6일 자.

2 사라 맥큘리(Sara Macauley), '왜 토요일의 공포가 일요일의 공포보다 훨씬
   더 실제적인가?(Why Saturday Scaries are WAY more real than the
   ones we get on a Sunday)', 〈글래머〉, 2020년 8월 29일 자.

3 '디지털 의존성의 10년(A decade of digital dependency)', 〈오프콤(Of-
   com)〉, 2018년 8월 2일 자.

4 매튜 스미스(Matthew Smith), '영국인의 대다수, 화장실에서 휴대폰 사용
   (Most Britons use their phone on the toilet)', 〈유고브(YouGov)〉, 2019
   년 2월 28일 자.

5 〈텔레그래프〉 조사.

6 제니퍼 맥널티(Jennifer McNulty), '고독을 추구하는 10대 연구(Teens
   who seek solitude may know what's best for them, research sug-
   gests)', 〈UC 산타 크루즈 뉴스센터(UC Santa Cruz Newscenter)〉, 2019년
   3월 22일 자.

7 〈웰컴(Wellcome)〉, '세계 최대 규모의 휴식에 대한 조사 결과 발표(Results
   of world's largest survey on rest to be announced)', press release,
   2016년 9월 27일 자.

8 〈인생학교〉, '혼자인 것에 대한 두려움에 대해 우리가 지불하는 높은 가격
   (The High Price We Pay for Our Fear of Being Alone)'.

9 에리카 B. 슬로터(Erica B. Slotter) 외, '당신 없는 나는 누구일까? 낭만적

이별이 자아개념에 미치는 영향(Who Am I Without You? The Influence of Romantic Breakup on the Self-Concept)', 〈인성과 사회심리 회보(Personality and Social Psychology Bulletin)〉(2009).

10 시드니 콘그레라스(Cydney Contreras), '엠마 왓슨 "너무 행복해": 사람들은 '셀프파트너'를 선언한 엠마 왓슨에 의해 힘을 얻었다.(Emma Watson Is "So Happy" People Feel Empowered by her "Self-Partnered" Label)', 〈E! 뉴스(E! News)〉, 2019년 12월 10일 자.

11 〈섹스 앤 시티〉 시즌 6, 9화, '신발을 얻을 자격이 있는 여자', 감독; 대런 스타(Darren Starr), 작가; 제니 브릭스(Jenny Bicks), 제작 HBO.

Part 2

1 〈핍 쇼〉, 시즌 7, 3화, '뷰티풀 마인드', 작가; 사이먼 블랙월(Simon Blackwell), 제작; 오브젝티브 미디어 그룹(Objective Media Group).

2 더글라스 쇼(Dougal Shaw), '코로나바이러스 시대: 데이팅 애플리케이션 틴더의 대표 데이트 시장의 '놀라운' 변화가 일어났다(Coronavirus: Tinder boss says "dramatic" changes to dating', 〈BBC 뉴스〉, 2020년 5월 21일 자.

3 캘리포니아대학교 로스앤젤레스(UCLA), '감정을 말로 표현했을 때 생기는 뇌의 치료 효과 연구(Putting Feelings Into Words Produces Therapeutic Effects In The Brain)', 〈사이언스 데일리(Science Daily)〉, 2007년 6월 22일 자.

4 심리과학협회(Association for Psychological Science), '이혼 후 일기 쓰기에 따른 심리 치료를 저해 연구(Post-divorce journalling may hinder healing for some)', 〈사이언스 데일리(Science Daily)〉, 2012년 11월 29일 자.

5 월터스 클루어 헬스(Wolters Kluwer Health), '이혼 관련 스트레스를 보호하는 "서술 표현적 글쓰기" 연구("Narrative expressive writing" might protect against harmful health effects of divorce-related stress)', 〈사이언스 데일리(Science Daily)〉, 2017년 5월 8일 자.

Part 3

1   버지니아 D. 토머스(Virginia D. Thomas), '혼자가 되는 법: 고독의 기술에 대한 조사(How to be alone: An investigation of solitude skills)', 2017년 6월 자.

2   스프링거(Springer), '행복이란: 휴가 기대 심리(Happiness is…… looking forward to your vacation)', 〈사이언스 데일리(Science Daily)〉, 2010년 2월 19일 자.

Part 4

1   글로벌 웰니스 기관(Global Wellness Institute), 〈2018년 글로벌 웰니스 경제지표(2018 Global Wellness Economy Monitor)〉.

2   다이애나 켈터(Diana Kelter), '자기관리의 혁명(The evolution of self-care)', 〈민텔(Mintel)〉, 2020년 1월 23일 자, 블로그 인용.

3   아이샤 해리스(Aisha Harris), '자기관리의 역사(A History of Self-Care)', 〈슬레이트(Slate)〉, 2017년 4월 5일 자.

4   구글 트렌드(Google Trends).

5   앤드리아 로블(Andrea Wroble), '넥스트 노멀: 코로나19로 인한 기본 웰빙 수요의 증가(The "next normal" of Covid-19 amplifies basic wellness needs)', 〈민텔(Mintel)〉, 2020년 6월 10일 자, 블로그 인용.

Part 5

1   윌 달그린(Will Dahlgreen), '영국 노동자의 37%는 그들의 직업이 무의미하다고 생각한다(37% of British workers think their jobs are meaning-less)', 〈유고브(YouGov)〉, 2015년 8월 12일 자.

2   영국 통계청에 따르면, 여가 시간은 다음과 같이 정의된다: 사람들이 일을 하지 않는 시간(가사일과 같은 무급 노동과 가족을 돌보는 것을 포함한다), 공부, 통근 또는 집에서 자고 먹는 것과 같은 존재를 위한 기본적인 활동을

하는 시간.

3 로즈 체르노바(Rose Cherneva), '개인 발전의 신호로서의 자아실현(Self-Actualization as a Sign of Personal Development)', 〈미디엄(Medium)〉, 2020년 6월 9일 자.

4 토머스 오퐁(Thomas Oppong), '이키가이: 길고 행복한 삶, 당신의 충만한 삶을 도와주는 일본의 비밀(Ikigai: The Japanese Secret to a Long and Happy Life Might Just Help You Live a More Fulfilling Life)', 〈미디엄(Medium)〉, 2018년 1월 10일 자.

Part 6

1 벨라 드파울루(Bella DePaulo), '공공장소에서 혼자라는 심리(1부): 기분이 어떨 것 같습니까?(The Psychology of Being Alone in Public(Part 1): How Do You Think You Would Feel?)'.

2 레베카 K. 라트너(Rebecca K. Ratner), 레베카 W. 해밀턴(Rebecca W. Hamilton), '공동체 생활 참여 금지(Inhibited from Bowling Alone)', 〈소비자 연구 저널(Journal of Consumer Research)〉 (2015), 42권 2호: 266–283쪽.

3 벨라 드파울루(Bella DePaulo), '혼자 식사하기, 2부: 사람들은 당신을 이렇게 생각한다.(Dining Alone, Part 2: Here's What People Really Do Think of You)', 〈사이콜로지 투데이(Psychology Today)〉, 2008년 4월 9일 자.

4 로돌포 멘도자-덴튼(Rodolfo Mendoza-Denton), '스포트라이트 효과(The Spotlight Effect)', 〈사이콜로지 투데이(Psychology Today)〉, 2012년 6월 5일자.

5 심리 과학 협회(Association for Psychological Science), '공유는 좋은 경험, 나쁜 경험 모두를 더욱 격렬하게 만든다(Sharing makes both good, bad experiences more intense)', 〈사이언스 데일리(Science Daily)〉, 2014년 10월 7일 자.

6 케일리 드레이(Kayleigh Dray), '혼자 영화관에 가는 게 두려운가요? 그러지 마세요. 그것은 훌륭한 자기관리 방식입니다.(Scared of going to the cinema alone? Don't be: it's a brilliant form of self-care)', 〈스타일리스트(Stylist)〉, 2019년 1월 13일 자.

7 《모든 상황을 위한 일화와 성경 노트(Anecdotes & Scripture Notes For All Occasions.)》

8 토메 모리지-스완(Tomé Morrissy-Swan), '1인 손님! 혼밥 증가, 인생에서 가장 과소평가된 즐거움(Table for one! Solo dining is on the rise, and it's one of life's most underrated pleasures)', 〈텔레그래프(The Tele-graph)〉, 2019년 3월 12일 자.

Part 7

1 '혼자 떠나는 여행 – 그 시작(Solo travel – the stats)', 〈트래블 주(Travel Zoo)〉, 2019년 9월 3일 자.

2 위니 M. 리(Winnie M. Li), '여자는 혼자 여행해서는 안 된다고 감히 말하는 모든 사람들에게 보내는 메시지(A message to everyone who dares to say women shouldn't travel alone)', 〈스타일리스트(Stylist)〉, 2019.

Part 8

1 알렉스 존슨(Alex Johnson), '정원 헛간: 영국 경제의 50억 파운드 이상의 가치(Garden sheds "worth £5 billion to the British economy")', 〈인디펜던트(Independent)〉, 2014년 3월 31일 자.

2 '남자의 동굴 101(Man Cave 101)', 〈남자의 동굴 공식 사이트(The Official Man Cave Site)〉.

3 빅토리아 리처즈 (Victoria Richards), '왜 모든 엄마에게는 "엄마의 동굴"이 필요한가(Why Every Mother Deserves A "Mum Cave")', 〈허프포스트(HuffPost)〉, 2019년 11월 8일 자.

4 제시카 모건(Jessica Morgan), '영국인 부부 7명 중 1명은 별도의 침대에서

자는 것을 선호한다는 연구 결과가 나왔다.(One in seven of British cou-
ples prefer to sleep in separate beds, study reveals)', 〈인디펜던트(In-
dependent)〉, 2018년 8월 23일 자.

5 톰 드 카스텔라(Tom de Castella), '협소 플랫의 삶(A life lived in tiny
flats)', 〈BBC 뉴스 매거진(BBC News Magazine)〉, 2013년 4월 19일 자.

Part 9

1 조셉 스톰버그 (Joseph Stromberg), '에릭 클라이넨버그의 〈솔로가 되는
중(Going Solo)〉', 〈스미스소니언(Smithsonian Magazine)〉, 2012년 2월.

2 캘리포니아대학교 산타 크루즈(University of California – Santa Cruz), '고
독을 추구하는 십대들은 무엇이 그들에게 최선인지 알지도 모른다(Teens
who seek solitude may know what's best for them)', 〈사이언스 데일리
(Science Daily)〉, 2019년 3월 22일 자.

3 아맨다 코(Amanda Kohr), '직감이란 무엇인가?(직감은 무슨 말을 하는가?)
(What's a "Gut Feeling," Really?(And What Is It Telling You?))', 〈리펠
러(Repeller)〉, 2019년 10월 12일 자.

Part 10

1 폴 J. 작(Paul J. Zak), '왜 영감을 주는 이야기들이 우리를 반응하게 만드는
가. 서사의 신경과학(Why Inspiring Stories Make Us React. The Neuro-
science of Narrative)', 〈대뇌 연구(Cerebrum)〉, 2015년 2월 2일 자.

2 '영국, 초혼 평균 연령(Average age at first marriage, UK)', 웹사이트 the-
atlas.com, 2019.

3 영국 통계청(Office for National Statistics), '2016년 잉글랜드와 웨일스의
결혼 조사(Marriages in England and Wales, 2016)'.

4 닉 스트라이프(Nick Stripe), '30세의 결혼? 소수에 해당한다(Married by
30? You're now in the minority)', 영국 통계청(Office for National Statis-
tics), 2019년 4월 1일 자, 블로그 인용.

5 케이티 실버(Katie Silver), '10세부터 24세까지를 청소년기로 규정하는 추세(Adolescence now lasts from 10 to 24)', 〈BBC 뉴스(BBC News)〉, 2018년 1월 19일 자.

6 로렌스 J. 프리드먼(Lawrence J. Friedman), 《에리히 프롬의 삶, 사랑의 예언가(The Lives of Erich Fromm. Love's Prophet)》

7 엘리 J. 핀켈(Eli J. Finkel) 외, '결혼의 질식사. 충분한 산소 없이 매슬로우 산을 오르는 것(The Suffocation of Marriage. Climbing Mount Maslow Without Enough Oxygen)', 〈심리 저널(Psychological Inquiry)〉, 2014년, 25호. 1–41쪽.

8 칼 E. 러스벌트(Caryl E. Rusbult) 외, '미켈란젤로 현상(The Michelangelo Phenomenon)', 〈심리과학의 현황(Current Directions in Psychological Science)〉, 2009년, 18권 6호.

Conclusion

1 리드 W. 라슨(Reed W. Larson), '고독이 건설적인 체험영역으로 등장한 초기 청소년기 연구(The Emergence of Solitude as a Constructive Domain of Experience in Early Adolescence)', 〈아동 발달(Child Development)〉, 68권 1호, 80–93쪽.

김나연

영미문화와 영문학을 공부하고 번역에 처음 뜻을 품었다. 서강대학교 영어영문과에서 20세기 현대 미국소설을 전공하여 석사 학위를 취득하였다. 이후 전문 번역가로서 첫 발을 내딛었으며, 현재 출판번역 에이전시 베네트랜스에서 리뷰어 및 번역가로 활동 중이다. 옮긴 책으로는 『사람은 어떻게 생각하고 배우고 기억하는가』, 『최강의 일머리』, 『부의 해부학』이 있다.

**혼자만의
시간을
탐닉하다**

1판 1쇄 인쇄 2021년 6월 21일
1판 1쇄 발행 2021년 6월 28일

지은이 프란체스카 스펙터

발행인 양원석 **책임편집** 한지연
디자인 김유진, 김미선 **영업마케팅** 윤우성, 박소정, 정다은

펴낸 곳 ㈜알에이치코리아
주소 서울시 금천구 가산디지털2로 53, 20층 (가산동, 한라시그마밸리)
편집문의 02-6443-8859 **도서문의** 02-6443-8800
홈페이지 http://rhk.co.kr
등록 2004년 1월 15일 제2-3726호

ISBN 978-89-255-8697-7 (03330)